Imprimatur:

Reinhold Gestrich

Gespräche mit Lukas

© Alle Rechte beim Autor

ISBN: 978-3-7557-4044-5

Druck: Book on demand 2021

Cover-Bild: Evangelist Lukas von Jan Lievens

Reinhold Gestrich

*

Gespräche mit Lukas

* *

Einführung in Evangelium und

Apostelgeschichte im Dialog

**

_____

Vorwort

Mit seinen beiden Büchern Evangelium und Apostelgeschichte ist Lukas' Werk das größte im Neuen Testament, es übertrifft vom Umfang her die Paulusbriefe. Lukas' Werk ist berühmt, weil viele Bibel-Geschichten, die in der christlichen Welt sehr bekannt und beliebt sind, unter den vier Evangelien nur bei ihm vorkommen.

Als Autor lädt Lukas dazu ein, dass man ihm ‚über die Schulter schaut', weil er - als ‚erster Schriftsteller im Neuen Testament' - seine Vorgehensweise selbst definiert und zur Betrachtung freigibt.

Lukas hat viele Begabungen, und sein Werk hat viele Gesichter. Persönliche Frömmigkeit und theologische Anschauungen kann man gut erkennen, z.B. Lukas' Liebe zum Alten Testament und seine freudige Hinwendung zur gesetzesfreien Völkermission.

Ziel des vorliegenden Buches ist es, Lukas' Besonderheiten in zehn Facetten vorzustellen. Der Autor war selbst überrascht über manche persönliche Entdeckung.
In den Texten des Buches wird nur wenig Fachliteratur zitiert. Die Forschungen zum Neuen Testament sind inzwischen unüberschaubar. Zu jedem der hundert Einzelthemen, die in den Kapiteln hier angesprochen werden, gibt es Buchveröffentlichungen, dazuhin tausende wissenschaftliche Aufsätze zu weiteren Fragen des lukanischen Werkes. Ein Autor kann nur Bruchteile der Erkenntnisse aufnehmen, die es heute zu Lukas gibt. Jedes Buch ist deshalb eine Annäherung an die Materie mit subjektivem Charakter.

Der Leser erhält eine Einführung ins lukanische Werk - in aufgelockerter Form. Die fiktiven Dialoge mit Lukas sollen beleben und bestimmte Probleme heutiger Lektüre des lukanischen Werks in sprechenden Szenen darbieten. Mögen interessierte Personen gute bibelkundliche Information finden und dazu angeregt werden, die Texte von Lukas im Original zu lesen und über den eigenen Glauben neu nachzudenken.

Reinhold Gestrich, Herbst 2021

Inhaltsverzeichnis

Gespräche mit Lukas

Kap. 1
Lukas als Geschichtsschreiber

-Herr Evangelist, Sie haben ein Evangelium und die Apostelgeschichte geschrieben. Als erster und einziger Autor im Neuen Testament richten Sie Ihre Aufmerksamkeit nicht nur auf das Leben Jesu, sondern auch auf die Geschichte des frühesten Christentums. In Ihrem berühmten kleinen V o r w o r t   z u   d e n   b e i d e n   B ü c h e r n schreiben Sie, dass Sie die Ereignisse des ersten Jahrhunderts von Jesus Christus an sorgfältig erkundet haben und möglichst zuverlässig erzählen wollen. Man nennt das Vorwort ,Prolog', ,Proömium' oder auch ,Widmung'.

V o r w o r t   L k. 1,1-4:

In der Übersetzung der Lutherbibel lautet der Text:

„Da es nun schon viele unternommen haben, Bericht zu geben von den Geschichten, die sich unter uns erfüllt haben, wie uns das diejenigen überliefert haben, die es von Anfang an selbst gesehen haben und Diener des Worts gewesen sind, - habe auch ich es für gut gehalten, nachdem ich alles von Anfang an sorgfältig erkundet habe, es für dich, hochverehrter Theophilus, in guter Ordnung aufzuschreiben, auf dass du den sicheren Grund der Lehre erfährst, in der du unterrichtet bist."

Derselbe Text nach einer anderen, sorgfältigen Übersetzung:

„Weil schon viele es unternommen haben, einen Bericht zusammenzustellen von den Ereignissen, die in unserer Zeit abgeschlossen sind, wie uns diejenigen überliefert haben, die von Anfang an Augenzeugen und Diener des Worts waren, beschloss auch ich, der ich mich an alles von Anfang an genau gehalten habe, es für dich der Reihe nach aufzuschreiben, hochverehrter Theophilus, damit du die Stichhaltigkeit dessen erkennst, was man dir gesagt hat."
(Michael Wolter, Das Lukasevangelium).

> *Derselbe Text nach der ‚Gute-Nachricht-Bibel':*
>
> *„Schon viele haben versucht, die Ereignisse zusammenhängend darzustellen, die Gott unter uns geschehen ließ, und mit denen er seine Zusagen eingelöst hat. – Diese Ereignisse sind uns überliefert in den Berichten der Augenzeugen, die von Anfang an alles miterlebt hatten und die den Auftrag erhielten, die Botschaft weiterzugeben. – So habe auch ich mich dazu entschlossen, all diesen Überlieferungen bis hin zu den ersten Anfängen sorgfältig nachzugehen und sie für dich, verehrter Theophilus, in der rechten Ordnung und Abfolge niederzuschreiben. – Du sollst dadurch die Zuverlässigkeit der Lehre erkennen, in der du unterwiesen wurdest.*

Darf ich mit Ihnen über Ihr Vorwort sprechen?

- Lukas: Warum nicht? Führen wir ein Gespräch über den Graben der Zeiten hinweg! Ich freue mich darauf!

-Herr Evangelist, Ihr mitteilungsreicher kleiner Text hat schon viele Menschen zum Nachdenken gebracht, und über den Sinn Ihrer Worte entstand eine beträchtliche Menge an Literatur. Die Formulierungen Ihres Vorworts klingen sachlich, fast ‚wissenschaftlich'. Sie bringen zum Ausdruck, dass Sie bei der Vorbereitung für Ihren großen Bericht den Dingen *„von den ersten Anfängen sorgfältig nachgegangen"* sind. Alles, was sich ereignet hat, wollten Sie möglichst überlieferungsgetreu *„in der rechten Ordnung und Abfolge"* niederschreiben. Damit soll der Empfänger Ihres Besuches zuverlässige Information erhalten, *„einen sichern Grund der Lehre, in der er unterrichtet worden ist"*. Herr Lukas, kann man sagen: Mit Ihren Werken Evangelium und Apostelgeschichte wollen Sie so etwas wie der erste christliche Historiker sein?

- Lukas: Sie beginnen mit der größten Frage! Wenn Sie auf den Wortlaut der kurzen Einleitung blicken, können Sie allerdings erkennen, dass ich das Wort ‚Geschichte' oder ‚Historie' nicht benütze. Da steht, dass ich ‚Bericht geben möchte von Ereignissen'. Es verhält sich so: Wie schon einige andere vor mir versuchte ich, die großen Dinge, die sich unter uns zugetragen haben, sorgfältig zu erkunden und in guter Anordnung aufzuschreiben, um so die gute Botschaft an die Nachwelt weiterzugeben. Natürlich haben sich die Ereignisse, um die es geht, in der ‚äußeren Geschichte' zugetragen. Wenn man an die christliche Religion denkt, ist ihr Ort die Weltgeschichte. In Evangelium und Apostelgeschichte wollte ich aber etwas Besonderes unternehmen, nämlich die Geschichte von Jesus Christus als Heilsgeschichte darstellen. Mein Wunsch war es, von den großen Taten Gottes zu berichten, die hinter oder über der äußeren Geschichte stehen, aber immer auch in die profane Geschichte hineinwirken. Beim Schreiben stand ich vor der Aufgabe, das wunderbare Geschehen, mit dem Gott sich uns offenbarte, in menschlichen Worten zu erfassen. Das ist nicht einfach, und dauernd fragte ich mich: Haben wir Menschen die Fähigkeit und Vollmacht, so etwas zu versuchen?

- Ja, das ist wirklich eine große Herausforderung! Deshalb ist Ihre Arbeit von einem Doppelten geprägt: Sie erleben die Geschehnisse mit den Augen des Glaubens und schreiben ein religiöses Werk. Im Glauben sieht man ja oft Dinge, die der Ungläubige nicht erkennt. Und Sie blicken als Historiker auf die Ereignisse und schreiben ein geschichtliches Werk. Dabei handelt es sich um die Schilderung konkreter Begebenheiten, die überprüft werden können. Man muss die schwierige Lage, in der Sie als Schriftsteller hier stehen, respektieren. Aber auch wenn man berücksichtigt, dass sich das Religiöse überraschend stark über die Darstellung wölben kann, erwartet man nach Ihrem Vorwort eigentlich etwas historisch Zuverlässiges, Nachvollziehbares, geschichtlich auch anderswo Bestätigtes. Doch dem Leser fällt auf, dass Sie – um ein Beispiel zu nennen -- Ihr Buch überhaupt nicht mit historischen Ereignissen beginnen, sondern mit Texten, die man eindeutig als Legenden bezeichnen muss, und dass Ihr erstes Buch auch mit ebensolchen Texten endet. Darf ich es so direkt sagen, Herr Evangelist: Ist Ihr Vorwort ein wenig irreführend?

- Lukas: Solch eine Anfrage musste ich erwarten. Ich entnehme ihr, dass Sie mein Werk aus dem Blickwinkel des 21. Jahrhunderts betrachten, mit den Augen des skeptischen Realisten. Menschen Ihrer Zeit verstehen die Welt naturwissenschaftlich und prüfen religiöse Geschichten daraufhin, ob sie denn

,stimmen' können. Ihr Auge richtet sich jetzt z.B. auf meine Weihnachtsgeschichte mit all ihren Wundern. Da muss ich Ihnen zunächst erläutern: Bei uns in der Antike hatte man ein anderes Verhältnis zum Leben zwischen Himmel und Erde. Das Überirdische durchdrang die äußere Realität, im Irdischen zeigte sich immer wieder das Göttliche. Aus diesem Grund wurde damals zwischen historischer und theologischer Geschichtserzählung nicht unterschieden. Ist es nicht so? Gott handelt und bestimmt die Ereignisse auf der Erde. Was er tut, geschieht manchmal im Verborgenen oder gegen alles Wissen und Verstehen. Doch in unserer frühen Zeit hat er sich offenbart, in Christus wurde er Mensch.

- Ihr Vorwort erhebt den Anspruch, *,genau'*, *,sorgfältig'*, *,von Anfang an'*, *,in guter Reihenfolge'* zu berichten. Ist das denn menschenmöglich, Gottes Wirken in dieser Weise zu erspüren, zu erfassen, zu verstehen, darzustellen'? Ist z.B. der Besuch eines Engels in irgendeiner Weise ,dingfest' zu machen und ,nachprüfbar'? Was ,wissen' Sie denn ,von Anfang an'? Was geschah da tatsächlich?

- Lukas: Wenden wir uns ruhig den ersten Kapiteln meines Evangeliums zu, der G e b u r t s g e s c h i c h t e! Ein schönes Thema und ein passendes Beispiel! Warum ist die Weihnachtserzählung so wichtig? Wir glauben, dass in dem unwichtigen Ort Bethlehem von Gott her das Bedeutungsvollste geschehen ist. Christus, der Retter, wurde geboren! Sicher werden Sie mir zustimmen, wenn ich sage: Jesus war Messias, Gottessohn, nicht erst ab seiner Erwachsenenzeit, er musste es von Anfang an gewesen sein! Diese Wahrheit, die für den Glauben der Christenheit unbedingt wertvoll ist, wollte ich erzählen und Gestalt gewinnen lassen! Wurde die Geburt des Heilands nicht alsbald ,Weltgeschichte'?

- Trotzdem, Herr Lukas: Empfinden Sie nicht eine Spur von schlechtem Gewissen darüber, dass Sie in Kap. 1 und 2 mit den Kindheitsgeschichten von Johannes dem Täufer und Jesus von Nazareth eigentlich populäre Legenden bzw. literarische Kunsterzählungen vorlegen? Ich habe nichts gegen solche religiösen Erzählungen – himmlische Geheimnisse sind wohl nicht anders darstellbar - , trotzdem vermisse ich ein wenig die sorgfältige historische Arbeit. Wussten Sie nicht etwas mehr über die biographischen Wurzeln Jesu? Oder hätten Sie nicht einfach einräumen können, dass es darüber keine schriftlichen Informationen gibt?

- Lukas: Das Wort ‚Legenden', das Sie benützen, missfällt mir! Erzählungen, die Sie so nennen, sind Zeugnisse des Glaubens in Gestalt von Geschichten, die etwas ausmalen, das die Menschen innerlich geschaut haben. In Bezug auf das, was aus meiner eigenen Feder stammt, möchte ich erklären: Wenn ich eine klare Erkenntnis von der religiösen Wahrheit einer Begebenheit gewonnen habe, dann möchte ich das Erkannte für die Leser anschaulich machen, in Szene formen, als Erzählung zum Leben bringen! Bald fällt mir ein Weg ein, wie das geschehen kann! Poetische religiöse Geschichten sind der wunderbarste Weg der Verkündigung! Wie Sie wissen, benützte ich aber immer auch Quellen, die ich für zuverlässig hielt. Von dem Geburts-Ereignis von Bethlehem, das in den Prophezeiungen der Propheten Jesaja (Kap. 7 und 9), Micha und Sacharja angekündigt war, entstanden im Lauf der Zeit Erzählungen, - vgl. Matth.1! Mir selbst war es ein großes Anliegen, das Kommen des Heilands ausführlicher und plastischer zu berichten als Matthäus es getan hat![1] So kam es zu meiner Weihnachtsgeschichte Lk.2.

- Der Christgeburt stellen Sie eine Vorgeschichte voran und beschließen sie mit einer Nachgeschichte. Alles, was Sie da erzählen, spielt im Tempel von Jerusalem. Dass der Tempel - literarisch - so ein zentraler Ort ist, ist eine lukanische Besonderheit (s.u.S.117ff.). Ich bin ziemlich sicher: Nicht nur die Bethlehem-Szenen sondern auch die Geschichten, die Sie im Tempel spielen lassen, sind religiöse Dichtung. Welche Wahrheit steckt dahinter?

-Lukas: Eine religiöse und eine geschichtliche Wahrheit! Der Tempel ist die Heimat des jüdischen Glaubens, und er soll die Mitte des Erscheinens Jesu werden! Das hat Grund und Sinn! Auch wenn meine Geschichten von der Offenbarung Gottes in Christus hier ‚künst'-lich sind, - Kunst hilft der religiösen Erfahrung und gibt ihr Tiefe und Gestalt! Durch Erzählungen, die aus theologischen Erwägungen geboren sind, können wertvolle Wirkungen entstehen. In den Menschen, die die ‚Bilder' betrachten, die man bei mir findet, spielt sich ein geistlicher Prozess ab. Das Miterleben der Geschichten führt zu einer Bereicherung der Vorstellung, des Gefühls und der Erkenntnis.

---

[1] Markus und Johannes haben keine Geburtserzählung.

-Welche Wahrheit liegt Ihnen bei den einzelnen Szenen Lk.1 u. 2 besonders am Herzen?

-Lukas: An den Vorgeschichten zur Geburt von Jesus und Johannes, dem Täufer, können Sie erkennen, wie ich Jesu Geburt in die Hoffnungen des frommen Volkes Israel einfügen wollte. Immer neu beziehen sich die Lobgesänge des Zacharias und der Maria (Lk.1) auf die Inhalte der messianischen Erwartung des späten Judentums. Die Gebets-Worte der beiden sollen eine innige und feierliche Adventsmusik am Vorabend des Festes sein. Der Nachklang nach dem Fest sind die Loblieder von Simeon und Hanna, die die Ankunft des Messias bei der Darbringung des Kindes im Tempel preisen.

- Darf ich noch auf weitere Einzelheiten der Geburt Jesu in Bethlehem zu sprechen kommen? Den Bericht darüber eröffnen Sie mit einer ,historischen' Notiz: *,Es geschah zu der Zeit, als Kaiser Augustus eine Volkszählung anordnete …und Quirinius Statthalter in Syrien war'*. Warum erwähnten Sie den Kaiser?

- Lukas: Das Geschehen von Bethlehem sprengt alle Wirklichkeit und hat doch einen Ort in der Geschichte. Der Leser soll erkennen: in Palästina geschah Größeres als je in Rom! Der dort zur Welt kam, hat mehr Vollmacht als der Kaiser![2] Es dauerte nicht lange, und Weihnachten wurde von allen Leuten heiliggehalten und gefeiert. Im 8. Jahrhundert stellte man sogar die Zeitrechnung für die Christenheit auf das Jahr der Geburt um, das ,annus domini'.

- Darf ich einhaken? Über die Kindheit Jesu gibt es keine gesicherte Erkenntnis. Dass Jesus in dem Dorf Bethlehem geboren worden sei, ist eine theologisch motivierte Nachricht. Das genaue Jahr der Geburt kann man trotz Ihrer Angaben nicht bestimmen. Von der Stadt Nazareth weiß man nicht, wo sie lag, und ob sie identisch ist mit dem Ort, der heute diesen Namen trägt. Aber mit Ihrer Einordnung in die Chronologie der römischen Politik geben Sie als erster der Evangelisten dem Ereignis der Menschwerdung Gottes eine Stelle in der Geschichte. Natürlich

---

[2] P.G.Müller, meint, dass der Evangelist „den Kontrast zwischen dem angeblichen Weltherrscher Augustus und dem wahren König der Welt" hervorheben will. Lukas-Evangelium, Stuttgart 1984, 39.

empfinden die Menschen es immer als hilfreich, wenn Gottesereignisse historisch verwurzelt erscheinen.

-Lukas: Mir geht es um die Beschreibung von etwas Wahrem, das geschehen ist! Gott hat sich in Christus der Welt zugewandt, und Jesu Kommen hat einen konkreten Platz in der Geschichte.

Aber wenn man sagt: Gott ist in dem und dem Jahr, an dem und dem Ort, in menschlicher Gestalt in die Welt herabgekommen, dann entsteht eine gewisse Gefahr. Sie schenken dem Glauben dadurch eine ‚Krücke'. Man muss sich sorgen, dass sich das Gottesereignis in den Köpfen zu einem weltlich überprüfbaren Geschehen verändern könnte. In der Folge würde der Glaube – wie die Menschen es sich häufig wünschen - zum ‚Wissen'. Die Anhänger Jesu verdinglichen das Ereignis der Geburt Jesu z.B. in der Verehrung einer ‚Geburtshöhle' in Bethlehem oder historisieren es im neuzeitlichen Versuch, den Stern von Bethlehem (Matth.2,2) mit einem ‚Halleyschen Kometen' zu identifizieren, der damals unterwegs war. Feststellbare und sichtbare Nachweise für das, was man glaubt, sind volkstümlich willkommen. Doch beide wissen wir: Auch wenn die Menschen das Göttliche gern an irdischen Materialien, Orten und Zeiten festmachen und auf diese Weise ‚sichern' möchten, - Gott lässt sich nicht greifbar oder beweisbar machen. Lieber Herr Lukas, diese Seite der Sache wird uns noch beschäftigen! Hoffentlich nehmen Sie es mir nicht übel!

- Lukas: Sie machen sich viele Sorgen! Aber an diesem Punkt kann ich Ihre Meinung nicht teilen. Ihre Einwände bringen mich durcheinander. Es macht mich unruhig, dass Sie so viel vom Historischen reden. Was meinen Sie denn damit? In Ihrer Zeit kennt man sich nicht mehr aus: Die einen verlangen, dass etwas, das sich religiös ereignet hat, historisch fundiert und beweisbar sei, damit sie glauben können. - Die anderen aber sagen: wenn die Bibel-Autoren ‚historisieren', also das Religiöse an äußere Daten und Ereignisse binden, dann verderben sie den Glauben.

-Ich selber bin der letzteren Meinung, nämlich dass etwas, das ‚sich religiös ereignet hat', nicht an äußeren irdischen Bestätigungen hängen darf. Am liebsten würde ich auf objektive Halterungen ganz verzichten und sagen: Das und das sind Glaubensinhalte, deren ‚Anker' im Himmel liegt, nicht auf der Erde.

-Lukas: Ich stimme zu: In diesem Sinn ist die Weihnachtsgeschichte eine Glaubensgeschichte, und ihre Wahrheit ist keine irdische, sondern eine geistliche. Und doch ereignete sich damals etwas ‚auf dieser Welt'! Die Heilsgeschichte dringt in die Weltgeschichte ein und verändert sie!

Lassen Sie mich zum Geburts-Evangelium noch ergänzen: Als göttliche Beauftragte erklären die Engel, die zu Maria und den Hirten kommen, Jesu Bedeutung im religiösen Sinn: Wer ist das Kind von Nazareth? Es ist der Messias, der Davids- und Gottessohn, unser Heiland! Die Botschaft, dass Gott in jener Nacht in Jesus Christus Mensch wurde, können und dürfen nur Engel verkündigen! Was heißt das für mich als Evangelisten? Man möchte solch ein göttliches Geschehen als Himmels-Offenbarung szenisch malen, um es anschaulich werden zu lassen!

- Deshalb werden Sie auch ‚Lukas, der Maler', genannt, nicht wahr?! Nach allem, was man erkennen kann, Herr Evangelist, bin ich mir fast sicher, dass Sie an der Weihnachtsgeschichte kräftig ‚mitgemalt' haben. Ist es nicht so? Wenn ja, würde es mich sehr interessieren, welches Ihr Anteil an der Bethlehem-Erzählung ist, so wie wir sie heute kennen.

- Lukas: Über die Ankündigung der Geburt durch den Engel Gabriel, der zu Maria kommt, gab es schon einen Text. Die armen Hirten und die Unterkunft im dürftigen Stall – die sind mein Beitrag zur Erzählung, natürlich gehören auch die himmlischen Heerscharen dazu. Mit der Einfügung der Hirten wollte ich ausdrücken, dass Gott in Jesus ‚niedrig und gering' wurde, und dass das Reich Jesu den Armen gilt. Wenn die Schafhüter auf dem Feld hören, was die Engel verkündigen, ist das zunächst ganz für sie bestimmt: *‚Euch ist heute der Heiland geboren'*! Durch das Weitererzählen gilt die Nachricht dann *‚allem Volk'* und ‚aller Welt'! Und muss es nicht so sein? Schließlich tritt die Menge der Engel auf, und die Heerscharen freuen sich mit, dass der Heiland geboren wird: *‚Gnade und Frieden und Wohlgefallen Gottes für die Menschen'*!

- Danke für Ihre Erklärungen! An Ihrer Weihnachtsgeschichte kann es niemals Kritik geben, so wunderbar ist sie! Die Wirkungsgeschichte dieser

Erzählung ist einfach enorm, - sie wurde so etwas wie die Lieblingsgeschichte der Menschheit, Ursprung von abertausenden Liedern der Völker und unendlich vielen Gemälden und Krippenspielen. Sie haben der christlichen Religion damit einen unermesslichen Dienst erwiesen. Man muss es ehrlich sagen: Schier unglaublich war Ihre Kunst bei der Gestaltung dieser Geschichte. Wie ist das möglich, dass Sie das vollbracht haben?

-Lukas: Ich habe mir Gedanken gemacht, wie es vielleicht gewesen sein könnte, als Jesus, unser Herr, zur Welt kam. Zunächst machte ich mir bewusst, was ich theologisch mitteilen wollte. Dann griff ich zu den Mosaiksteinen und Perlen der religiösen Erzählkunst und konnte zu schreiben beginnen. Es entstand die Geschichte von Maria und der Krippe, von den Hirten und Engeln, die heute so populär ist. Vielleicht darf man sagen: Ich bin religiös-poetisch begabt, und es gelang mir, ein besonders glaubhaftes, inniges Geburtsbild zu malen. Oder man darf es so ausdrücken: Gott hat mich inspiriert, mir eingegeben, was für die Menschheit zu erzählen war.[3]

-Aber gleichzeitig, wenn Sie erlauben, widerspricht die kunstvolle Einrichtung der Weihnachtsgeschichte dem Programm Ihres Vorworts. Religiöse Erzählungen sind ja das Gegenteil von Tatsachen-Berichten! Man hat den Eindruck: Kaum setzen Sie den Punkt an Ihr Historiker-Vorwort, - da beginnen Sie ein völlig anderes literarisches Werk, nämlich ein Evangelium!

-Lukas: Ja, ein Evangelium! Es war folgerichtig, dass wir die Freudenbotschaft von Jesus Christus in Bethlehem beginnen ließen und die Gottessohnschaft Jesu durch die Geschichte seiner geistgewirkten Geburt bezeugten. Schon Jesaja sagt voraus:

---

[3] Theodor Schlatter zur Weihnachtsgeschichte: "Man hat diese Erzählung oft ein Gedicht genannt; wäre sie nur das, so gehörte der, der sie schuf, zu den Größten, die je poetische Gaben empfingen. Es gibt aber nicht nur menschliche, sondern auch göttliche Poesie. Poetischer als alle Dichtung ist die Geschichte, die Gottes Geist wirkt." (Schlatter: Erläuterungen zum NT, 1918, 1. S.434.)

„Eine Jungfrau wird empfangen und einen Sohn gebären"(Jes.7,14)[4]. Da beginnt das Evangelium von Jesus Christus!

- Ja, die Zahl der Vorankündigungen der Geburt eines Messias ist groß. Doch zu ‚Jungfrau' und ‚Bethlehem' fällt mir jetzt noch eine Frage ein: In diese Ortschaft lassen Sie Maria und Joseph reisen, damit Jesus ‚in der Stadt Davids' geboren wird. Sie konstruieren dann eine Abstammung des Zimmermans Joseph von König David, der ja ebenfalls aus Bethlehem war. Es gibt bei Ihnen sogar einen richtigen Stammbaum von Adam über David bis hin zu Josef! Allerdings darf dieser arme Zimmermann am Ende nicht der leibliche Vater Jesu sein. Ist das nicht seltsam?

- Lukas: Hören Sie, um was es uns ging! Ich schrieb mein Evangelium 50 Jahre nach Jesu Tod, gehöre also schon zur dritten Generation. Was ist in diesen 50 Jahren alles geschehen! Besonders dies: Wir haben über die Person Jesu viel nachgedacht und immer klarer verstanden, wer er war. Jesu Abstammung von König David ist für uns von großer Bedeutung. Dadurch wird Jesus zum ‚Spross', wie die Propheten sagen, zum letzten Glied in der Königs-Geschichte Israels. Eine Spannung zwischen jungfräulicher Geburt durch Maria und Vaterschaft des Josef darf es dabei durchaus geben! Damals war das ‚geboren von der Jungfrau Maria' nicht als medizinisch-biologisches Wunder-Faktum gemeint, allenfalls als mythisches Bild. Gottes Schöpferwille wirkt auf beide Weisen, natürlich und geistlich! Es kommt weniger auf die Art der leiblichen Geburt Jesu an als auf seine Kraft, ohne Sünde zu leben, der neue Adam zu werden, und vor allem, der Sohn des himmlischen Vaters zu sein.

- Zur Wirkungsgeschichte des Weihnachtsevangeliums gehört aber auch, dass die Jungfrauengeburt von den katholischen Christen bis heute als leiblich-biologischer Sachverhalt geglaubt werden soll. Sie sagen, dass Josef der Vater Jesu sein darf, und Sie bestehen nicht auf einem Wörtlich-Nehmen der biblischen Erzählung, wo es heißt: *„Maria: Wie soll das geschehen, wenn ich von keinem Manne weiß? - Gabriel: Der Heilige Geist wird auf dich kommen und die Kraft des Höchsten wird dich*

---

[4] In Jesaja 7,14 steht: „Eine junge Frau wird ein Kind gebären". Die griechische Übersetzung des AT, die sog. Septuaginta, die Lukas kannte und benützte, machte daraus: „Eine Jungfrau wird ein Kind gebären."

überschatten." Doch nach Ihrer Zeit haben die frühen Christen jenes *‚empfangen durch den Heiligen Geist'* fast hungrig aufgegriffen, - mit allen Folgen! Maria musste nun zeitlebens ‚Jungfrau' bleiben, und bis heute wird sie als keusche, asexuelle Heilige verehrt. Das hat sich ausgewirkt auf die Leibfeindlichkeit der Kirche, auf die Entstehung des Mönchtums und auch des Priesterzölibats.

-Lukas: Ja, das hat sich so entwickelt. Man hat das Empfängnis-Wunder überstark hervorgehoben. Aber mit der Wundergeburt wollten wir nur etwas aussagen über das Geheimnis von Jesu Gottessohnschaft, nicht über Marias sexuelle ‚Reinheit' als ‚Zustand'. Josef war der Vater, und Jesus hatte auch Geschwister. Geistliche Aussagen sind symbolisch zu verstehen! Die Vaterschaft Gottes ist eine geistliche, keine leibliche!

- Aber die Menschen sind, wie sie sind! Obwohl sie später im Lukas-Evangelium überhaupt nie mehr erwähnt wird, wurde Maria plötzlich zum zweiten Mittelpunkt der Krippen-Geschichte, später fast zur Hauptfigur der populär-christlichen Verehrung. Die Kirche machte aus der Legende von der Überschattung durch den Geist das Dogma einer vaterlosen Empfängnis. Da ereignete sich ein ‚verdinglichendes' Missverständnis eines Bibelsatzes. Das Göttliche wurde als Körper-Faktum ‚biologisiert' und als Ereignis in der Welt ‚historisiert'. Ob der Höchste im Himmel damit einverstanden ist? Ich kann es mir nicht vorstellen! Gottes Heils-Handeln entzieht sich historischer Überprüfung, und ‚Körper-Wunder' gehören nicht unbedingt zur Offenbarung des göttlichen Heils, eher zur volkstümlichen Religiosität.

- Lukas: Ich kann verstehen, dass Sie die Aufmerksamkeit auf solche Gefahren lenken. Gottes Taten kann man weder medizinisch noch fotografisch fixieren. Trotzdem wiederhole ich: die Offenbarung Gottes in Christus ist nicht nur ein Ereignis der religiös zu begreifenden Heilsgeschichte, sondern nach meiner Überzeugung unbedingt auch ein Ereignis der äußeren Geschichte.

- Aber das Ereignis bleibt unverfügbar! Aussagbar ist es nicht in Geschichtsbüchern, nur in predigtartiger Verkündigung oder religiösen Erzählungen oder in der Musik. Sie sind ein Meister der religiösen

Erzählungen. Ich benützte dafür das Wort ‚Legenden'. Können wir uns vielleicht darüber verständigen, was Legenden sind?

- Lukas: Wie würden Sie das erklären?

-Nach meiner Auffassung verhält es sich so: Legenden sind erzählerische Ausgestaltungen einer gläubigen ‚Bedeutungsverleihung', z.B. eine besondere Person betreffend. Oder sie sind Szenen von einer Begebenheit, von der man glaubt, dass Gott daran mitgewirkt hat, und die man nur als Wundererzählung anschaulich machen kann. Legenden entstehen im Volk und wurden für die religiöse Vorstellung der Leser aufgeschrieben, nicht für den wissenschaftlichen Verstand. Legenden haben manchmal einen gewissen Anhalt an irdischen Ereignissen, aber noch häufiger plastizieren sie eine Wirklichkeit, die es nur seelisch und religiös gibt. Legenden bereichern den Glauben durch Wunder-Episoden und schenken ihm dadurch mehr Inhalt und ‚Gemüt'. Im Hintergrund muss man sich bewusst bleiben, dass die Geschichten, die man Legenden nennt, ‚nur Legenden' sind!

- Lukas: Dem kann ich wohl zustimmen. Was in solchen Geschichten äußerlich mitgeteilt wird, ist nicht ‚hier und dann so passiert', doch es ist wichtig, dass wir in unserem Zeugnis sagen: ‚es geschah!' Die Weihnachtserzählung - Sie haben es anerkannt: für die Christenheit eine der heiligsten Geschichten! - führt ‚äußerlich sichtbar' vor ‚die inneren Augen', was in jener Nacht zur Erfüllung kam: Gott besucht und erlöst sein Volk! In Christus will er die Welt mit sich selbst versöhnen. Dieses ‚Gott wird Mensch, dir Mensch zugute' ist und bleibt wahr! Was ich und andere im Glauben von Jesus Christus erzählten, kann für die Menschen in der Gemeinde eine wunderbare Wirklichkeitskraft gewinnen. Sie können am Ende sagen: Jesu Geburt und Kommen in die Welt ist wirklicher als alles Wirkliche der Welt.

- Doch treibt mich die schwere Frage weiter um, - sie ist hier mein Grundproblem: Wie berühren die himmlischen Handlungen die irdische Wirklichkeit? Wie kann man von Gottes Taten verantwortungsvoll berichten? Auf welche Weise ist Jesus in der Geschichte darzustellen? Was ist eigentlich Heilsgeschichte? Ihre Beschreibungen sind gleichzeitig geschichtlich und übergeschichtlich. Wie würden Sie das Verhältnis näher bestimmen?

- Lukas: Das Werk Gottes bei seinen Menschen ist immer konkret, und das Heilige darf nicht verborgen bleiben! Gottes Handeln geht nicht in der Welt auf, aber es betrifft die Welt, ereignet sich in ihr und für sie. Man kann mein Vorwort so deuten, als wollte ich – wie ein Historiker - hauptsächlich real und objektiv Geschehenes beschreiben, tatsächlich erzähle ich in erster Linie Glaubensgeschichten, - wie ein Verkündiger.

- Jetzt haben Sie es gesagt! Sie erzählen Glaubensgeschichten wie ein Verkündiger und ordnen sie ein in die Heilsgeschichte! Aber noch einmal - auch wenn ich hartnäckig wirke: Es fällt mir schwer, diese Auskunft in Einklang zu bringen mit dem Arbeitsplan Ihres Vorworts. Da formulieren Sie Ihr Vorhaben anders. Ich frage erneut: Wie passt göttliche Heilsgeschichte in den Rahmen von nachforschender Geschichtsdarstellung?

- Lukas: Ich bin ein theologisch nachdenkender Autor, und ich will Zeuge sein, Diener des Wortes von Jesus Christus. Meine Erzählungen sind ein Lob der Taten Gottes in der Sendung seines Sohnes. Auf Jesu Ankunft in der Welt folgte ja sein Weg als Prediger in Palästina. In den drei bis vier Jahren seiner Wirksamkeit haben Menschen Großes mit ihm erlebt. Sie sind mit mir einig: Jesus hat gelebt, das Wort ,wohnte unter uns'! Es kam mir darauf an, von diesen Begegnungen zu berichten.

- Ich verstehe! Und trotzdem – verzeihen Sie meine Langsamkeit – möchte ich wiederholen: Herr Lukas, hätten Sie Ihr Vorwort nicht doch ein bisschen ehrlicher formulieren können? Kann man als ,Historiker' über die Offenbarungs-Ursprünge des Christentums etwas berichten? Ist so etwas möglich?

- Lukas: Denken Sie jetzt bitte an die A u f e r s t e h u n g! Als Jesus gekreuzigt war, trauerten die Apostel und die übrigen Anhänger um ihn. Doch am dritten Tag ereignete sich Ostern! Die wichtigste Intervention Gottes in die irdische und geschichtliche Wirklichkeit ist die Auferweckung Jesu! Die Botschaft lautet: Jesus hat den Tod überwunden und Gott hat ihn ins Recht gesetzt, zu seiner Rechten erhöht. Darin deutet sich das Rettungs-Wunder Gottes für alle Menschen an!

- Ach, wie oft haben wir uns in unserer Zeit mit dem Problem beschäftigt: Ist die Auferstehung Jesu eine ‚Geschichtstatsache' oder eine ‚Glaubenswahrheit'? Hier kommen wir niemals zu einem Ergebnis.

- Lukas: Für mich ist sie eine Geschichtstatsache! Vielleicht können Sie mir hier nicht folgen, - aber in meinem Glauben ist und bleibt es so! In fast allen Predigten der Apostelgeschichte, die ich verfasst habe, ist die Auferstehung das wesentlichste Datum! Hier hat Gott sich abermals offenbart und sich zu seinem Sohn bekannt! -- -- Nun gehe ich aber noch einen Schritt weiter und wende mich der Himmelfahrt zu. Da wird dieses Wunder vollends sichtbar.

- Ja, darf ich auch über die H i m m e l f a h r t mit Ihnen sprechen?

-Lukas: Bei meinen diesbezüglichen Texten handelt es sich um zwei kurze Geschichten am Ende des Evangeliums und am Anfang der Apostelgeschichte. Bekanntlich ist Jesu Erhöhung in den Himmel nicht nur bei mir, sondern auch an einigen anderen Stellen des Neuen Testaments erwähnt. Während sie dort jeweils nur benannt wird, gestaltete ich die Himmelfahrt als bildlich-mythische Szene. Und während sonst im NT Ostern und Erhöhung zusammenfallen, habe ich diese beiden Ereignisse getrennt. Durch die Darstellung der Auferstehung und Rückkehr Jesu in zwei Schritten kann man besser verstehen, wie Gott seinen Sohn ins Leben zurückgerufen und dann zu sich geführt hat. Die Erhöhung unseres Herrn deute ich als Zäsur, nach welcher Jesus in anderer, himmlischer Gestalt unter uns weiterwirkt. Konnte ich etwas anderes tun, als das Ereignis der Himmelfahrt szenisch ‚sichtbar' zu machen? Es war doch zu wichtig!

- Ich mag Ihre Geschichten gern. Aber war es nötig, dass Sie die Erhöhung Jesu gleich doppelt geschehen lassen, - einmal in Bethanien und ein zweites Mal auf dem Ölberg, - einmal am Ostertag, das andere Mal vierzig Tage danach? Sie wollen den gläubigen Lesern wieder viel Anschauungsmaterial geben, und Sie bekennen: Der Schöpfer der Himmelfahrtsgeschichte sind Sie selbst. Sie erzählten diese zweimal, weil Ihnen der ‚göttliche Rahmen' Ihrer Bücher wichtig ist: Jesu Abschied von der Erde rahmt das Evangelium am Schluss. Und Jesu Erhöhung zu Gott und sein Neu-Anfang als Sohn des Höchsten bildet den Beginn der Apostelgeschichte. Ich glaube, Sie haben die Himmelfahrtsszene im Sinne Ihrer Heilsgeschichte nötig gebraucht und ‚religiös ausgebaut'.

- Lukas: Ich schreibe etwas Heiliges und Heilsames für alle Menschen. Würdigen Sie meine Erzähl-Absicht! Vom Himmel her leitet Jesus die Ausbreitung und Vermehrung des Glaubens durch seinen Geist. Man kann die Auffahrt in abstrakten Worten weitersagen, ich meine jedoch: viel besser in der von mir gewählten Form als mythische Szene! Wie soll so etwas ins Bewusstsein dringen? Es braucht doch die bildliche Vorstellung! Mein Himmelfahrtstermin vierzig Tage nach Ostern in Apg.1 mag abweichen von dem zuvor in Lk.24 von mir genannten Tag. Ich dachte es mir so: Ich füge nach Ostern noch eine Zeit der Jüngerbelehrung ein, bis Jesus endgültig aus der irdischen Sphäre scheidet. Für diese Zwischenzeit wählte ich in der Apostelgeschichte eine symbolische Zahl. 40 Tage nach Ostern ist Himmelfahrt! Wenn man alles bildlich versteht, kann man sagen, dass ich durch meine verschiedenen Himmelfahrts-Termine eigentlich nichts ‚historisieren' will, sondern vielleicht, ganz im Gegenteil, einen Beitrag zur Enthistorisierung leiste. Denn auf den Tag kommt es überhaupt nicht an!

- Doch wieder: Die Menschen mögen eine zeitliche Fixierung heiliger Ereignisse. Ihre Erzählung wurde zu einer ‚Vorgabe' an die Kirche und ihre Fest-Einteilung. Mit der Erhöhung ist die Erden-Zeit Jesu abgeschlossen, und es beginnt die Epoche seiner Zeugen. Sie selber wollten mit der Zahl 40, die in der Bibel häufig ist, nur einen symbolischen Zwischenraum andeuten, und Sie betonen, dass Jesus nach Ostern eigentlich immer schon der Erhöhte, der Himmlische war.

- Lukas: Ja! Bei der Erzählung von der Auffahrt Jesu ist es wie bei der Geburtsgeschichte: Die Augen kriegen etwas zu sehen, wodurch das Gemüt angeregt wird - aber das Eigentliche bleibt unsichtbar. Es kommt auf die innere Botschaft an!

- Weil Sie so ein wunderbarer Erzähler sind, darf das andere ein wenig zurückbleiben: Die Suche nach dem tatsächlichen Geschehenem. Falls ich das hier noch sagen darf: Ich glaube, Sie haben es vielleicht ein bisschen probiert, aber es nur schlecht geschafft, ein Historiker (im modernen Sinn) zu sein. Dazu nenne ich noch Beispiele: Die Chronologie des Jesusweges und die Geographie Palästinas sind in Ihrem Evangelium eher undurchsichtiger als bei Markus, auf dessen Evangelium Sie sich ja stützten. In der Apostelgeschichte lassen Sie Paulus fünfmal nach Jerusalem reisen, aber er war nur dreimal dort. Sie berichten, Petrus hätte mit der Heidenmission begonnen, in Wirklichkeit war es doch Paulus.

- Lukas: Ja, sich zwischen historischer und religiöser Ebene zu bewegen, ist eine Gratwanderung! Ich räume ein, dass manche meiner Erzähl-Episoden theologisch-schöpferisch gestaltet bzw. volkstümlich weiterentwickelt sind. Doch immer haben die Texte Anhalt an dem, was Menschen mit Jesus und seinen Jüngern erlebt haben. Die mündlichen Berichte der Augenzeugen wurden von anderen aufgeschrieben. So entstanden erste Sammlungen und Überlieferungen. Ich greife sie auf, manchmal schalte ich mich ein, um eine Spur des göttlichen Plans hervorzuheben. Mein Glaube, der mich leitet, hilft mir, Akzente zu setzen. Auch in der Apostelgeschichte sind nicht alle Details geschichtlich korrekt, aber die Hauptlinien sind wahr! Mein 2. Buch zeigt den Gang der weiteren Entwicklung und lässt die Wege nachvollziehen, die der christliche Glaube im Mittelmeerraum durchlief! Mit Palästina war ich nicht so vertraut, eher mit Kleinasien und Griechenland. Ich frage Sie: Sind die Erzählungen von den Ereignissen nicht trotzdem wahr und auch geschichtlich unverzichtbar wertvolle Dokumente?

- Ungenauigkeiten dürfen vorkommen. Sie sagen ja, Ihre Hauptabsicht war das Zeugnis-Geben. Das ist Ihnen ohne Zweifel gelungen. Aber wozu brauchten Sie dann eigentlich dieses Vorwort? Jetzt sage ich noch etwas anderes, das mir manchmal durch den Kopf geht, vielleicht ist es provokativ: Ich halte es für denkbar, dass Ihre Einleitung später angefügt wurde, als alles schon fertig war. Mit dem Vorwort verfolgten Sie eine Art Marketing-Wunsch, nämlich Ihrem Evangelium den Charakter eines Geschichtswerks weltlicher Art zu geben. Sie hofften, dadurch das Interesse der gebildeten Schicht zu wecken. Und Sie dachten, dann werden sich Abschreiber finden, das Buch wird in den Buchhandlungen des östlichen Mittelmeerraums verkauft, vielleicht sogar in Rom. Zahlkräftige Christen sollten es für ihre Gemeinden erwerben! Diese

Intention kann man Ihnen gewiss nicht übelnehmen. Die Buchverbreitung war schwierig und ist ja unbedingt wichtig und notwendig! Ihr Vorwort könnte also eine Art ‚Klappentext' seine, eine Information für wichtige erste Kunden. Eigentlich ist das Historische, Historiographische nicht Ihr Fach und, wie Sie sagen, ist es auch nicht Ihre schriftstellerische Absicht! Im Zeugnis- und Erzähl-Bereich entfalten Sie Ihre Gaben und Kräfte.

- Lukas: Wenn Sie das so ausdrücken wollen... Was das Thema ‚Historie' betrifft, über das wir hier redeten, bleibe ich dabei: Als Christ oder als Evangelien-Autor kommt man um das Problem ‚Geschichte' nicht herum! In Christus hat sich Gott unserer Welt zugewandt! Für seine Offenbarung suchte er sich Zeiten und Orte unter uns aus. Im Leben Jesu war das zuerst Bethlehem, später Jerusalem. Über Griechenland und Italien ging die Gute Nachricht von Christus „in die ganze bewohnte Erde". Das alles geschah im ersten Jahrhundert! Ich bin überzeugt: Gott hat in Christus zu unserem Heil gehandelt! Und das Christentum dringt in die Geschichte ein und wirkt in ihr weiter!

- Herr Evangelist! In Ihrem zweiten Buch, sind Sie ein Erzähler von Missions-Geschichten und ein Geschichtsschreiber von Gottes Wirken durch die Apostel in Europa und Asien. Mit der Erwähnung der Apostelgeschichte kommen wir hier zum Schluss!

- Lukas: Ja, das größte Wunder der Gnade Gottes war die Heidenmission! Im Konflikt zwischen der christlichen Religion und der römischen Staatsreligion wird die äußere Geschichte, in der sich die Gemeinde Jesu behauptet, ein wesentlicher Faktor. Das Heil Gottes geht aber über die Menschen-Geschichte weit hinaus, - bis in die zukünftige Welt und ans Ende der Zeit. Wir alle warten auf die Wiederkunft Christi, des Menschensohnes! Ich wagte es, in meinen beiden Büchern Heilsgeschichte zu erzählen, - so wie die Verfasser des Alten Testaments - , die davon berichteten, wie Gott das Volk ins gelobte Land führte und die politische Geschichte Israels durch Jahrhunderte begleitete. Das soll auch in moderner Zeit verstanden und anerkannt werden.

- Herr Lukas, ich danke Ihnen! Wenn man sich vor Augen hält, wie viele Exegeten über einzelne Begriffe Ihres Vorworts nachgedacht haben, dann gäbe es im Zusammenhang mit diesem Text noch viel zu diskutieren. Ich möchte es aber nun bei dem bewenden lassen, was wir besprochen haben. Vielleicht ist in unserem Gespräch klarer geworden, dass ‚Wissen‘ dem Phänomen des Religiösen am Ende nicht gerecht wird. Man soll spüren, dass Gott keine irdischen ‚Beweisstücke‘ braucht und niemand zwingen will.

-Lukas: Ja, viel wichtiger ist das Ergriffenwerden vom Glauben. Am Ende fragt Jesus selbst: „Wird der Menschensohn Glauben finden auf Erden, wenn er wiederkommt?"(Lk.18,8).

- Also wäre das unser Fazit: Wir ‚wissen‘ nicht, ob Gott im Jahr Null in Bethlehem Mensch geworden ist, sondern wir *glauben* daran. Wir können nicht ‚beweisen‘, dass das Grab Jesu 30 Jahre später leer war, - sondern sagen: Wir *glauben* daran! – Es bleibt ein unsichtbares Wunder, dass der Geist an Pfingsten ausgegossen wurde, - wir *glauben* daran.

-.-.--.-.-.-.-.-.

Ein paar sachliche Fragen zu Ihrem Werk

Was ist der Inhalt Ihres geschichtlichen Doppelwerks?

-Lukas: Nacheinander berichte ich folgende Etappen: Israels Jesus-Verheißungen – Johannes der Täufer – Jesu Leben und Wirken – Sein Tod und seine Auferstehung – Himmelfahrt und Pfingsten – Die Urgemeinde aus Juden in Jerusalem – Die Kirche mit griechisch sprechenden Juden (Stephanus) – Die Heidenmission des Paulus vor allem in Griechenland und Kleinasien – Ende und Ziel in Rom. Über dem Geschehen, das auch die profane Geschichte berührt und verändert, steht der Name Jesus. Im ersten Buch ist er der Verkündiger, im zweiten Buch wird er selbst verkündigt. Schon das AT bezeugt ihn als den Messias. Die Mission im römischen Reich, die von seinem Geist geleitet wird, ist die angemessene Antwort auf sein Auftreten, Sterben, Auferstehen und Erhöhtwerden in den Himmel, wo seine Herrschaft kein Ende hat.

Sind Sie von Geburt ein Jude oder ein Grieche?

Ich bin ein Griechisch sprechender ‚Heide‘, der in die jüdische Religion hineinwuchs, so dass sie meine eigene geworden ist. Man spricht bei Menschen wie mir von ‚hellenistischem Judentum‘ , von ‚Proselyten‘ oder auch von ‚gottesfürchtigen‘ Personen, die sich dem monotheistischen Judentum angenähert haben. Durch meine Herkunft stehe ich manchen jüdischen Ritualgesetzen fern, auch der Beschneidung.
Mein Geburtsort ist nicht in Palästina, er liegt in einer griechisch-sprechenden Landschaft am Mittelmeer, die heute zur Türkei gehört.

Welches ist Ihre Bildung?

-Lukas: Ich kenne mich gut aus in der griechischen Literatur und vor allem habe ich vortreffliche Kenntnisse des ins Griechische übersetzten Alten Testaments. Ich war ein erfolgreicher Schüler des Synagogen-Unterrichts und lernte so die Heiligen Schriften und die Geschichte Israels kennen.

Zielten Sie auf eine bestimmte Leserschaft?

- Lukas: Meine Leser sollten alle sein, nicht nur die Mitglieder meiner eigenen Gemeinde, sondern auch Christen an anderen Orten im römischen Reich und Menschen späterer Generationen.

Was ist Ihr historisches Hauptinteresse?

-Lukas: Ich wollte mit dem Doppelwerk eine ‚Ursprungs- oder Basisgeschichte'[5] des Christentums erstellen. Dabei war mir wichtig, zu zeigen: Bei dem, was ich berichte, handelt es sich um die Fortsetzung der Geschichte Israels. Das Christentum ist nicht nur Teil des Baumes der jüdischen Religion, sondern ist selbst das ‚erneuerte Volk Israel'. Gemeinsam bilden ehemalige Juden und Christen aus den ‚Heiden'-Völkern die Kirche.

ZUM EVANGELIUM:

Können Sie Ihre Quellen nennen?

- Lukas: Ja, ich besaß das Markus-Evangelium und orientierte mich daran. Außerdem gab es die sog. Spruchquelle, die ich gemeinsam mit Matthäus benützte. Wir beide haben viele Jesusworte und Gleichnisse daraus übernommen, aber jeder setzte seinen eigenen, persönlichen Akzent. Das dritte Grundmaterial, das es bei mir gibt – es umfasst beinahe die Hälfte meines Evangeliums - , wird in der modernen Zeit als ‚lukanisches Sondergut' bezeichnet. Dabei handelt es sich um Traditionsstücke verschiedener Herkunft, deren Ursprünge man nicht mehr aufdecken kann. Zu diesem sog. ‚lukanischen Sondergut' gehören auch weitere Materialien der Spruchquelle, die Matthäus nicht benützte, und Texte von mir selbst. Den Reisebericht des Markus habe ich an einer Stelle unterbrochen und

---

[5] Ausdruck nach M.Wolter, Das Lukas-Evangelium, Tübingen 2008,29ff.

dann eine Menge ‚Sondergut' eingefügt, Gleichnisse und Beispielgeschichten.[6] Als Evangelist bearbeitete ich alle Stoffe eigenständig, nach meinem Verständnis des Glaubens. Anders kann es nicht sein: Der Glaube an Christus geht durchs eigene Herz, und jeder Autor will die Tradition wahrhaftig und getreu wiedergeben, aber gleichzeitig den Stoff mit Sinn ausstatten, so wie es ihm gegeben ist.

Gibt es Hauptthemen?

Gottes Heilshandeln an Israel und an der Welt in der Sendung seines Sohnes Jesus. Das Auftreten des Heilands als Messias in Palästina. Sein Erfüllt-Werden mit dem Geist Gottes. Seine Predigt des Reiches Gottes. Seine Handlungen und Worte der Sündenvergebung. Seine Zuwendung zu den Armen. Sein Sitzen auf dem geistlichen Thron seines Vaters David. Seine Erhöhung und Aufnahme in den Himmel.

Ein Herzstück der Verkündigung?

Die Frohe Botschaft zur Rettung der schuldig Gewordenen, die umkehren wollen zu Gott. Andererseits die Begegnungen der Jünger mit dem Auferstandenen und Jesu Missionsauftrag.

Begleitthemen?

Der Ruf zu Buße. Die Aufforderung zum geduldigen Warten auf die Wiederkunft des Herrn. Die langsame Öffnung in Richtung auf nicht-jüdische Menschen. Die Kritik an den Pharisäern. Der Appell an die Reichen zur Herstellung von sozialer Gerechtigkeit.

Was kennzeichnet Ihren Erzählstil?

Ich erzähle gern in Erlebnis-Episoden und gestalte die berichteten Szenen anschaulich. Im Evangelium kommt es mir natürlich genauso auf die Reden Jesu an. Bei allem spielen die örtlichen und zeitlichen Umstände aber keine so große

---

[6] Zum sog. ‚Lukanischen Sondergut' gehören 13 Gleichnisse und Beispielerzählungen; 13 Erzählungen von Erlebnis-Episoden; die Kindheitsgeschichten von Johannes dem Täufer und Jesus; der Stammbaum Jesu und viele kleine Redenstücke.

Rolle. Oft leite ich die Stücke so ein: Das geschah... – an irgendeinem Tag, ...in irgendeiner Stadt, ...in irgendeiner Synagoge.

Ich benütze häufig einen Sprach-Stil, der dem des Alten Testaments nahesteht. Ich möchte die Klänge und Worte aufgreifen, die vielen Juden vertraut sind.

Gern gestalte ich Parallel-Geschichten, Doppelszenen, außerdem Erzählungen, in denen sich Paare bilden: Zacharias und Maria. Simeon und Hanna. Paulus und Petrus. Einziger Sohn einer Witwe und einzige Tochter eines Vaters werden von den Toten erweckt. Maria und Martha. Der verlorene Sohn und sein Bruder. Der reiche Mann und der arme Lazarus. Die beiden Jünger, die nach Emmaus laufen[7].

ZUR APOSTELGESCHICHTE:

Welches waren Ihre Quellen?

-Lukas: Die Geschichte Jesu lebt in den Aposteln und Zeugen weiter, in Petrus, Stephanus und Paulus. Meine Informanten waren viele, die Petrus oder Paulus noch kennengelernt hatten. Ich verfügte auch über Elemente der schriftlichen Überlieferung - Berichte, Einzeltexte, Apostellegenden, Protokolle. Wenn ich Einzelheiten zu klären hatte, konnte ich mich auf Gewährsleute stützen, die ich befragte. Ein Drittel des Buches bilden Reden der Haupt-Zeugen, 24 an der Zahl, für die es keine Quellen gab, die ich selbst formulierte.

Gibt es Hauptthemen?

-Lukas: Das Hauptthema des Buches ist natürlich der Übergang des Evangeliums in die heidnische Welt und die Entstehung der Kirche aus Juden und Heiden. Ganz eng damit verbunden ist aber das andere Hauptthema: Die Beziehung zum Judentum und die Trennung der Christen von den Juden. Hier kam es zu zahllosen Konflikten. Einzelne Etappenthemen: Die Ausgießung des Heiligen Geistes auf die Jünger in Jerusalem. Entstehung und Wachstum der Urgemeinde. Die

---

[7] Zu den Doppelzeugnissen s.u.S.222ff.

Missionsreisen des Paulus und seine Leiden. Der Weg des Evangeliums aus der jüdischen religiösen Tradition zu Menschen der heidnischen Welt. Die Auseinandersetzungen mit dem traditionellen Judentum. Die Ankunft des Evangeliums in Rom.

... und ein Herzstück der Verkündigung?

-Lukas: Die Auferstehung Christi! Sie ‚wendet die Welt'!

Begleitthemen:

-Lukas: Der dauernde Druck auf die Christen, sich in ihrem Glauben zu ‚legitimieren'. In diesem Zusammenhang die zunehmenden Verfolgungen der Christen, zuerst durch die Juden, später durch die Römer. Die Heilsgeschichte, die in vielen Verteidigungsreden erklärt und gedeutet wird. Die Zuversicht, dass sich der Lauf des Evangeliums trotz vieler leidvoller Erfahrungen nicht aufhalten lässt!

Was kennzeichnet Ihren Erzählstil:

-Lukas: In meiner Darstellung inszeniere ich den Gang der Dinge als vorwärtsgehenden Prozess In exemplarischen Bildern. Die Erlebnisse der Personen sind dramatisch aufgebaut und sollen emotional bewegen. Die Leser werden informiert, aber auch in ihren Sinnen angesprochen. Mit historischen Fakten stimmen die erzählten Ereignisse nicht genau überein, - trotzdem hoffe ich, dass sie den Verlauf der Geschichte wahrhaftig wiedergeben. Man nennt die Erzählweise, bei der man die Leser Ergreifendes erleben lässt, ‚pathetische Historiographie'. Zu diesem Erzählstil gehören auch viele Wundergeschichten.

   - Man kann z.B. an die wunderbare Gefängnisbefreiung des Petrus denken.

-Lukas: Die Geschichte soll zum Ausdruck bringen, dass Petrus im Dienst seines Herrn auch leiden musste und ins Gefängnis kam. Die Sache ist ein wenig ‚stark' erzählt, quasi mit ‚Knalleffekt'. Es soll erlebbar werden, wie die Botschaft von Christus Gefängnismauern durchbricht. Im echten Leben geht es nicht so leicht, dass Engel helfen, wenn Not am Mann ist, aber die Legende von der Befreiung des

Petrus berichtet davon, was mit dem Evangelium in der Länge der Zeit immer wieder geschehen ist: es wurde von Fesseln frei.

- Ihre beiden Werke gehören zusammen und bilden eine Einheit. Ich finde allerdings, die Rückbeziehung auf die Botschaft Jesu Christi fällt in der Apostelgeschichte mager aus. Sie zitieren kein Jesuswort mehr. In Ihrem zweiten Buch wird Jesus kurz zu dem, *„der von Gott legitimiert ist durch Machttaten, Wunder und Zeichen, die Gott durch ihn in eurer Mitte getan hat"*(Apg.2,22) – oder zu dem, *„der umhergezogen ist, Gutes getan hat und gesund gemacht hat alle, die vom Teufel beherrscht waren"*(Apg.10,38). Jesus war doch nicht nur ein Wundermann und Exorzist!

-Lukas: Ja, aber ich wollte eben trennen: Die Verkündigung Jesu steht im Evangelium, in der Apostelgeschichte findet man die Erinnerung an seine Wunder-Taten und an die Auferstehung. Denken Sie daran: Wort und irdisches Wirken Jesu fehlen auch im apostolischen Glaubensbekenntnis oder bei Paulus in seinen Briefen. Jesu Weg vom Himmel zu uns und wieder zurück zum Himmel, seine Wundertaten und sein gott-menschliches Wesen, das wurde für den Glauben in meiner Zeit das Wichtigste und für mich als Schreiber der Apostelgeschichte das Thema der Predigt.

Wenn ich von diesem Gespräch noch einmal festhalten darf:

- Wir leiteten es mit der Frage ein, ob Sie – so kann man Ihr ‚Vorwort' verstehen - wohl ein ‚Historiker' sind, und wenn ja, in welchem Sinn. In unseren Umkreisungen des Themas kamen wir zu dem Verständnis, dass Sie zwar nicht direkt als Geschichtsschreiber der Christus-Botschaft angesehen werden wollen, viel eher als ihr ‚Zeuge', aber dennoch als jemand, der den Weg der damaligen Geschichte beschreibt, - und zwar als Heilsgeschichte mitten in der Weltgeschichte. - Eigentlich sind Sie Diener des Worts, Verkünder der Botschaft von Jesus Christus, aber auch jemand, der überzeugt ist, dass das Handeln Gottes die Welt betrifft und sich in der Geschichte ereignet. – Sie sagten: In der Antike unterschied man noch nicht zwischen historischer und theologischer Geschichtsschreibung. – Viele Ihrer Texte sind Zeugnisse des Glaubens in Gestalt von Erzählungen. – In Legenden ließen Sie die unaussprechlichen Geheimnisse der Offenbarung narrativ Gestalt gewinnen. – In Ihrer Berichterstattung soll man nicht historische Details beachten, sondern Botschaft und Sinn.

- Lukas: Ich glaube, ich bin ein Historiker eigener Art, eben ein religiös-theologischer. Ich möchte die von Gott geführten Ereignisse berichten und darstellen, wie sie einwirkten in das irdische Geschehen. Die Ankunft des Messias und die Ausbreitung der Botschaft von ihm im ganzen römischen Reich, - dass sind ja auch Menschheits-Ereignisse, wie man heute klarsehen kann! – In der Apostelgeschichte war mir der ‚Ereignis-Charakter' des Kommens Jesu in die Welt und das Wunder seiner Auferstehung beinah wichtiger als seine einzelnen Worte. Aber in meinem Evangelium habe ich mir Mühe gegeben, mit Ehrfurcht und Demut von Jesu Predigt und seinen Werken und Taten in Palästina zu schreiben. Insgesamt gilt: Ich wollte am liebsten erzählen und nicht – wie Paulus – theologisch über alles nachdenken. Doch in der Art und Weise, wie ich Erzählungen, Berichte, Reden und meine Bücher im Ganzen gestaltete, bin ich natürlich auch Theologe – freilich kein so großer wie er.

Kap.2
Lukas als Dichter, Maler, Künstler

-Lassen Sie uns jetzt von Ihrer besonderen Begabung sprechen, die alle Leser Ihres Evangeliums fasziniert und Ihre Erzählungen zu etwas ganz Besonderem macht. Wissen Sie, was ich meine? Außer der Schöpfungsgeschichte und der Sintflutgeschichte sind alle anderen Bibelgeschichten, die bei den Christen auf der Welt am bekanntesten und beliebtesten sind, *l u k a n i s c h*! **Weihnachtsgeschichte, Barmherziger Samariter, Verlorener Sohn, Emmaus-Erscheinung von Ostern, Geschichte vom reichen Mann und armen Lazarus. Und noch viele mehr! Lauter Geschichten, die es in keinem anderen Evangelium gibt, nur bei Ihnen!**

- Lukas: Vergessen Sie nicht: **Der 12-jährige Jesus im Tempel, der wunderbare Fischfang des Petrus, das Gleichnis vom reichen Kornbauern, vom ungerechten Richter, vom verlorenen Schaf, die Geschichte vom Zöllner Zachäus, die Salbung durch die Sünderin. Texte, die man nur bei mir findet!** Ich möchte darauf hinweisen: Religiöses muss man erzählen bzw. immer wieder vorlesen. So berührt es die Herzen.

- Ihre Jesusreden sind verantwortungsvoll zusammengestellt und glaubwürdig formuliert., aber besonders beeindruckend ist die Kunst Ihrer Erzähl-Episoden. Sie formulieren treffsicher, gestalten lebendige Szenen und erzählen so schön wie ein großer Schriftsteller. Die Berichte sind auf Begegnungen mit Einzelpersonen konzentriert, so dass der Leser sich identifizieren und miterleben kann, was berichtet wird. Die Neutestamentler sprechen von Weite der Erzählung und dramatischer Kraft Ihrer Texte. Ihre ‚erzählte Theologie‘ ist von ‚jesuanischer Liebe‘ geprägt und mit ‚narrativem Genius ‘ vorgetragen. Wer immer Ihre Geschichten liest, wird davon bewegt, - das gilt nun schon 2000 Jahre lang.

- Lukas: Ich möchte in erster Linie Schreiber und Verkünder der Jesus-Geschichte sein. Jesu Weg, Wort und Werk wollte ich geordnet darstellen, ebenso den Weg seiner Gemeinde in die Welt. Bei Allem kommt es auf die Person Jesu Christi an, der die Mitte der herrlichen Entwicklungen bildet. Für die Menschen in der Welt ist die Predigt wichtig, dafür ist Jesu eigene Verkündigung maßgebend. Aber seine Bedeutung und Wirkung leuchtet besonders in Geschichten auf, in denen Menschen etwas mit Jesus erlebten. Genauso wichtig sind die Geschichten von seiner Herabkunft auf die Erde, seiner Auferstehung und Himmelfahrt. Bei der Gestaltung und Anordnung des Stoffes habe ich mir größte Mühe gegeben. Sicher werden wir darauf noch zu sprechen kommen.

DICHTUNG und MALEREI –
Kunst in den Erzählungen

-Herr Lukas, schon der Theologe Harnack sagte: „Die Apostelgeschichte ist „ein Kunstwerk, eine schriftstellerische Leistung ersten Ranges, im Aufbau nicht minder als im Stil." Dasselbe gilt natürlich auch fürs Evangelium! Für dieses Buch sogar noch mehr! Aus dem Evangelium habe ich nun fünf berühmte Geschichten ausgewählt. Alle sind klar und prägnant erzählt. Jedes Wort befindet sich an der richtigen Stelle, kein Satz ist zu wenig, kein Gedanke überflüssig. Die fünf Geschichten würde ich gern als eine Art ‚Flügelaltar' darstellen.

Triptychon innen:

Gleichnis vom Verlorenen Sohn – Der Gang nach Emmaus – Beispielerzählung vom Barmherzigen Samariter.

-Das Gleichnis vom verlorenen Sohn:
Darf ich mit dem Hauptbild beginnen? Auf der Reise, mitten im Evangelium, entfaltet Jesus in 10 Kapiteln seine Botschaft. Die Mitte des großen Reiseberichts ‚auf dem Weg nach Jerusalem' bildet Kap.15. In diesem Kapitel Ihres Evangeliums haben Sie die drei berühmten ‚Gleichnisse vom Verlorenen' miteinander verbunden.

- Lukas: In der Tat kann man sagen, - das Thema der göttlichen Zuwendung zum Verlorenen ist mein ‚Zentrum'. Ich glaube fest, dass es auch Herz und Seele des Wirkens und Verkündigens Jesu war. Er ist der Heiland und Retter von uns Menschen. Wir Menschen verlieren uns in der Welt, und wir werden von Gott mit Freude und Liebe aufgenommen, wenn wir heimkehren. In den beiden ersten Gleichnissen geht Gott selbst auf die Suche nach uns (Verlorenes Schaf, Verlorener Groschen) und freut sich mit all seinen Engeln, wenn er uns findet. Im dritten Gleichnis sucht Gott uns nicht, sondern der Mensch beschließt selber, umzukehren und zum Vater heimzugehen (Verlorener Sohn). Der Vater sieht den Sohn schon von Weitem kommen, läuft ihm entgegen und nimmt ihn freudig in die Arme. ‚Umkehren', - dies Wort kommt 27mal in meinem Evangelium vor.

- Das ist sehr schön! Die Einladung zur Umkehr und die Rettung des Verlorenen ist der Grundzug auch vieler anderer Geschichten bei Ihnen. Denken wir an den Zöllner Zachäus oder an den Schächer am Kreuz. Nur bei Ihnen, Herr Lukas, kann man das lesen, dass der Mitgekreuzigte, der seine Schuld bekennt, im Gespräch mit Jesus begnadigt wird: ‚Heute noch wirst Du mit mir im Paradiese sein'! Und der bereuende Zöllner empfängt dieselbe Frohbotschaft: ‚Heute ist deinem Hause Heil widerfahren'. Die Geschichte endet mit dem Jesus-Wort: *‚Der Menschensohn ist gekommen zu suchen, was verloren ist, und es zu retten'* (Lk.19,10. Hier ist: ‚*...und es zu retten'* eine Ergänzung aus Ihrer Feder, denn darauf kommt es an!)

-Lukas: Ja, in dieser klaren Form habe ich auszudrücken versucht, wer Jesus für die Welt ist. Das Wort ‚Heiland' bzw. ‚Retter' ist das Tor zum Wesen Jesu, zu dem, was mich an seiner Person und seinem Werk besonders berührt und erfreut. Denken Sie an ‚meine' Weihnachtsgeschichte: Maria sagt: *‚Mein Geist freut sich über Gott, meinen Heiland'.* Und die Engel rufen aus: *‚Euch ist heute der Heiland geboren!'* Markus und Matthäus bezeichnen Jesus gar nicht als Retter bzw. Heiland, Johannes nur einmal. Ich kann nicht verstehen, warum das so ist. Jesu Werk der Heilung der Sünder und der Heimbringung des Verlorenen ist doch für uns alle gleich wichtig!

- Bei Ihnen kommt ‚retten' 30mal vor, - ‚Rettung' (‚Heil') 10mal, - ‚Retter' bzw. ‚Heiland' 3mal. Die Wortfamilie von ‚Heil' und ‚retten' beschreibt das Wirken Jesu in entscheidender Weise. Er wollte in seinem Leben und Sterben die Barmherzigkeit des Sünden vergebenden Gottes ‚austeilen‘, selbst ‚verkörpern‘. Wir dürfen sagen: Die Verkündigung Jesu ist ‚das Wort des Heils‘, und sein Tod am Kreuz ist der ‚Dienst des Heils‘.

-Lukas: Ja, Jesus dient uns bis zu seinem ohnmächtigen Ende, und auch in seinem Leiden will er der Liebe und Barmherzigkeit seines Vaters Ausdruck geben. Der Tod durch die Hand der Sünder kann Jesu Rettungs-Auftrag nicht zunichtemachen. Durch Auferstehung und Erhöhung rechtfertigt und bestätigt ihn Gott.

Mit der Botschaft vom barmherzigen Vater, der uns, die in Sünde verlorenen Söhne und Töchter, bei sich aufnimmt, verband Jesus sein eigenes Geschick. Das freigebige Löschen der Sünden war bei den leitenden Juden anstößig. Dafür, dass er die Vergebung ‚verschenkte‘, verfolgten sie ihn. Und Jesus nahm den Tod auf sich.

-Lukas: Ich darf noch bemerken: Der Sohn im Gleichnis, das sind wir alle, wenn wir die Botschaft hören und in die Arme des liebenden Vaters umkehren. Im Hintergrund gibt es aber auch den Bruder des Verlorenen Sohns, der mit der Handlungsweise des Vaters nicht einverstanden ist. Darf der Vater dem Heimgekehrten so freundlich begegnen und ihm ein Fest bereiten? Jesus befindet sich ja im Streitgespräch mit den Pharisäern (s. die Einrahmung der Gleichnis-Erzählung Kap.15) und er möchte ihnen (und auch dem älteren Bruder) mit der Geschichte sagen: Gott darf es, und ich, Jesus, möchte es allen sagen: ‚Das Fest muss sein! *Im Himmel ist mehr Freude über einen Sünder, der umkehrt, als über 99 Gerechte, die keine Umkehr nötig haben!“*

- Die Pharisäer sahen den Unterschied zwischen Gut und Böse durch Jesus gefährdet; sie dachten: Bei diesem Rabbi ist wohl alles erlaubt! Die Geschichte ist auch Ihr Anschluss an das große Thema des Apostels Paulus, der die Rechtfertigung des Sünders durch das Geschenk der Begnadigung in Jesus Christus zu seinem Lebensthema machte.

„Auf dem Weg zum barmherzigen Vater"
Bild von Hieronymus Bosch

-Lukas: Aber gleichzeitig ist beim verlorenen Sohn seine eigene Aktion wichtig. Der verlorene Sohn geht „zunächst in sich, um sich über seine Lage klarzuwerden und seinen Entschluss vorzubereiten. Dann führt er seinen Plan in einem zweiten Schritt aus. Auf das Innehalten... folgt die Bewegung in der neuen Richtung."[8]

> - Auf dem Hintergrund dieser Ihrer Überzeugung ist es wohl berechtigt, wenn wir annehmen, dass das Gleichnis vom verlorenen Sohn, lieber Herr Lukas, Ihre Gipfelgeschichte ist. Diese lange, besonders sorgfältig erzählte Geschichte musste deshalb hier unbedingt zu unserem Hauptbild werden.

---

[8] F.Bovon, Lukas in neuer Sicht, Neukirchen-Vluyn,1985,S.142.

Die beiden Jünger auf dem Weg nach Emmaus:

- Wie oft wird diese Ostergeschichte auf der Welt vorgelesen und erzählt! Bei ihr ist wieder eine Bewegung auf dem Weg wesentlich. Die Jünger nehmen gleichsam unter ihre Füße, was sie so stark umtreibt, sie leisten Trauerarbeit und verarbeiten im Gehen den Schmerz über den Verlust Jesu. Auf längerer Wanderung reift dann die neue Erkenntnis: ‚Wir sind nicht verlassen! Der Herr ging mit uns! Jesus lebt!'

- Lukas: Von meinen zahlreichen Weg-Geschichten ist das nur eine (vgl. unten Kap.3: ‚Gottes Weg und Gottes Zeit'). Eigentlich war ich mit Jesus immer unterwegs, - nicht persönlich, aber im Geist, im Glauben, im Gebet, in der Nachfolge. Das Leben ist eine große Wanderung! Jesus zog umher und die Jünger mit ihm, und nach seinem Tod liefen sie weiter, um das Evangelium zu verkünden. Machen Sie – wie die Emmaus-Jünger - eine Weg-Erfahrung! Aus manchem Kummer findet man durch solche Gänge wieder heraus und fühlt es: Wir wandern mit Gott und zu Gott!

-Vielleicht ist diese Geschichte die kunstvollste, schönste und wertvollste von ihren Werken. Ich finde, sie hat zwei ‚innere Zentren': das eine ist das unbewusste Wiedererkennen Jesu auf dem Weg (beschrieben von Ihnen als ‚brennendes Herz'), das andere das wirkliche Wiedererkennen des Herrn beim gemeinsamen Essen (beschrieben bei Ihnen als Abendmahl). Im Augenblick des Erkennens verschwindet Jesus. Erscheinungsgeschichten sind unbedingt wichtig für die Anschauung dessen, was sich doch aller Anschauung entzieht: Die Auferstehung Jesu.

> *„Neben unsern Schritten seine Schritte, da er sich plötzlich zu uns gesellt, Im finstern Tal ging er in unsrer Mitte, in unsrem Zwiegespräch war er der Dritte und er erklärte durch sein Wort die Welt.*
> *Er zog mit uns in wechselnden Gestalten, uns sehr vertraut, uns völlig unbekannt, zuweilen konnten wir sein Bild behalten.*

Im Neugewordnen sahen wir den Alten. Und seltsam hat in uns das Herz gebrannt."[9]

-Lukas: Man kann die Geschichte immer wieder neu nacherleben, malen, spielen, dichten. „Die Wanderung, von der hier erzählt wird, dauert länger als die zwei Stunden, die man für den Weg von Jerusalem nach Emmaus braucht. Sie dauert ein Leben lang."[10]

-Ja, als Gleichnis für die unerkannte heimliche Begleitung unseres Lebens! - Es gibt in Ihrer Geschichte einen ersten Erkenntnisfortschritt, wenn Jesus den beiden Wanderern die Prophezeiungen in Erinnerung ruft. Über das Gespräch auf dem Weg, in welchem die Schrift erklärt wird, möchte ich im 7. Kapitel näher sprechen.

„Auf dem Weg zum auferstandenen Sohn" Bild von W.Schadow

---

[9] Aus Emmaus-Gedicht von K.-P.Hertzsch, in: Vertraut den neuen Wegen, Leipzig 1996,12f.
[10] K.-H.Bieritz,Zeitschr.Pastoral-Theologie,Bd.98,2009,S.233.

Der barmherzige Samariter:

- Und natürlich ist auch das dritte Bild mit der Geschichte vom barmherzigen Samariter ein Beispiel dafür, was sich auf dem Lebensweg alles ereignen kann! Die Wohltat des Samaritaners an dem unter die Räuber Gefallenen ist auch als Reise-Erlebnis interessant, weil jeder Mensch, der unterwegs ist, innehalten oder aber vorbeilaufen kann, wenn er unverhofft auf das Unglück eines Fremden stößt. Von daher habe ich die drei Bilder so unterschrieben: ‚Auf dem Weg zum barmherzigen Vater'- ‚Auf dem Weg zum auferstandenen Sohn'– ‚Auf dem Weg zum leidenden Bruder'.

-Lukas: Die Geschichte vom Barmherzigen Samariter zeigt, wie ich das Christenleben in der Tat verstehe, - als Fortsetzung des Beispiels Jesu in unserer eigenen Praxis, unserem Verhalten. Wir wenden uns mitleidsvoll den Menschen zu, die in irgendeiner Weise unter die Räuber geraten sind. Der Priester und der Levit wissen eigentlich genau, dass Nächstenliebe Vorrang hat vor dem von ihnen verrichteten Tempel-Dienst, aber sie handeln nicht nach dem biblischen Gebot. In dieser Situation beschämt sie der Samariter doppelt: Indem er als ‚Ausländer' dem verwundeten Juden hilft, - und indem er als ‚Unreiner' nach dem biblischen Gebot handelt, das die beiden anderen kennen, aber missachten.

- So ist die Geschichte wahrscheinlich auch als Kritik am Judentum und seinen Kult-Dienern gemeint, gleichzeitig als Wertschätzung für die Samaritaner, die so etwas wie ein ‚Zwischenvolk' zwischen Juden und Heiden waren. Jesus und die Missionare gehen bei Ihnen, Herr Lukas, gezielt durch samaritanisches Gebiet, um dort zu predigen und zu heilen. Und immer wieder werden fromme Juden durch die Samariter ‚überholt', deren Beziehung zu Jesus und zum Nächsten echter ist.

„Auf dem Weg zum leidenden Bruder"
Bild von Rembrandt

-.-.-.-.-.-.-.

,Maria aber behielt alle diese Worte und bewegte sie in ihrem Herzen'(Lk.2,19) --
,Eine Sünderin salbt Jesus im Haus des Simon'(Lk.7,36-50)

Maria mit dem Kind in Bethlehem

- Wir schauen auf Maria mit dem Kind in der Stunde, da die Hirten den Stall verlassen haben. Die ,heilige Familie' ist allein und noch ganz erfüllt von dem, was die Hirten erzählt haben. Im Weihnachtsevangelium heißt es dann: *,Und Maria behielt alle diese Worte und bewegte sie in ihrem Herzen'(Lk.2,19).* Herr Lukas, ich spüre, dass diese Formulierung wieder von Ihnen selbst stammt. Ihnen ist die menschliche Reaktion auf die Offenbarung Gottes sehr wichtig, nicht wahr? Die Worte der Hirten von der Geburt des Retters sollen ein seelisches Echo bekommen und weiterwirken. Maria lässt in sich nachklingen, was ihr über die Erscheinung der Engel draußen auf dem Feld berichtet worden war. Eigentlich hatte sie die Gute Botschaft schon viele Monate vorher von Gabriel gehört. Doch die Berichte der Hirten geben ihr aufs Neue so viel zum Nachsinnen auf! Wie soll Maria das fassen? Betrachtend bewegt sie das Kind hin und her und bedenkt sein gottseliges Geheimnis.

-Lukas: Für ,hin und her bewegen' verwende ich das griechische Wort ,symballousa' (von ,symballein'), das bedeutet: ,zusammenwerfen' bzw. ,zusammenfügen'. Von diesem Wort ist ,Symbol' abgeleitet. Maria sollte in ihrem Herzen verbinden, was nicht so ohne weiteres zusammenzugehören schien. Sie musste Kind und Kunde, Baby und Botschaft im Glauben zu einem ,Ganzen' werden lassen. Kann es wirklich sein, dass Christus, der Herr, hier in diesem armen Stall geboren wurde? Und dass ich unbekannte junge Frau aus Galiläa die Mutter bin? Und dass dies winzige Baby uns alle retten wird? Sie betrachtete ihr Kind und konnte es kaum verstehen.

-Eine Aufgabe für Maria und für uns, die nie endet: Im Glauben zusammenfügen, was nur auf diese ,symbolische' Weise fassbar ist. Später wurde Maria auch selbst ein ,Symbolon' für das gott-menschliche Ereignis, nämlich ein zartes weibliches Bild für die Seele, für die Menschheit, die den Gottessohn empfängt. So bewegt man an Weihnachten die Froh-Botschaft *,Das Wort ward Fleisch und wohnte* unter uns' immer neu in sich selbst ‚hin und her'. Für das Wunder brauchen die Menschen ‚anschauliche' Erkennungszeichen, - so wie die Hirten eins empfingen: **„Und das habt zum Zeichen, ihr werdet finden das Kind in Windeln gewickelt und in einer Krippe liegen"**. (An dem ungewöhnlichen Geburtsplatz ‚Futterkrippe' sollten die Hirten seine Adresse erkennen).   Wir Späteren haben Maria als besonderes Erkennungszeichen der Geburt. Wenn wir sie betrachten, wie sie ‚alles behält und in ihrem Herzen bewegt', wird sie selbst für uns zum Zeichen oder Urbild, mit dessen Hilfe auch in uns Wohnung finden kann, was am Hl. Abend geboren wurde.

Bild von Konrad von Soest

45

Eine Sünderin salbt Jesus im Haus des Simon:

- Was ist eigentlich Sünde? fragen Menschen oft, weil sie es nicht mehr verstehen. Aber wahrscheinlich fällt auch den Heutigen bald ein, worin sie sich verloren haben. Entweder sie entfernten sich von ihrem Wesenskern oder entfremdeten sich von Gott. Weil Sie, Herr Lukas, die Menschen in Gefahr sehen, sich zu verlieren, wird jene Frau, die Jesu Füße salbt, in Ihrer Version der Geschichte (Lk.7,36-50) zur ‚Sünderin‘ gemacht. Die Tat der Salbung durch eine unbekannte Frau kommt ähnlich auch bei Markus und Johannes vor, aber - man muss das hervorheben - : nur Sie bezeichnen die Besucherin als ‚Sünderin‘.

- - Lukas: Auch diese Geschichte ist ein Beispiel für die Hauptbotschaft Jesu in seinem Handeln: Er wollte kommen, das Verlorene zu suchen und zu retten!

-Was geschieht dann in Ihrer Geschichte?

Lukas: Überraschend tritt die Frau in den Wohnraum des Simon. Sie will Jesus sehen, denn sie war innerlich ‚umgekehrt‘, und geht zu ihm, wäscht ihm die Füße, salbt sie und trocknet sie mit ihren Haaren. Dabei weint sie unablässig. Auch dass sie weint, habe ich eingefügt. Ich wollte den Lesern zu verstehen geben, dass sie im Augenblick der Umkehr von Reue und Liebe erfüllt war. Zärtlich und demütig wendet sie sich Jesus zu, von dem sie weiß, dass er ihr Retter ist, der Heiland. In ihren Tränen ist Dankbarkeit zu spüren, dafür dass ihr Vergebung zuteilwird. Am Schluss sagt Jesus zu seinem Gastgeber Simon, - als hätte er alles schon vorher gewusst, was sich im Herzen der Frau abspielte - : *„Ihre vielen Sünden sind vergeben, denn sie hat viel geliebt"(Lk.7,47)*. Anfänglich strahlt die Liebe vom ‚Sünder-Heiland‘ aus, der sie austeilt, dann wird sie erwidert vom Menschen, der sich besinnt und zur Heimkehr aufmacht. Auch die Umkehr ist eigentlich ein Geschenk, dem die Liebe zwischen Gott und Mensch vorausgeht. Die Frau ist bewegt von Reue über ihr Leben und Glück, weil sie geliebt wird, bewegt von Freude über die Begegnung mit Jesus und Trauer über den kommenden Abschied.

- In der Version von Markus und Johannes ist die unbekannte Frau eine Verschwenderin, die Jesus im Blick auf seinen bevorstehenden Tod salbt, - bei Ihnen ist sie eine ‚Sünderin‘, die nichts will, als heimzukehren in die Liebe Gottes.

-Lukas: Beide Versionen sind möglich und berechtigt. Jeder Evangelist bringt zum Ausdruck, was für ihn persönlich hier der besondere Akzent der Botschaft Jesu ist.

- Es kommt hier noch etwas hinzu - darf ich es sagen? So wie Sie Maria, Jesu Mutter, als Frau hervorheben (s. vor allem Lk.1 und 2), werden bei Ihnen auch sonst Frauengestalten viel ernster genommen als in den drei anderen Evangelien. Frauen sind wie die Männer berechtigt, das Wort Jesu zu hören (Lk.10,38ff.) und Jüngerinnen zu werden. Als Gruppe zum Teil wohlhabender Frauen begleiten sie Jesus von Galiläa (8,1ff.) bis zu seinem Kreuz (23,49ff.). So berichten Sie, dass viele Frauen – neben den 12 Jüngern – mit Jesus mitzogen, *„Frauen, die er gesund gemacht hatte von böse Geistern und Krankheiten, nämlich Maria Magdalene, von der sieben Dämonen ausgefahren waren, und Johanna, die Frau des Chuza, eines Verwalters des Herodes, und Susanna und viele andere.. "(Lk.8,1-3)*

- Lukas: Ich danke Ihnen für das ‚Triptychon' und schenke Ihnen noch ein Bild, das jemand von mir selbst gemalt hat: ‚Lukas der Maler'! Sie erkennen gleich, mit welchem Thema ich auf dem Bild beschäftigt bin.

LUKAS DER MALER

-Ja, Sie sind wirklich ein Maler mit dem Schreibgriffel! Zahllose Künstler haben Ihre Evangeliums-Geschichten gemalt, weil sie sich am besten dafür eignen! Berühmt ist etwa der ‚Gang nach Emmaus' von Caravaggio oder ‚Der verlorene Sohn' von Rembrandt. Niemand weiß, wie die Bezeichnung ‚Lukas der Maler' entstand, aber weil sie sinnvoll zu sein scheint, hat sie sich gehalten und ausgewirkt. 1808 nannten sich ein paar Wiener Maler ‚Lukas-Brüder' und gingen dann als ‚Lukas-Bund' nach Rom, wo sie unter dem Namen ‚Nazarener' sehr bekannte religiöse Künstler wurden. Ich glaube, man kann die Bedeutung des Titels ‚Lukas, der Maler' durch folgenden Vergleich gut verstehen: Wenn der Evangelist

Johannes an Weihnachten sagt: *,Und wir sahen seine Herrlichkeit'*, dann kann man mit irdischen Augen gar nichts sehen, nur im Glauben. Wenn aber z.B. die Hirten bei Ihnen sagen: *„Lasst uns gehen und sehen, was geschehen ist…"*, dann sollen auch die irdischen Augen in der realen Umgebung von Bethlehem etwas zu sehen bekommen. Deshalb gibt es auf der Welt fast keine häufiger künstlerisch gestaltete Szene als die von Bethlehem. Die Schönheit all Ihrer Geschichten zog die Künstler magisch an, und die Zahl der Gemälde zu den religiösen Erzählungen ist auf der Welt nicht mehr zu überschauen.

MUSIK - Kunst in der Text-Komposition

a) Orchester

Einleitungsgeschichten

Herr Lukas, Sie eröffnen beides, Evangelium und Apostelgeschichte mit einer Ouvertüre, hier mit den Kindheitserzählungen, dort mit der Pfingstgeschichte. Beide Text-Abschnitte sind so etwas wie Introitus-Musiken, in denen die Motive und Inhalte des nachfolgenden Werks kräftig anklingen. Sie lieben es ja, Ihre Bücher durch das Mittel von Berichten, die sich innerlich verwandt sind, einprägsam zu gestalten. So weisen auch die beiden Ouvertüren Kompositions-Elemente auf, die sich ähneln. Die Eröffnungs-Kapitel von Evangelium und Apostelgeschichte, in denen sich Offenbarung ereignet und ein himmlischer Plan in Lobgesänge verwandelt wird, stehen sich dadurch nahe, dass die schöpferische Leitung jeweils in der Hand des Heiligen Geistes liegt. Durch seine kraftvolle Tätigkeit - achtmal wird er in Lk.1f. genannt, ebenso achtmal in Apg.1f. - sind die Texte aufeinander bezogen, verstärken und ergänzen sich. Der Geist kommt im geschilderten göttlichen Augenblick, und mit seiner Gegenwart löst er wunderbare Ereignisse aus. Er wird aktiv in der Überschattung Mariens vor der Geburt des Heilands und in der Ausgießung der feurigen Zungen auf die Jünger zu Beginn der Mission.

Die Ouvertüren lassen Töne der früheren Hoffnung Israels erklingen, doch jetzt, wenn sich durch die Kraft des Hl. Geistes das Christus-Wunder ereignet, bricht die Geistkraft auch in den zeitgenössischen Menschen in neuer Lebendigkeit aus: Zacharias, Maria, Simeon und Hanna beten voll Freude und Dankbarkeit am Anfang des Evangeliums. Die Alten werden wieder Träume haben und ihre Söhne und Töchter weissagen, heißt es am Anfang der Apostelgeschichte. Die Figuren, die das Geschehen tragen oder miterleben, verstehen die heilsame Stunde, rühmen Gott in prophetischen Rufen und preisen ihn in Hymnen. Mit ihren geist-erfüllten Proklamationen geben die jeweiligen Eingangskapitel Ton und Stimmung, Richtung und Ziel an für das, was in den folgenden Buchkapiteln berichtet wird. Die Titel der symphonischen Ouvertüren lauten: ‚Heute erfüllt sich die Hoffnung Israels!' - und: ‚Heute erstrahlt das Licht für die Heiden!' –

Das ist Ihre Kunst, Herr Lukas: Der Vorhang geht auf, das Orchester stimmt die Instrumente, der Heilige Geist tritt ans Pult, neue Klänge ergießen sich in die Welt. Der Geist Gottes ist nicht nur Dirigent, er ist auch die Schönheit der Musik und die Freude der Spieler. Wenn die Musik verklungen ist, beginnen die Akteure mit der Handlung.

b) Chor

Die Stimmen des Alten Testaments

Herr Lukas, dreimal heißt es über den auferstandenen Jesus im Evangelium in dieser (oder einer ähnlichen) Formulierung: „Er fing an bei Mose und allen Propheten und legte Ihnen aus, was in allen Schriften über ihn gesagt war." - Und dreimal betont Petrus in seinen Predigten dasselbe: „Gott hat erfüllt, was er durch den Mund aller seiner Propheten zuvor verkündigt hat (Apg.3,18) … Alle Propheten von Samuel an und danach haben diese Tage verkündet (Apg.3,24). … „Und von Jesus bezeugen alle Propheten, dass durch seinen Namen alle, die an ihn glauben, Vergebung der Sünden empfangen sollten"(Apg.10,43).

Die Art und Weise, wie Sie von den Buchschreibern des Alten Testaments reden, ist auffällig und interessant. Sie erklären kaum, was die verschiedenen Propheten des Alten Testaments im Einzelnen über Jesus schreiben. Viel wichtiger ist es, dass praktisch alle Autoren, nicht nur Sacharja und Jesaja, sondern auch Mose und Samuel, nach Ihrer Überzeugung von Jesus Christus Zeugnis geben. Sie bezeichnen die Schreiber gemeinsam als Propheten, obwohl der Titel zu vielen Autoren nicht passt. Plötzlich bilden die Zeugen von früher einen großen **‚Propheten-Chor'**!

Damals muss etwas Erregendes geschehen sein! Man kann aus den oben zitierten Aussagen von Ihnen erkennen, dass von einem gewissen Zeitpunkt des ersten Jahrhunderts an sämtliche Schriften des Alten Testaments auf Christus hin gelesen wurden! Solche Lektüre war neu für die entstehende Christus-Anhängerschaft und offensichtlich eine wesentliche, ja entscheidende Hilfe. Die Gläubigen schlugen die Bibel auf, und es ereignete sich, dass ihre Texte gleichsam vom Glanz eines frischen prophetischen Geistes erfüllt wurden. Mit Freude schienen die AT-Autoren selber zu erleben, dass ihre eigenen Worte lauter Messias-Botschaften waren, die in Erfüllung gingen.

Wie soll man erklären, was da geschah? Man darf vielleicht sagen: Die Gottesoffenbarung in Christus brachte es mit sich, dass sich der neue religiöse Aufbruch wie ein großer ‚Erkenntnis-Strom' auch über die Seiten des Alten Testaments ergoss. Ihnen, Herr Lukas, kommt es darauf an, dass die Leser spüren: die alttestamentlichen Zeugen ergreifen ‚jetzt' ‚gemeinsam' das Wort! Vor alter Zeit hatten sie ihre Bücher geschrieben, nun aber stehen die Zeugen der Heilsgeschichte Israels gleichsam ‚geschlossen' auf, um die neue messianische Heilszeit zu besingen und den Christus zu begrüßen.

„Bei Lukas... sind alle Prophetengestalten Diener des gleichen Wortes, freudige Empfänger der gleichen Verheißung, durch den gleichen Geist einander verbunden und bezeugen alle eine ganz bestimmte und stets die gleiche Tat Gottes"[11] Sie reden also von einem *einzigen* Heilsereignis, nämlich dem Erscheinen Jesu Christi und von seinem Leiden, Sterben und Auferstehen, - einige von ihnen prophezeien das, andere künden schon von seiner Erfüllung.

Bei Ihrer Darstellung, Herr Lukas, entsteht der Eindruck einer Vokal-Musik. Aus dem Alten Testament dringt heiliger Christus-Gesang. Mit ihren gemeinsamen Melodien vereinigen sich die Sänger zu einem Tempel- oder Gospel-Chor. Dessen Lieder bilden die Brücke über die Zeiten, schaffen einen Steg zwischen der das Heil vorbereitenden Geschichte Gottes mit Israel und der in Christus neu begonnenen Epoche der Gnade. Gott wird gepriesen, der seinen Plan wahrgemacht hat, den Messias zu senden und Israel zu erlösen. - Herr Lukas, Sie scheinen die vereinigten Chorstimmen des Alten Testaments ständig im Ohr gehabt zu haben, deshalb sprechen sie immer wieder davon. Sie wünschen sich, dass der Gesang der Glaubensväter mit seinen Bekenntnissen Erfolg hat, und die von ‚allen Propheten' gesungenen Lieder bei den Menschen freudig aufgenommen werden.

ARCHITEKTUR – Kunst im Gesamtaufbau

a) Der Grundriss beider Bücher

Herr Lukas! Hinter den biblischen Büchern des AT und NT steckt nicht nur Gottes Inspiration, sondern auch gestaltende menschliche Kraft. Es lohnt sich, Ihre beiden Bücher auch hinsichtlich ihrer Gesamt-Architektur zu betrachten. Wie sind sie im Großen und Kleinen aufgebaut? Tritt man zurück, um mit Abstand zu betrachten, erkennt man häufig, wie Sie bestrebt sind, Ähnlichkeiten herauszubilden und Parallelen von Schicksalen und Handlungen zu gestalten. Das Ganze und die Teile sind so geformt, dass sie sich auf verschiedene Art symmetrisch zueinander

---

[11] P.S.Minear, in: G.Braumann (hg.), Das Lukas-Evangelium – Redaktions- und kompositionsgeschichtliche Forschung, Darmstadt 1974,S.217.

verhalten. So beginnen beide großen Werke, die Sie verfassten, mit Jerusalemgeschichten, an welche sich Reiseberichte anschließen. Das Evangelium endet wieder mit Jerusalemgeschichten, während die Apostelgeschichte auf ihre zweiten Jerusalemgeschichten noch eine letzte Reise folgen lässt, mit Rom als Ziel.

Sich ähnelnder Haupt-Grundriss beider Bücher:

Evangelium	Apostelgeschichte
Tempelszenen **1)Jerusalemgeschichten** **1,5 - 4,13** **Thema Kindheitserzählungen** Tempelszenen **+++** **2)Reisebericht** Jesu **4,14 - 19,44** **+++** Tempelszenen **3)Jerusalemgeschichten** **19,45 - 24,53:** **Thema Leiden, Tod, Auferstehung und Himmelfahrt Jesu** **+++** **Ziel: Jünger bleiben in Jerusalem:** Tempelszenen	Tempelszenen **1)Jerusalemgeschichten:** **1,4-7.60** **Pfingsten und Urgemeinde** Tempelszenen **+++** **2)Reisebericht** Jünger und **Paulus 8,1-21.17** **+++** Tempelszenen **3)Jerusalemgeschichten** **21,18-26,32** **Thema Prozess und Leiden des Paulus** **4)** Reisebericht des Paulus, **27,1-28,31** **+++** **Ziel der Paulus-Reise: Rom**

In Ihrem Gesamtkonzept besonders herauszustellen ist die Ortskonzentration in Evangelium und Apostelgeschichte auf die Stadt Jerusalem, wo sich das Wesentliche abspielt. Die Jerusalemgeschichten des jeweiligen Buchanfangs sind von Szenen im dortigen Tempel eingerahmt. Auch die hinteren Teile der beiden Bücher ähneln sich: Wie bei Jesus, so beginnt auch die Leidensgeschichte des Paulus im Tempel in Jerusalem (s.u.Kap.5, S.118ff.). In Jerusalem und im Tempel findet das Evangelium sein Ende, die Apostelgeschichte aber hat einen eigenen Schluss. Dort wird Paulus als Letztes bekanntlich nach Rom geführt. Im Evangelium verlassen die Jünger - anders als in den übrigen Evangelien - die Stadt des Heils nicht, sie bleiben da, um Gott in seinem Haus zu loben. In der Apostelgeschichte entfernt sich das Heil schrittweise von Jerusalem und bewegt sich auf Rom zu, die ‚neue Stadt des Heils'. Hinter den literarischen Aspekten der Gestaltung – Freude an Ortskonzentration und Parallelstrukturen - stecken theologische Ideen: Besonders auffällig sind die vielen Tempelszenen, die immer wieder (nur bei Ihnen) das Hauptgeschehen einrahmen. Der Tempel ist ein ‚Symbol der Mitte', das Heiligtum ein Zentrum der ‚ursprünglichen Gottes-Begegnung'! Vielleicht waren Sie nie in Jerusalem, sind aber von dauernder Tempel-Sehnsucht erfüllt. Am schönsten kommt das zum Ausdruck in der Freude der beiden Alten Simeon und Hanna, die das Jesuskind im Tempel sehen, prophetisch erkennen und loben. Die 84-jährige **Hanna** ‚verließ den Tempel überhaupt nicht mehr und verbrachte dort Tage und Nacht mit Fasten und Beten'. **Simeon** aber preist das Ereignis der Geburt: ***„Herr, nun lässt du deinen Diener in Frieden fahren, denn meine Augen haben deinen Heiland gesehen, das Heil, das du bereitet hast vor allen Völkern"***(Lk.2,29-31).

Simeon und Hanna im Tempel

54

b) Der Prozess Jesu und der Prozess des Paulus

Bekanntlich fanden die Gerichtsverhandlungen über die Person Jesu in Jerusalem statt. Herr Lukas, Sie legen Wert darauf, dass auch der Paulus-Prozess dort beginnt. Anklage und Volksaufruhr haben bei Jesus und Paulus einen Bezug zum Tempel. Die Verhandlungen über Jesus enden nach wenigen Stunden mit seiner Verurteilung, der Gefangene Paulus wird nach Cäsarea verlegt, den Wohnsitz des Statthalters, wo die Gerichtstermine fortgesetzt werden.

Lukas-Evangelium **JESUS CHRISTUS vor verschiedenen Richtern**	Apostelgeschichte: **PAULUS vor verschiedenen Richtern**
„Wir haben diesen erfunden als einen, der unser Volk verführt, und der es abhalten will, dem Kaiser Steuern zu geben, und sagt, er sei Christus, der König"(Lk.23,2)	„Wir haben diesen Mann als eine Pest und als einen Anstifter von Unruhen für alle Juden auf dem Erdkreis und als Vorkämpfer für die Sekte der Nazoräer erfunden" (Apg.24,5)
„Und die ganze Menge schrie und sprach: ‚Hinweg mit diesem!'"(23,18)	„Und die Menge des Volkes schrie: 'Hinweg mit diesem'" (21,36)
Jesus vor dem Hohen Rat der Juden (22,66-71)	Paulus vor dem Hohen Rat der Juden (22,30 – 23,10)
Jesus wird geschlagen(22,36)	Der Hohepriester befiehlt, Paulus zu schlagen (23,2)
Pilatus: „Ich finde nichts Schuldiges an diesem Mann" (23,4)	Lysias: „Es liegt keine Anschuldigung gegen ihn vor, dass er den Tod oder Fesseln verdient hätte" (23,29)
Der Prozess wird von Pilatus zu Herodes und von Herodes wieder zu Pilatus verschleppt	Der Prozess wird von Lysias zu Felix, zu Festus und zu Agrippa verschleppt
Pilatus zum zweiten Mal: „Beim Verhör vor euch habe ich an diesem Menschen keinen Grund für eure Anklagen gegen ihn gefunden" (23,14)	Festus: „Mir wurde bewusst, dass dieser Mann nichts Todeswürdiges begangen hat" (25,25)
Pilatus zum dritten Mal: „Was hat dieser Böses getan? Ich finde nichts des Todes Würdiges an ihm" (23,22)	Agrippa und Festus, (=König und Statthalter): „Dieser Mensch hat nichts des Todes oder der Fesseln Würdiges getan" (26,31)
Pilatus: „Ich will ihn freilassen!" (23,22)	Agrippa: „Dieser Mann könnte freigelassen werden" (26,32)

Durch Einheitlichkeit von Ort und Handlung, aber auch durch die Übereinstimmung der gesprochenen Worte, möchten Sie, Herr Lukas, die Prozesse untereinander verbinden. Ihr Wunsch ist es, dass die engsten Nachfolger Jesu ein Leidensschicksal erleben, ganz ähnlich wie dieser selbst. (Paulus hat sich das in seinen Briefen ausdrücklich gewünscht.) Parallelen gibt es darum auch zwischen der Leidensgeschichte von Jesus und der von Stephanus (bzw. zwischen der von Paulus und der des Stephanus, von Jesus und der von Johannes dem Täufer). Auffällig ist, dass die römische Seite, wie man der obigen Gegenüberstellung entnehmen kann, jeweils dreimal die Unschuld des Angeklagten betont. Weil das sonst in keinem Evangelium vorkommt, muss es eine Besonderheit von Ihnen sein. Bedeutet das vielleicht dieses: So wie es drei Leidensankündigungen Jesu gab, wird auch seine Unschuld dreimal bekundet? Oder: Wenn Paulus und Jesus dreimal von höchster römischer Stelle entlastet werden, müsste Rom eigentlich anerkennen, dass die Christen für den Staat keine Gefahr darstellen?

BILDHAUEREI
Kunst in der Abschnitts-Modellierung

-Herr Lukas! Weil Sie so viele wertvolle geistliche Einfälle haben, machten Sie sich wie ein Bildhauer daran, an den jeweiligen Szenen, Personen und Dialogen zu ‚schnitzen'. In dieser Art haben Sie viele Ihrer Vorlagen aus dem Markus-Evangelium bearbeitet und kunstvoll verändert. Zwei Beispiele dafür:

a) Antrittspredigt in Nazareth

Wie Markus lassen auch Sie Jesu öffentliche Wirksamkeit in Galiläa beginnen. Der erste konkret genannte Schauplatz bei Markus ist aber Kapernaum am See Genezareth, bei Ihnen dagegen Nazareth. Markus bringt seine Geschichte von Jesu Heimatort erst später, mit der Überschrift: Zurückweisung in Nazareth. Aus dieser kleinen Dorf-

Geschichte, die Markus erzählt, gestalteten Sie eine ganz neue, viel größere. In der Vorlage wird hauptsächlich erzählt, dass Jesus allgemein ‚nicht ankommt', wie eben jeder ‚Prophet in seiner Heimatstadt', so dass er durch Predigt und Heilungen nichts gewinnen konnte. Sie machten sich nun an die Arbeit und bauten die Nazareth-Szene des Markus zu einer überaus wichtigen Erzählung aus. Jetzt findet in dem Ort die erste offizielle Selbst-Proklamation des Messias Jesus statt. Aus den in der Synagoge vorgelesenen Jesaja-Verheißungen, *„er hat mich gesandt, den Armen das Evangelium zu bringen, den Gefangenen zu verkünden, dass sie frei sein sollen, den Blinden, dass sie sehen werden, und den Zerschlagenen, dass sie los sein sollen"*, folgert Jesus: *„Heute, da ihr dieses Prophetenwort hört, ist es unter euch in Erfüllung gegangen!"(Lk.4,18-21).* Direkter könnte es nicht gesagt werden: Jesus ist der von Gott gesandte Messias! Die Menschen wundern sich über seine Worte und sprechen: ‚Ist das nicht der Sohn Josephs, des Zimmermanns?' Und weil er zu spüren scheint, dass seine Botschaft in Nazareth auf Skepsis stößt, oder dass die Leute von ihm irgendwelche Wunder erwarten, antwortet Jesus mit dem Sprichwort, dass die Propheten in ihrer Heimat nichts gelten.

Doch nun erinnert der Herr noch an zwei alttestamentliche Geschichten, - und damit folgt der zweite Höhepunkt: Die Propheten Elia uns Elisa werden erwähnt. Elia half bei einer großen Hungersnot nicht seinen Landsleuten, sondern einer armen Witwe aus Sidon, einem Ausländergebiet. Und der Prophet Elisa heilte in einer Zeit, da es viele Aussätzige gab, ausgerechnet keine Landsleute, sondern den Syrer Naeman. Das Ende der Geschichte lautet bei Ihnen: *„Als die Menschen in der Synagoge das hörten, wurden sie wütend. Sie standen auf und trieben Jesus aus der Stadt hinaus, bis an den Rand des Berges; an dem Nazareth liegt. Dort wollten sie ihn hinunterstürzen. Aber Jesus ging mitten durch die Menge hindurch und zog weiter" (Lk.4,28-30).*

-Als Sie diese Szene schufen, Herr Lukas, - welches waren Ihre Motive und Gedanken dabei?

- Lukas: 1) In der Selbstvorstellung Jesu wird den Armen Erlösung und Hilfe verheißen, gemäß der Verheißung der Schrift. Die Antrittspredigt soll direkt ins

Zentrum der Botschaft Jesu führen! Schon in den Lobgesängen des Zacharias und der Maria klang die Botschaft an: Erlösung für die Armen!

2) Die Heimatstadt Jesu könnte zu einem Ort werden, wo das Evangelium mit Freuden angenommen wird, aber Jesu Mitbürger weisen ihn ab, d.h. sein eigenes Volk nimmt ihn nicht an. Die sich immer wiederholende Abweisung ist ein zentrales Motiv bei mir. Gleich am Anfang wollte ich auch mein zweites Zentralthema in Erzählform bringen: Das Heil wird den Juden verkündigt, weil sie ihm aber nicht vertrauen, bewegt es sich weg von ihnen zu den Heiden.

3) Durch die Verstoßung in Nazareth soll der Leser im ‚vorderen Rahmen' schon erkennen, was später im ‚hinteren Rahmen' viel ausführlicher erzählt wird: Jesu Leidensweg! Er beginnt in Nazareth und führt einst nach Jerusalem. Am Ende geht Jesus – wie schon in Nazareth – ‚mitten' durch das Schwere ‚hindurch' zu seiner Herrlichkeit.

4) Dieser Bericht ist auch so etwas wie ein ‚erster Blick' auf viele andere Passagen in meinem Doppelwerk. Jesus beginnt in seiner Vaterstadt. In beiden Büchern wollte ich zeigen, dass das Christentum die Verbindung mit der Mutterreligion aufrechterhalten will und dass es eher das Judentum ist, welches den Zusammenhang mit dem Volk des Alten Testaments verlässt.

- Herr Lukas! Man kann Ihre literarische ‚Skulptur-Arbeit' nur bewundern. Sie bewegen die Gestalten und Gedanken in der Erzählung hin und her und formen diese zu einem ‚Modellbild Ihres Evangeliums'![12]

---

[12] Fast gleich wie die Nazareth-Erzählung gestaltet Lukas die Geschichte von den Erfahrungen des Paulus in Antiochia. Auch Paulus begann seine Wirksamkeit in der Synagoge und predigte das Evangelium. Die anfänglich positive Stimmung der Zuhörer verwandelt sich in Feindschaft. Die Juden wollen offenbar nichts davon hören, dass auch die Heiden für die Frohe Botschaft gewonnen werden sollen. Es kommt zum Versuch der Steinigung des Paulus (Apg.14,19)

b) Der Teufel kommt wieder!

Herr Evangelist, - um Zweigliedrigkeit und Spiegel-Ergänzung zu erreichen, lassen Sie den Teufel in Ihrem Evangelium zweimal auftreten, am Anfang und am Ende der Wirksamkeit Jesu (Lk.-Ev.Kp.4 und Kp.22). Durch Ihre Gestaltung entsteht ein ergreifendes Bild, eine Plastik mit sehr aktiven Figuren, die in dramatischer Spannung zueinander stehen.

-Lukas: Es freut mich, dass Sie die schöpferische Mühe erkennen und wertschätzen.

In der markinischen Versuchungsgeschichte wird der Satan am Ende von Jesus besiegt und verschwindet. Sie wollten aber, dass er wiederkehrt, und zwar am Tag des Verrats und der Gefangennahme Jesu.

- Lukas: Ich hatte das Gefühl: Der Teufel ist sowieso nie ‚wirklich weg', sondern ‚immer in der Nähe'. Deshalb wollte ich ihn im Verrat des Judas wieder auftreten lassen. Jesus muss ein zweites Mal mit ihm kämpfen.

- So schrieben Sie in Kap.4: ‚Der Teufel wich von ihm und ging weg, - *‚bis zu der bestimmten Zeit'* (4,13),* - will sagen: Bis sich wieder eine Gelegenheit für ihn bot, weil Gott es ihm erlaubte! Und eines Tages war es soweit: *‚Der Satan fuhr in den Judas, der einer von den Zwölfen war'(22,3)*. Das steht in keinem anderen Evangelium, nur bei Ihnen.

- Lukas: Darauf folgt das Letzte Abendmahl, und nach den Einsetzungsworten spricht Jesus: ‚Ich sehe die Hand meines Verräters mit mir am Tisch'. Der aber verließ alsbald den Saal.

- Dann gibt es noch ein Streitgespräch unter den Jüngern am Tisch, die Jesus fragen, wer von ihnen der Mächtigste und Größte sein würde, wenn er in sein himmlisches Reich kommt. Vor allem Petrus hatte diesen Wunsch. Danach überkam Jesus für einen Moment der Gedanke, sich zu verteidigen, wenn die Häscher ihn verhaften würden. Petrus war gleich bereit, ihm zu helfen, und sprach: ‚Herr, hier sind zwei Schwerter!' Da belehrt ihn Jesus mit dem Wort: *„Simon, Simon, der Satan hat begehrt, euch zu sieben wie den Weizen"(22,31)*.

- Lukas: Darauf ziehen sie hinaus in den Garten Gethsemane, und im Gebet ringt Jesus mit seinem Vater um sein Schicksal. Für einige Augenblicke scheint es so, als stünde der Teufel wieder hinter dem Herrn. Jesus erleidet Todesangst, sagt aber am Schluss: ‚Herr, dein Wille geschehe!'

> - Schon kommen die Soldaten! Judas grüßt Jesus mit dem satanischen Kuss. Petrus unternimmt einen Anlauf zur Verteidigung mit dem Schwert. Jesus leistet keinen Widerstand und sagt zu den Häschern: *‚Dies ist eure Stunde und die Macht der Finsternis!'* (= ein Bild für die Gegenwart des Satans).

> Herr Evangelist, welche besondere Parallel-Strukturen haben Sie herausgearbeitet zwischen Kp.4 und Kp.22?

- Lukas: An der Gegenüberstellung der Szenen der Versuchung und der Szenen zwischen Abendmahl und Verhaftung Jesu habe ich in folgender Weise gearbeitet: Beim ersten Auftritt des Teufels in der Wüste gibt es drei Versuchungsszenen mit den Inhalten ‚BROT', ‚MACHT' und ‚LEBEN'. Der Teufel wollte Jesus zum Brotkönig, zum Länderherrscher und zum unsterblichen Wundermann machen, der den Sprung vom Tempel überlebt. Jesus aber widerstand dreimal. Gegenüber Markus habe ich die zweite und dritte Versuchung umgestellt, so dass sich die hier beschriebene Reihenfolge ergibt, Brot, Macht, Leben.

> - Mit welcher Absicht?

- Lukas: Dadurch konnte ich die Wiederkehr des Satans zu Beginn der Passion im Detail fast gleich gestalten: In Kap.22 kommt Judas, in den der Satan gefahren war, beim ‚BROT' ins Spiel (Jesus wehrt ihn ab und sagt: Mein Leib wird künftig euer Brot sein). – Dann geht es um ‚MACHT' im Jüngerkreis und die Anfechtung Jesu, in die Petrus mit hineingezogen wird, welcher Machtmittel zur Verteidigung anwenden möchte. – Schließlich ringt Jesus in Gethsemane mit Gott um sein ‚LEBEN', und der Teufel scheint ihm zuzuflüstern, er könne doch noch fliehen. Jesus aber siegt über den Versucher mithilfe des Engels, der ihn stärkt. Der Widersacher wirkt dann noch einmal im Judaskuss und im Gewaltakt des Petrus zum Schutz von Jesu ‚LEBEN'.

- Wenn man die Texte von Kap.4 und Kap.22 einander gegenüberstellt und zusammen betrachtet, sieht man das ganze Drama zwischen Gott, Mensch und Satan! In geistvoller Weise haben Sie Ihre Schnitzwerkzeuge angesetzt und haben hier etwas sehr Bedeutungsvolles herausmodelliert, Herr Lukas! Ich finde: Die Wirkung der Gegenüberstellung der beiden Kapitel ist überwältigend.

- Lukas: Sie sehen hier, dass unser ‚Zeugnis'-Geben von Jesus immer wieder auch zu seelischer und geistiger Kunst-Arbeit einlädt! Wenn Sie das, was ich hier unternahm, mit der Tätigkeit des Bildhauers vergleichen, finde ich das passend. Man könnte aber auch an einen Dramatiker denken, der die Menschen auf eine Bühne stellt und zwischen Gut und Böse kämpfen lässt.

-Abschließende Frage: Hat Jesus am Ende (von Kap.22) den Satan eigentlich ganz bezwungen? Oder ist es im Gegenteil so, dass der Satan vielleicht dableibt, und die ‚Macht der Finsternis' regiert?

- Lukas: Ich habe den Engel aus Kap.4 herausgenommen und in die Ölbergszene Kap.22 eingefügt, um anzudeuten, dass Jesus persönlich nunmehr alle Versuchungen überstanden hat. Aber sein Schicksal ist es, ins Dunkel der Passion eintreten zu müssen! Die teuflischen Mächte scheinen zu siegen. Am Schluss steigt Jesus hinab ins Reich der Toten, um dort Tod und Teufel ganz und für immer zu überwinden.

Kap.3
Lukas als Verkünder und Theologe

Gottes Wirken als Vater im Sohn
durch den Geist

Gott leitet nach seinem Rat: Im Doppel-Werk tritt ein religiös-theologisches Merkmal besonders hervor: Gott wird bezeugt als der, welcher die Geschichte nach seinem Plan leitet. Während Kaiser Augustus eine Volkszählung durchführt, um die Steuerlisten zu aktualisieren, geschieht es durch göttlichen Plan, dass der Heiland der Welt in Bethlehem geboren wird. Während die Römer meinen, einen politisch Aufständischen ans Kreuz zu schlagen, erfüllt sich in Wirklichkeit Gottes Rettungs-Werk auf Golgata. Während Paulus nach Rom gebracht wird, um vors kaiserliche Gericht zu treten, zieht mit ihm das Evangelium in die Hauptstadt ein. Gott sorgt dafür, dass sich sein Ratschluss verwirklicht, – und was er oft unter der Gestalt des Gegenteils tut, hat größeres Gewicht als das, was sich auf der Ebene der politischen Macht ereignet. Gott leitet die Abläufe aller Dinge, und Jesu Schicksal und das Geschehen der Mission sind Teil der großen Geschichte Israels, die von Adam bis in die Völkerwelt reicht.

Gottes Pläne werden – bei Ihnen, Herr Lukas – gleichsam ‚pünktlich abgearbeitet‘, denn überall kann man erkennen, wie das eintritt, was vorherbestimmt worden war. Immer wieder prägen Sie dem Leser ein: Alle Zusagen Gottes werden jetzt, in der Zeit Jesu und danach, getreulich eingelöst.

Nur als ‚Verheißenes‘ hat das ‚Erfüllte‘ Wichtigkeit und Wahrheit, - nur als ‚Erfülltes‘ hat das ‚Verheißene‘ Wirkung und Geltung. In Jesus kommt zum Ziel, was Gott durch viele Boten ankündigte. Gott macht die Welt, Gott spricht durch Engel, Gott leitet die Personen der Geschichte, Gott setzt Dinge in Bewegung durch seinen Geist, Gott leitet die Schritte der Erlösung bis zum Ende der Zeit.

Diese Grundlage Ihrer Geschichtstheologie, Herr Lukas, kommt besonders in Ihrer Beschreibung von Werk und Wesen Jesu zum Tragen.

Jesus Christus, Bote der rettenden Barmherzigkeit: Jesus ist gesandt, um an Gottes Stelle und in seinem Namen als der Retter zu handeln. Jesus verkündet das anbrechende Gottesreich und geht auf viele Menschen zu, um sie ins Licht der Liebe Gottes zu stellen. Er möchte Getrennte versöhnen, Ausgesonderte trösten und Sündern vergeben, Kranke heilen und Arme unterstützen. Er sendet schon zu Lebzeiten 72 Jünger aus, die die Botschaft vom Kommen des Messias verkündigen sollen. Er geht langsam den Weg nach Jerusalem hinauf, den Ort seiner Passion und Auferstehung. Er bestimmt den Zwölfen ihre Aufgabe als Führer der Jerusalemer Gemeinde. Er verheißt die Ausgießung des Geistes. Er sitzt zur Rechten Gottes und kehrt wieder zur Vollendung des Gottesreichs.

Jesus hat viele Titel: Gottessohn, Herr, Messias (Gesalbter), Menschensohn, Prophet, König, Sohn Davids, - der für Sie, Herr Lukas, typischste aber ist ‚Heiland'. Bei keinem anderen Evangelisten wird Jesus so genannt. Das herausragende Merkmal in der Beschreibung des Werkes Jesu bei Ihnen ist entsprechend: ‚retten', ‚erlösen', ‚heilen'; - mit dem Titel: ‚Retter', ‚Erlöser' ‚Heiland'. Ein und dasselbe griechische Wort hat diese drei Bedeutungen, - als Substantiv, als Verb oder als Titel! Wenn Jesus sich einzelnen Menschen zuwendet, die ihn besonders brauchen, wird er der Erlöser, der Heiland und Versöhner mit Gott. Dass Jesus für uns alle der Retter ist, dies ist Ihr Grundbekenntnis, nicht wahr, Herr Evangelist!

Als ‚Prophet' muss Jesus das gewaltsame Schicksal seiner Vorgänger erleiden. Als ‚König' oder ‚Sohn Davids' wird er vom Volk beim Einzug in Jerusalem begrüßt. Als ‚Menschensohn' geht er seinen irdischen Weg bis hin zur Erhöhung in den Himmel. Als ‚Meister' wird er von den Zeitgenossen begrüßt. Als ‚Herr' bringt man ihm gleichzeitig schon göttlich Verehrung entgegen. Als ‚Knecht' ist er der Gehorsame, Leidensbereite. Als ‚Sohn des Vaters' ist er der Erwählte, der Gott ganz nahe ist und ihn vertritt.

Im Kindheitsevangelium, der berühmten Einleitung, findet man auf engstem Raum alle Titel und Aufgaben Jesu, - dort ist auch der ‚Heiland' zuhause.

Jesu Leben und Wirken ist geführt von heilsgeschichtlicher Bestimmung. Über der Geschichte von Leiden und Auferstehen, aber auch über allem Übrigen steht ein himmlisches Muss. Es ist der Wille, die Hand, die Vorsehung Gottes, die sich durchsetzen in dem, was Jesus wirkt und erlebt. So betont Apg.2,22: *„Durch GOTTES festgesetzten Ratschluss und Vorsehung ist er dahingegeben worden, und IHN hat GOTT auferweckt."*

Gespräch über Jesu Leben und Jesu Sterben:

-Die uns geläufige Deutung des Todes Jesu als Sühnetod für die Sünden der Welt, die sich seit den frühesten Schriften des Paulus (= den ältesten Texten des NTs) durchgesetzt hat, ist bei Ihnen nicht so ausgeprägt. Man sagt, dass Sie vor allem aus Rücksicht auf Ihre ‚heidnischen' Leser, also auf die Nichtjuden, die zum Christentum fanden, die Deutung des Todes als stellvertretendes Opfer durch eine andere Erklärung ersetzt hätten. Allerdings hatte Paulus bei seiner Missionsarbeit in der griechischen Welt diese Bedenken nicht.

Herr Lukas, wenn man so sagen darf: Für Sie hat das **L e b e n** Jesu die eigentliche Heilsbedeutung. Das Sterben Jesu bringt die Heilsbedeutung des *Lebens Jesu* nur noch einmal zu einem abschließenden Ausdruck. Als Heimführer der Entfremdeten, als Retter der Sünder, als Heiland der Verlorenen war Jesus **in seinem Leben** immer schon Botschafter der Barmherzigkeit und Liebe Gottes. Auf Golgata begnadigte er einen Verbrecher und kündigte ihm den Einzug ins Paradies an. Gottes Wesen ist Erbarmen, Gnade, Wohlgefallen, Mitleid und Liebe. Um diesen Charakter seines Vaters zu *leben,* hatte Jesus sich unter den Menschen erniedrigt. Doch viele erkannten ihren Retter nicht, sein Angebot stieß auf den Widerstand der Welt, die religiös Führenden brachten ihn vor Gericht. Am Kreuz vergab er barmherzig denen, die Böses an ihm taten. Er starb als der ‚Gerechte', wie der römische Soldat am Kreuz bestätigt. „Der Tod Jesu wird also als der Tod des gläubigen Gerechten interpretiert, der unter den Sündern stirbt".[13] „Der Schwerpunkt verschiebt sich vom stellvertretenden Opfer des Sohnes auf die Vergebung des Vaters".[14]

---

[13] P. Pokorný, Theologie der lukanischen Schriften, Göttingen 1998, 148.
[14] Ebda.,146f.

Herr Lukas, Sie haben gleichsam e i n e n Vers von Jes.53 für Ihre Deutung des rettenden Werkes Jesu herangezogen: *„Durch seine Erkenntnis wird er, mein Knecht, der Gerechte, den Vielen Gerechtigkeit schaffen (Jes.53.11b, vgl. Apg.4,25-30)."* Alle übrigen Verse von Jesaja 53, die in sich stets wiederholender Form davon sprechen, dass der Gottesknecht durch sein Leiden und Sterben stellvertretend die Sündenstrafe der Menschen trägt, lassen Sie unberücksichtigt. In der Christenheit hat sich aber eben diese Deutung des Sterbens des Gottesknechts durchgesetzt. Darum wurde das Kreuz zum Symbol des Christentums: *„Er hat sein Leben in den Tod gegeben und wurde den Übeltätern gleichgerechnet; er hat die* <u>*Sünde der Vielen getragen*</u> *und für die Übeltäter gebetet" (Jes.53,12).* Zwar stellen Sie den Tod Jesu unter das göttliche ‚Muss', das auch in Jes.53 anklingt: *„Musste nicht der Christus dies erleiden und in seine Herrlichkeit eingehen?"(Lk.24,26),* doch Sie sagen fast nie: ‚Er ist *für uns* gestorben' (Ausnahme: Abendmahlseinsetzung Lk.22,19 und indirekt Apg.20,28).

-Lukas: Erst durch die Auferstehung können wir das Werk des **L e b e n s** Jesu, der von Gott gesandt war, das Verlorene zu suchen und zu retten, richtig verstehen. Erst durch die Auferstehung bekommt das Leiden Jesu auf Golgatha seinen Sinn. In der Auferstehung bekennt sich Gott zu seinem Sohn und gibt ihm volle Bestätigung. Er erhöht ihn zu seiner Rechten, von wo er regiert und richtet über die Lebenden und Toten. Seine Auferstehung ist auch unsere Hoffnung: In allem, was er tat, war Jesus ‚Urheber des Lebens' und er sprach *„alle Worte dieses Lebens"(Apg.5,20).*
Der Unterschied, den Sie bemerken, ist übrigens nicht besonders groß, denn ich beschreibe Jesus zentral als den Heiland der Sünder.

-Allerdings hat Jesus in seinem Leben nur die Hörer seiner Predigt zur Umkehr und Erlösung führen können, während die anderen Autoren des NT verkündigen: Jesus ist für uns alle gestorben, auch für die, die früher lebten, oder später leben werden, sein Tod ist die Versöhnung der ganzen Menschheit mit Gott - ein für allemal.

-Lukas: Ein sehr alter Bekenntnistext, bei Paulus zitiert, gibt ein Bild von Jesu Leben, Sterben und Auferstehen, das dem Bild Jesu bei mir gleicht. Auch dieser Text lässt die Erklärung des Todes als stellvertretendes Opfer für die Menschen weg. (Selbst im nizänischen Glaubensbekenntnis fehlen die Worte ,für uns' gestorben, die uns so wichtig sind). Das Bekenntnis lautet: *„...Er entäußerte sich selbst und nahm Knechtsgestalt an, ward den Menschen gleich und der Erscheinung nach als ein Mensch erkannt. Er erniedrigte sich selbst und ward gehorsam bis zum Tode, ja zum Tode am Kreuz. Darum hat ihn Gott erhöht und hat ihm den Namen gegeben, der über aller Namen ist, dass sin dem Namen Jesu sich beugen sollen aller derer Knie, die im Himmel und auf Erden und unter der Erde sind...." (Philipper 2, 5-11).*

Der Heilige Geist:

-Lukas: Der Leser meiner beiden Bücher stößt bald auf die zentrale Rolle des Heiligen Geistes in der gesamten erzählten Geschichte. Für seine Leitungtätigkeit bedient sich Gott besonders intensiv der von ihm ausströmenden Kraft. Durch die Vermittlung des Geistes bewirkt er einzelne Ereignisse und lenkt die Personen der Geschichte. Jesus wird in der Taufe am Jordan vom Geist Gottes erfüllt, in der Zeit der Apostelgeschichte ist Christus durch den Geist vom Himmel aus ,immer dabei'. Als dynamische Wirk-Kraft Jesu Christi sorgt der Geist für die Ausbreitung der Frohbotschaft.

- Dies Werkzeug Gottes hat ganz verschiedene Aufgaben: - Der Geist befähigte schon die alten Propheten zu ihrer Weissagung und gibt auch den Jüngern Kraft zu prophetischer Rede. - Er senkt sich auf die Personen, wenn sie Christen werden. – Er macht wunderkräftige Menschen aus den Aposteln. – Er motiviert zur Verkündigungsarbeit, sendet und leitet die Botschafter des Evangeliums. -- Er strukturiert den Gang der Dinge durch zeitgerechtes Eingreifen. - Wo der Geist kommt, da ist Freude, Weisheit, Glaube, Zeugnis der Wahrheit. – Überall stimmen Menschen geist-erfüllte Loblieder an.

<u>Der Geist Im Evangelium:</u> 1,41-43+67-69: Elisabeth und Zacharias werden von ihm erfüllt. – Der Geist beschattet Maria als die göttliche Kraft der Zeugung Jesu. - 1,35: Der Geistbesitz des Messias Jesus wird vorausgesagt. – 3,16.22: In der Taufe kommt der Geist zu ihm und

bevollmächtigt ihn. – 4,1: Er führt ihn in die Wüste. – 4,18: Der Geist hat Jesus gesalbt, nun stellt er sich als Messias vor. - 10,21: Jesus lobt Gott, vom Geist erfüllt. - 12,12: Der Geist wird die Jünger lehren, sich zu verteidigen. - 24,49: Jesus verheißt den Geistempfang der Jünger. Dadurch werden sie autorisiert und mit der ‚himmlischen Kraft‘ ausgestattet.

<u>… und in der Apostelgeschichte:</u> 1,5.6-8: Der Geist als entscheidende Zurüstung der Jünger Christi. – 2. 2-4 …wird an Pfingsten auf die Jünger ausgegossen. – 8,18: …und durch Handauflegung der Apostel an Dritte ‚übertragen‘. - Der Zauberer Simon will die magische ‚Geistkraft‘ von Petrus mit Geld ‚kaufen‘ (8,18) - 8,29.39: Der Geist schickt Philippus zum Kämmerer aus Äthiopien. – 9,17: Paulus wird bekehrt und bei Damaskus mit dem Hl. Geist erfüllt. - 10,44: Der Geist fällt auf alle Bewohner im Haus des Heiden Cornelius (nur der Hl. Geist verschafft den Heiden Zugang zur Gemeinschaft der Christen). -- 11,12-15: Petrus bestätigt den Geistempfang dieses ersten heidnischen Hausstands. --15,28: Der Geist bewirkt Einigung auf dem Apostelkonzil. -16,7: Er lenkt die Schritte des Paulus in andere Richtung, als er selbst will. – 19,6: Paulus tauft Menschen in Ephesus, durch den Geist reden sie in Zungen. -- 20,22: Der Geist lenkt Paulus nach Jerusalem, wo er verhaftet wird. – Er ist so etwas wie ‚Richtungskraft‘ und ‚Motor‘ im Fortgang der Heilsgeschichte, immer im Dienste Gottes.

-Lukas: Gott sitzt im Regiment und leitet, hat einen Plan, ergreift die Initiative! Die Geschichte kommt voran! Jedes Ding hat seinen Platz, die Tätigkeit der Personen hat ihre Ordnung. Mit meiner Sicht der Dinge charakterisiere ich die Epochen der Erlösungszeit als einen Prozess, der durch die Energie des hl. Geistes nach göttlicher Anordnung unaufhaltsam vorwärtsging.

Gottes Sichtbarkeit und Fühlbarkeit in Jesus

-Herr Lukas, im ersten Vers Ihres Evangeliums werden die Jünger Jesu als die bezeichnet, "die alles von Anfang an selbst gesehen haben"(1,2). Zu sehen war das Leben Jesu, seine Person, seine Handlungsweise, sein Leiden und Auferstehen, ja seine Himmelfahrt. Man spürt, dass Sie Wert darauf legen, dass die Menschen in der Nähe von Jesus Christus etwas **s e h e n** können, das ihnen zu Herzen geht. Das entspricht Ihrem Titel ‚der Maler', denn in der Malerei sind die Augen von Künstler und Betrachter besonders gefragt. - Doch nicht nur der Sehsinn wird bei Ihnen zum Organ der Glaubenserkenntnis, - auch der Tastsinn. Gott darf in seinem menschgewordenen Sohn Jesus Christus ‚angefasst' werden.

-Die <u>Seh-Schule des Glaubens</u> beginnt an Weihnachten, wenn die Hirten sagen: *„Lasst uns gehen und die Geschichte sehen"* (2,15). Und später: *„Da sie es aber gesehen hatten"*(2,17), Und endlich preisen sie Gott für *„alles, was sie gesehen hatten"*(2,20). Ebenso ereignet es sich wenig später mit Simeon, der im Tempel die Darstellung Jesu miterlebt. Ihm war prophezeit worden, dass *„er den Tod nicht sehen würde, bevor seine Augen den Christus, den Herrn gesehen hätten"*(2,26), und gleich geschieht es! Simeon schaut das Jesus-Kind, den Erlöser, und preist Gott mit den Worten: *„Meine Augen haben deinen Heiland gesehen, das Heil, das du uns bereitet hast"*(2,30). *„Alle Menschen werden das Heil Gottes sehen",* verkündet wenig später Johannes der Täufer (3,6). -- In der Synagoge von Nazareth heißt es: *„Alle Augen sahen auf ihn (Jesus)"*(4,20). -- In der Verklärungsgeschichte verfielen die Jünger in eine Art Schlaf, und als *„sie aufwachten, sahen sie seine Herrlichkeit"*(9,32). - Die von Johannes dem Täufer ausgesandten Jünger sollen ihm berichten: *„Geht und verkündet, was ihr gesehen und gehört habt: Blinde sehen und Taube hören"*(7,22). -- Der kleine Zachäus, der als Zöllner kein Ansehen hatte, *„begehrte, Jesus zu sehen, wer er wäre, …und stieg auf den Maulbeerbaum, um ihn zu sehen"*(19,3f.). *„Und als Jesus an die Stelle kam, sah er auf…"* (19,5). (Er kam mit der Absicht, nach ihm Ausschau zu halten, denn er hatte ihn schon ausersehen, dass er bei ihm hineinschauen würde). -- Beim Einzug in Jerusalem fangen die Menschen an, Gott zu loben *„über all die Taten, die sie gesehen hatten"*(19,37). – Sogar Herodes hat neugierige Augen: *„Als aber Herodes Jesus sah, freute er sich sehr; denn er hätte ihn längst gerne gesehen… und hoffte, er würde ein Zeichen von ihm sehen"* (23,8). -- An Jesu Kreuz heißt es: *„Als aber der Hauptmann sah, was da geschah"* (23,47). Nach Jesu Tod: *„Und alles Volk, das dabei war und zusah, als sie sahen, was da geschah, schlugen sie sich an ihre Brust…"* (23,48). Und die Frauen, die ihm nach Golgata nachgefolgt waren, standen von ferne *„und sahen das alles"* (23,49). -- Am Ostertag im leeren Grab *„sah Petrus nur die Leintücher"*(24,12). Doch später, als der Auferstandene den Jüngern erscheint, dürfen sie ihn ganz sehen, denn Jesus spricht: *„Seht meine Hände und Füße, ich bin's selber. Fasst mich an und seht! Ein Geist hätte nicht Fleisch und Knochen wie ihr seht, dass ich sie habe"*(24,39f.). – Bei Jesu Himmelfahrt werden die Augen noch einmal aktiv: Die Jünger sehen, wie Jesus *„vor ihren Augen, während sie ihn anblickten, emporgehoben wurde, weg von ihren Augen"* (Apg.1,9f.). Als sie ihm *„mit gespannter Aufmerksamkeit nachsahen"*, kamen zwei Engel und kritisierten die Jünger: *„Was steht ihr da und seht gen Himmel?"*(Apg.1,11). (Lukas wollte, dass man die Himmelfahrt als etwas Leiblich-Reales verstand, das man mit natürlichem Auge sehen konnte). – Zehn Tage später, an Pfingsten, gab es etwas zu sehen: *„Zungen, zerteilt und wie von Feuer, die setzten sich auf einen jeden von ihnen"*(Apg.2,3). -- Als **Augenzeugen** spielen die 12 Jünger in der Apostelgeschichte eine grundlegend wichtige Rolle (Lk.1,1). – Auch Paulus, der viel später hinzukam, beansprucht die **Augenzeugenschaft** für sich: Er wurde bei Damaskus von der Erscheinung Christi schier geblendet, aber er sah den Herrn doch, bevor er für eine Weile blind wurde. Hananias spricht dann zu ihm: „Du wirst für ihn vor allen Menschen Zeuge sein von dem, *was du gesehen und gehört hast"* (Apg.22,15). Paulus kehrt nach Jerusalem zurück und betet im Tempel und sagt: „Ich geriet in Verzückung und *sah ihn"*(22,17). Mit Bedauern heißt es am Ende über die Juden: „Mit den *Augen werdet ihr's sehen* und nicht erkennen. … Ja, ihre *Augen haben sie geschlossen*, auf dass sie nicht sehen"(Apg.28,26f.)

-Lukas: Das ist eine große Übersicht! Wirklich, das Göttliche wurde sichtbar! Offenbarung will gesehen werden! Doch – wenn ich hier ergänzen darf - auch Gott sieht auf die Menschen. Wenn Zacharias Gott in seinem Gebet als den lobt, der in Christus sein Volk ‚besuchen' wird, der Israel ‚besucht und erlöst" (1,68.78), dann benützt er ein Wort, das im Griechischen eigentlich nicht ‚besuchen', sondern ‚schauen nach' bedeutet. Gott kommt, um nach seinem Volk zu schauen, es freundlich anzusehen. So freut sich Maria in ihrem Lobgesang, dass Gott *„die Niedrigkeit seiner Magd angesehen hat"* (1,48). Später klagt Jesus über Jerusalem: Ach hättest Du doch die Zeit erkannt, in der du besucht worden bist! Wieder bedeutet das griechische Wort für ‚besuchen' eigentlich ‚schauen nach'. Jesus sagt: *„Jerusalem, hättest Du doch die Zeit erkannt, als Gott liebevoll nach dir schaute!"* (Lk.19,44). Im Gleichnis vom verlorenen Sohn *„sah der Vater (gemeint ist: Gott) ihn von Ferne und hatte Erbarmen mit ihm"* (15,20).

-Das Göttliche, das in Jesus erschien, durften die Menschen damals sehen, - konkret, körperlich, real! Wie es im Psalm heißt: „Und in deinem Lichte sehen wir das Licht!"

-Lukas: Natürlich ist auch das H ö r e n in der ganzen Bibel unbedingt zu beachten. In der Heiligen Schrift wird ja Gottes Wort verkündigt. Zu vielen Wort-Anlässen wird in meinem Evangelium 30 mal das Hören erwähnt, über 70mal in der Apostelgeschichte. Die verkündete Botschaft steht eigentlich noch über der sichtbaren Heilsgegenwart. Was die Menschen sehen und hören, erfüllt sie mit Freude. *„Der Geist ist ausgegossen"*, sagt Petrus, *„wie ihr hier seht und hört"*(Apg.2,33). *„Als sie das hörten, ging's ihnen durchs Herz"*(2,37). Denn jeder der Zuhörer verstand die Predigt in seiner eigenen Sprache. Später verkündigt Paulus: Christus bedeutet Heil für alle Menschen, bis an die Enden der Erde. *„Als das die Heiden hörten, wurden sie froh"*(13,48). Immer weiter hinaus wird die Botschaft getragen. *„Alle, die in der Provinz Asia wohnten, hörten das Wort des Herrn, Juden und Griechen"*19,10).

-Herr Lukas, erlauben Sie mir, dass ich noch auf den Aspekt des leiblichen Fühlens zu sprechen komme. Die Art wie Sie die **fühl- und tastbare**

Leiblichkeit Jesu bei seiner Auferstehung

hervorheben, ist sehr interessant! Ohne Zweifel stellen Sie sich Jesu Erscheinungen an Ostern als Epiphanien in körperhaft-natürlicher Form vor. Jesus ist **nicht im Grab verwest** (so heißt es In Apg.2, 27 u. 32 und Apg.13,34-37 gleich viermal!), sondern am dritten Tag von Gott in seinem irdischen Körper auferweckt worden. Er erscheint den Jüngern ‚mit Fleisch und Knochen', zeigt ihnen die Wundmale und isst mit ihnen.

-Lukas: Ja, Gott wurde Mensch, war Mensch, blieb Mensch! Davon bin ich überzeugt. Deshalb sagt Jesus zu den Jüngern in meinem Evangelium: *„Warum seid Ihr so erschrocken und denkt in Eurem Herzen, ihr würdet einen Geist sehen? Seht meine Hände und Füße! Ich bin's selber. Fasst mich an und seht; denn ein Geist hat nicht Fleisch und Knochen, wie ihr seht, dass ich sie habe…. Und er sprach: Habt ihr hier etwas zu essen? Und sie legten ihm ein Stück gebratenen Fisch vor. Und er nahm's und aß vor ihnen"*(Lk.24,38-43).

-Über die Frage, ob das Grab Jesu leer war oder nicht, und in welcher Art man sich die **‚Lebendigkeit'** bzw. **‚Leiblichkeit' Jesu bei den Ostererscheinungen** vorstellen kann, entstanden viele Dispute. Muss das Grab wirklich leer gewesen sein, damit wir glauben können, dass Gott die Kraft hat, Jesus vom Tod zu erwecken und ihn ins ewige Leben zu rufen? Ist Jesus leiblich-real auferstanden oder ist die Auferstehung eher ein geistig-spirituelles Ereignis? War Jesu Körper bei den Erscheinungen an Ostern ein ‚physisch-materieller' oder eher ein ‚pneumatischer'? Hat Gott die Osterbegegnungen mit ihm für die äußeren Sinne bestimmt oder für die Augen des Herzens?

-Lukas: Ich zögere nicht, zu sagen: Die Auferweckung Jesu geschah physisch-real, und dieses Körperwunder ist für mich eine Geschichtstatsache! Genau so gilt für mich: Die Ostererscheinungen waren keine innerseelischen Visionen, sondern wirkliche äußere Begegnungen!

-Paulus, der früher als Sie lebte und schrieb, erwähnt das leere Grab nirgends. Aber er beansprucht für sich, eine Erscheinung des Auferstandenen erlebt zu haben (1.Kor.15,8). Unbedingt möchte er zu den ‚Osterzeugen' gehören, obwohl Jesus ihm erst viel später erschien, in der Zeit, als er bekehrt und berufen wurde. Gegen Kritiker, die behaupten, er habe die Botschaft nur aus dritter Hand empfangen, wendet er sich mit den Worten: „Christus hat mich ergriffen". War seine Berufung nur eine Epiphanie oder doch eine ‚echte Ostererscheinung'? Warum zählen Sie Paulus nicht zu den ‚Osterzeugen'?

-Lukas: Die echten leiblichen Ostererscheinungen endeten mit Jesu echter leiblicher Himmelfahrt.

- Trotzdem vertraue ich auch Paulus, der seine ‚geistige' Jesus-Erscheinung bei Damaskus als Erscheinung des Auferstandenen empfand und bezeichnet. In diesem Sinn entspricht mir auch dieses, dass Paulus unseren eigenen Auferstehungsleib als spirituellen bezeichnet. Zwar wird uns Gott in der Auferstehung eine Form der Leiblichkeit schenken, aber nicht die alte, sondern eine verwandelte, neue, unvorstellbare, geistliche. Paulus glaubt, dass Jesus in dieser geistlichen Gestalt erschienen ist, zuerst nach Ostern den Jüngern und später auch ihm selbst.

-Lukas: Da sind wir wohl wieder bei dem Thema angekommen, das wir schon früher besprochen haben. Wie können wir von göttlichen Ereignissen, die sich unter uns vollzogen, sprechen und erzählen? Dürfen wir sie als irdisch-objektive Geschehnisse darstellen oder nicht? Noch einmal zur Auferstehung Jesu: Ich sage Ja, die Jünger konnten Jesus b e r ü h r e n.

-Ich frage zurück: Kann Gott ‚in der Materie' ‚begriffen' werden? Konnten die Jünger das Fleisch des Auferstandenen f ü h l e n? Wir Menschen hätten das gern, - Gott aber möchte ein Geheimnis bleiben.

Gottes Freundlichkeit und Barmherzigkeit in Jesus

Freundlichkeit

Der Besuch des Engels bei Maria drückt Gottes Wohlgefallen aus. An Weihnachten loben die himmlischen Heerscharen den Allmächtigen: *„Ehre sei Gott in der Höhe und Friede auf Erden und den Menschen ein Wohlgefallen"* (Lk.2,14). Vom 12-jährigen Jesus wird gesagt: *„Das Kind Jesus wuchs und wurde stark, und Gottes Wohlgefallen lag auf ihm"*(Lk.2,40). Bei der Taufe Jesu im Jordan erklingt wieder die göttliche Stimme: *„Du bist mein lieber Sohn, an dir habe ich Wohlgefallen"* (Lk.3,22).

-Die ‚Vorgeschichte' Lk.1f. ist von Wärme und Dankbarkeit erfüllt. Man spürt das sich den Menschen zuwendende Wohlwollen Gottes, die so lang darauf gehofft hatten.

Jetzt zeigt Gott, dass er ein freundlicher, liebender Gott ist. Sein Sohn Jesus verkörpert und verkündet seine Liebe und Barmherzigkeit. Huld, Friede, Gnade und Freundlichkeit sind Eigenschaften Gottes, die sich in Menschwerdung und Wirksamkeit Jesu äußern. In Christus bewegt sich Gottes freundliches Wesen hin zu seinem Volk, zu Kranken, Sündern und Ausgesonderten Die Missionare verbreiten das Wort von der rettenden Gnade und vom freundlichen Gott in der Welt.

-Was bedeutet Gottes Wohlgefallen an uns? Das Evangelium wird dadurch zu dem, was es ist: eine Freuden-Botschaft.

-Lukas: In der Christuszeit freuen sich Gott und Mensch gemeinsam. Achten Sie auch auf die Freude im Himmel!

Lk.1,14: „Du wirst Freude und Wonne an ihm haben" (Engel zu Zacharias über sein Kind Johannes).

Lk.1,44: Elisabeth: „Da hüpfte das Kind vor Freude in meinem Leibe" (das Kind Johannes)

Lk. 2,10: Der Engel: „Siehe ich verkündige euch große Freude, die allem Volk widerfahren wird".

Lk.10,17: "Die 72 kamen zurück und sagten voll Freude" (was sie erlebt hatten).

Lk.10,21: „In dieser Stunde rief Jesus voll Freude aus" (er freut sich im Heiligen Geist).

Lk.15,5: „Wenn er's gefunden hat, legt er's voll Freude über seine Schulter" (das Schaf)

Lk.15,7: „Im Himmel ist mehr Freude über einen Sünder der umkehrt" (als über 99 Gerechte)

Lk.15,32:" Freue dich und sei guten Muts!" (An den älteren Bruder des verlorenen Sohns)

Lk.19,6: Und Zachäus stieg herunter und nahm ihn mit Freuden auf (Jesus in Jericho)

Lk.19,37: „Voll Freude u. mit lauter Stimme" lobt das Volk Gott beim Einzug Jesu in Jerusalem

In Apg.: 10mal freuen sich die Christenmenschen in Liedern und Gebeten.

-Lukas: Doch das Bewegendste ist die Freude im Himmel, wenn das Verlorene wiedergefunden ist. So sehr hat Gott uns lieb, dass er uns überall sucht, wenn wir uns verloren haben, und überglücklich ist, wenn wir von ihm gefunden werden.

-.-.,-.-.-.-.-.-

Barmherzigkeit

> Zweimal leuchtet Gottes Barmherzigkeit im Lobgesang des Zacharias: *„Er hat versprochen, dass er Barmherzigkeit erweise unseren Vätern und gedächte an seinen heiligen Bund"(Lk.1,72).* - *„Durch die herzliche Barmherzigkeit unsres Gottes wird uns besuchen das aufgehende Licht aus der Höhe"(Lk.1,78)* - Und zweimal wird Gott im Lobgesang der Maria gepriesen: *„Und seine Barmherzigkeit währet für und für bei denen, die ihn fürchten"(Lk.1,50).* - *„Er gedenkt der Barmherzigkeit und hilft seinem Diener Israel auf"(1,53f.)* - Die Nachbarinnen freuen sich mit Elisabeth, *„dass Gott so großes Erbarmen mit ihr gehabt hatte"(1,58).* - Lukas bittet uns: *„Seid barmherzig, wie auch euer Vater im Himmel barmherzig ist"(Lk.6,36)* - - 1,54 – 1,58

-Die Kinder Israels erinnern sich an die früheren Barmherzigkeitstaten ihres Gottes, doch die Sendung Jesu Christi zu den Menschen ist seine größte. – Unter den Geschichten zu diesem Stichwort leuchtet die vom ‚Barmherzigen Samariter' hervor. - Jesu Wunderheilungen richten sich an die Not der Menschen – sie sind gemeint als Taten der Barmherzigkeit.

- Barmherzigkeit mit den **ARMEN**: „Er füllt die Hungrigen mit Gütern"; Jesus „verkündet das Evangelium den Armen" (4,18) und preist sie selig (6,20); „Der reiche Mann und der arme Lazarus"(16,19-31).
- Barmherzigkeit für die **RECHTLOSEN**: Der unbarmherzige Richter und die Witwe (18,18).
- Barmherzigkeit gegenüber den **VERACHTETEN**: Pharisäer und Zöllner im Tempel (18,9-14).
- Barmherzigkeit gegenüber den **VOLKSFREMDEN**: Jesus erinnert an den vom Aussatz geheilten Syrer Naeman (4,27).
- Barmherzigkeit mit den **KRANKEN**: Heilung des Knechts des römischen Hauptmanns aus Kapernaum (7,1-10); Aussatz-Heilung bei einem Samaritaner (17,15f.).
- Barmherzigkeit gegenüber den **HILFSBEDÜRFTIGEN**: Der barmherzige Samariter (10,25-37).

- Barmherzigkeit gegenüber den *SÜNDERN*: Mahl mit den Zöllnern (5,30-32); Salbung durch eine Sünderin (7,36-50); Gleichnis vom verlorenen Sohn (15,11-32).

- In Kap.14 sagt Jesus, man soll nicht seine Verwandten oder Nachbarn einladen, sondern *„Arme, Verkrüppelte, Lahme und Blinde"* (Lk.14,13 und Lk.14,21, - beide Male sind die ‚Armen' an erster Stelle). In der Gesellschaft sind diese benachteiligten oder behinderten Menschen alle zusammen gering geachtet, alle zusammen ‚Arme'.

Hierher gehört auch die Entscheidung der Urgemeinde, als erste Ämter nicht Priester einzuführen, sondern **Sozialdiakone, die sich um die Witwen kümmern** sollten (Apg.6,1-4). Herr Lukas, das Soziale ist ein starkes, durchgehendes Thema in Ihrem Werk, das Sie von allen anderen Evangelisten unterscheidet. Man darf sich auch darüber freuen, dass bei Ihnen viele Einzelpersonen vorkommen, an denen soziale Schicksale greifbar und anschaulich werden. Sie sind der Evangelist mit dem größten Interesse am realen Menschen und der größten Zahl von Einzel-Individuen. Immer wieder interessieren Sie sich für die Armen.

-Lukas: Mögen die Christengemeinden viele barmherzige Samariter hervorbringen und sich bemühen, in sozialer Harmonie mit allen Mitmenschen zu leben.

Gottes Gastlichkeit und Gnädigkeit in Jesus

> -Lieber Herr Lukas, Mehr als in allen anderen Evangelien finden wir bei Ihnen Jesus in Tischgemeinschaften. Es gibt **zehn Geschichten, in welchen Mahlzeiten vorkommen**, zu denen Jesus eingeladen ist oder selbst einlädt. Allerdings wird selten darüber gesprochen, dass die Menschen, die ‚zu Tisch liegen', wirklich essen, und nichts wird darüber gesagt, von welchen Speisen sie sattwerden. Meistens sind die Mähler Anlässe zu wichtigen Gesprächen oder sie drücken die liebevolle Gemeinschaft Jesu mit Einzelnen aus oder sie sind gleichnishaft auf etwas Überirdisches bezogen.

-Lukas: In meinem Evangelium finden viele gute Gespräche in Häusern statt. Ja, Jesus war öfter zum Essen eingeladen. Das gehörte zur Gastfreundschaftspflicht im Alten Orient. Denken Sie auch an den Besuch bei den Schwestern Maria und Marta! - Dreimal isst Jesus doch etwas: Er isst das Osterlamm beim Passamahl, das Brot beim Abendessen mit den Emmaus-Jüngern, den Fisch bei der Erscheinung vor den Zwölfen.

Die Mahl–Geschichten in Übersicht:

-Wir beginnen mit drei Mahl-Geschichten, die in Häusern von Pharisäern stattfinden. Eigenartigerweise wird Jesus immer wieder in Pharisäer-Häuser eingeladen, obwohl es dabei jedes Mal zu einer großen Spannung zwischen Gast und Gastgebern kommt. Jesus nutzt die Einladungen meist nicht zu freundlichen Tischgesprächen, sondern entweder zu Predigten oder zu Angriffen auf die Hausherren.

1. Drei Mahl-Geschichten in Pharisäer-Häusern:

Jesus ist Gast bei einem Pharisäer; eine ‚Sünderin' kommt und salbt Jesus(Lk.7,36-50).
Jesus ist zu Gast im Haus des Pharisäers – 10 Wehe-Rufe gegen Pharisäer(Lk.11,37-52).

Jesus ist zu Gast im Pharisäer-Haus; Streit um eine Heilung am Sabbat, (Lk.14,1-6), verbunden mit Anweisungen, wen man zum Essen einladen sollte und wen nicht (14,7-14).

-Lukas: In den genannten Geschichten kommt es sogar zu Gerichtsweissagungen Jesu. Scharf sind die sieben Wehe-Rufe gegen die Pharisäer (11,42-52).

2. Vier Mahl-Geschichten mit ‚Sündern' bzw. Zöllnern

Der berufene Zöllner Levi lädt zum Essen ein, dazu kommen ‚Zöllner und Sünder'(5,29-33)
Im Haus des Pharisäers empfängt die weinende Sünderin Vergebung (7,36-50)
Die Heimkehr des verlorenen Sohns wird mit einem Festmahl gefeiert (15, 11-32)
Der umkehrende und büßende Zöllner Zachäus empfängt Jesus zum Essen (19,1-10)

-Lukas: Die Frommen kritisieren Jesus, dass er sich so herablässt und mit Sündern isst. Sie denken: Gibt es dann überhaupt noch einen Unterschied zwischen Gut und Böse?

3. Zwei Geschichten vom endzeitlichen Mahl im Reich Gottes

Das große Abendmahl, zu dem Ersatzgäste eingeladen werden müssen (14,15-24)
Wort vom Festmahl im Reich Gottes, zu dem sie aus allen Richtungen kommen (13,23-29)

-Lukas: Die Randsiedler, die Armen, die Sünder, die Heiden – Jesu große Abendmahlsgemeinschaft!
Dabei dürfen wir immer auch an die ‚Endzeit' denken, das in Jesus ankommende Gottesreich.

4. Jesus als sakramentaler Gastgeber

Passamahl mit Einsetzung des Gedächtnismahls (22,14-23); zum Schluss das Versprechen:
Dass ihr essen und trinken sollt an meinem Tisch in meinem Reich (22,30)
Abendessen mit den Emmaus-Jüngern – ‚Brotbrechen' (24,30)

- Lukas: Im Moment des Brotbrechens gehen den Jüngern die Augen auf: Er ist es!

- Herr Lukas, - wir sehen: es gibt bei Ihnen Mahl-Geschichten mit verschiedener Bedeutung. Möchten Sie noch einmal etwas dazu sagen?

-Lukas: Das <u>erste</u>, das ich hier betonen will, ist Jesu Gastrolle. Er besucht Menschen zuhause, und darin ist abgebildet: Gottes Besuch (‚Heimsuchung') bei seinem Volk (vgl.Lk.1,78).

- Wenn Jesus in den Häusern der Pharisäer zu Gast ist, tun einem der Gastgeber meistens leid, weil Jesus an den Pharisäern Kritik übt und immer ‚das letzte Wort' hat.

-Lukas: Und doch ist es auch eine Zuwendung zu diesen Menschen. Jesus möchte sich mit ihnen auseinandersetzen, indem er sich mit ihnen an einen Tisch setzt.

- Am wichtigsten sind Ihnen wohl die ‚Sünder-Mähler', besonders Lk.5,29-33, Jesu Essen im Haus des ehemaligen Zöllners und neuen Jüngers Levi. Die Szene hat folgenden Wortlaut:

> *„Und Levi richtete ihm ein großes Mahl zu in seinem Haus, und viele Zöllner und andre saßen mit ihm zu Tisch. Und die Pharisäer und Schriftgelehrten murrten und sprachen zu seinen Jüngern: ‚Warum esst und trinkt ihr mit den Zöllnern und Sündern?' Und Jesus antwortete und sprach zu ihnen: ‚Die Gesunden bedürfen des Arztes nicht, sondern die Kranken. Ich bin nicht gekommen, Gerechte zu rufen, sondern Sünder zur Buße'."* (Lk.5,29-33)

-Lukas: Ja, das ist das <u>zweite</u>, was hervorzuheben ist: Jesus feiert das Fest der Vergebung! Mahlgemeinschaft ist auch Liebesgemeinschaft. Levi erfährt Gnade und wird ein großer Nachfolger Jesu.

-Die Geschichte steht an bedeutend früher Stelle in allen drei Evangelien, bei Markus, Matthäus und Lukas. Für die Pharisäer sind die vielen Sünder als zweifelhafte, von Gott verworfene Menschen der Mahlgemeinschaft nicht würdig. Sie halten Jesus vor, er missachte das Urteil Gottes, indem er sich mit ihnen an einen Tisch setzt. Er antwortet: Genau das möchte ich im Namen Gottes tun, - mit ihnen Gemeinschaft haben! In der Begegnung ereignet sich Annahme, Umkehr und Rettung.

-Lukas: Dann folgt das <u>dritte</u>: das große Gastmahl, von dem das Gleichnis erzählt. Es ist ein Bild für das Festmahl im Reich Gottes. Bestimmte Erstgeladene erscheinen nicht, - man könnte in ihnen die Juden sehen. Bei den Zweit- und Drittgeladenen könnte man die Heiden denken, die dann stattdessen am Fest teilnehmen dürfen. Es heißt da ja auch: *„Es werden kommen von Osten und von Westen, von Norden und von Süden, die zu Tisch sitzen werden im Reich Gottes"(13,29)*.

- Selbstverständlich könnten damit die Heiden gemeint sein. Sie, Herr Lukas, sehen darin aber zunächst wohl solche randständigen Menschen, die **Armen, Verkrüppelten, Blinden und Lahmen**. Zweimal (Lk.14,13 und 14,21) weist Gott, der Gastgeber darauf hin, dass er mit ihnen sein Fest feiern will.

-Lukas: Als Menschen, die Rehabilitation brauchen, gehören sie alle zusammen. Das <u>vierte </u>sind die Beispiele, in welchen das Mahl sakramentalen Charakter hat.

- Bei Jesu Stiftung des Abendmahls vor dem Gang ins Leiden und bei seinem Abendessen als Auferstandener mit den Emmaus-Jüngern liegt der Akzent gleichzeitig auf der Erinnerung an ihn in den zukünftigen Feiern: ‚Das tut zu meinem Gedächtnis!'

-Lukas: Mahlzeiten verbinden die Lebenden untereinander, aber auch die Lebenden und die Toten! Besuch, Gemeinschaft, Vergebung, und Erinnerung, Hoffnung sind Aspekte des Essens mit Jesus!

Gottes ‚Weg' und Gottes ‚Zeit' in Jesus

Gottes Weg

-Herr Lukas: Ein besonderes Erzählmotiv durchzieht Ihre beiden Bücher: Das kleine Bild vom Weg. Jesus und die Menschen um ihn her sind in Bewegung, das Wesentliche ereignet sich sehr oft auf unterwegs.

-Lukas: ‚Weg' ist ‚Leben'. Wir alle befinden uns auf dem Weg. In meinen beiden Büchern wollte ich hauptsächlich den **‚Weg des Herrn'** darstellen. Er ist ein Weg, der bis heute nicht vollendet ist, aber damals ein erstes Ziel erreichte. Daneben gehen viele Menschen bei mir ihre besonderen Wege. Und es gibt den **‚Weg des Heils'** für alle, die an Jesus glauben.

- Das Heil ist ‚unterwegs' zum ‚Besuch': Bald wird uns *„das aufscheinende Licht aus der Höhe besuchen und unsere Füße auf den Weg des Friedens richten"* (Lk.1,79). Die Menschwerdung Gottes geschieht als Jesu Weg vom Himmel zu uns! An Weihnachten beginnt die irdische Wanderung des Herrn: *„Da machte sich auf auch Josef, mit Maria, seinem vertrauten Weibe, die war schwanger"*(Lk.2,4). Die beiden mussten von Nazareth nach Bethlehem laufen, dort von Haus zu Haus gehen, bis sie Unterkunft in einem Stall fanden. Wenig später machten sich die Hirten auf den Weg, von Freude getrieben: *„...und sie kamen eilend"* (2,16).

-Lukas: Vergessen Sie nicht den Sohn des Zacharias, den Weg-Bereiter Christi, Johannes den Täufer.

- Während der Schwangerschaft wandert Maria von Nazareth in eine judäische Stadt, wo sie ihre Base Elisabeth besucht, kehrt heim, bricht bald danach wieder auf, reist mit ihrem Mann nach Bethlehem, um ihr Kind zur Welt zu bringen. Und wie geht es weiter? Bei Matthäus folgt die Flucht nach Ägypten, bei Ihnen aber zuerst der Gang zum Tempel, zur Darstellung des neugeborenen Knaben. Dann berichten Sie die Wanderung des 12-jährigen Jesus mit Familie wieder zum Tempel nach Jerusalem.

- Lukas: Als Jesus etwa 27 Jahre alt war, ergriff er den Beruf eines Predigers, der lehrend durch Städte und Dörfer zog. *„Und es geschah…, dass er Stadt für Stadt und Dorf für Dorf durchwanderte, predigend und die Frohe Botschaft vom Gottesreich verkündigend"*(Lk.8,1).
Im Lauf der Wanderungen durch Galiläa und Samaria – der ‚Reisebericht' umfasst bei mir 10 Kapitel - kommt der Tag, an dem die Wege eine bestimmte Richtung erhalten: *„Es geschah, als die Tage seiner Hinaufnahme dabei waren, sich zu vervollständigen, da entschloss er sich, nach Jerusalem hinaufzugehen"*(Lk.9,51).[15] Wenig später folgt die Notiz: *„Und er durchzog Städte und Dörfer, wobei er lehrte und nach Jerusalem zog"* (Lk.13,22). Jetzt befindet sich Jesus auf dem Weg ins Leiden: *„Ich muss heute und morgen und übermorgen unterwegs sein bis nach Jerusalem, denn es ist ausgeschlossen, dass ein Prophet außerhalb Jerusalems getötet wird"*(Lk.13,33).

- Die Worte ‚heute, morgen und übermorgen' erlauben einen Blick auf Jesu Sterben und Auferstehen. Sein Scheiden aus dem eigenen Leben, das sich dann ereignen sollte, wird auch *„Weg hinaus"* genannt (Exodus, 9,31). Das ‚Unterwegs'-Sein Jesu, das in Ihrem Evangelium so hervorgehoben wird, hat schon früh den Charakter einer ‚Via Dolorosa'. Auf der Reise schon seines Endes bewusst, beginnt Jesus irgendwann ab der Hälfte des Weges, es anzukündigen. Der *„Weg hinaus"* ist allerdings größer, er deutet nach dem Tod auch auf die Himmelfahrt hin.

- Lukas: So war es gewiss. Und Jerusalem wurde dann Ort der Passion und Hinrichtung Jesu. Beim Einzug werfen die Menschen Zweige auf seinen Weg. Dann feierte Jesus als erstes mit seinen Jüngern das Passa-Mahl.

- Beim festlichen Essen vergegenwärtigt sich die jüdische Gemeinschaft den **Weg des Volkes Israel** aus der Knechtschaft in die Freiheit.

---

[15] Häufig wird gesagt, dass in Lk.9,51 der große ‚Reisebericht' beginnt. Was hier anfängt, ist in Wirklichkeit ein großer Einschub von Material, von Gleichnissen, Reden, Geschichten, die weder an einen Ort noch an eine Zeit gebunden sind. Zwar befindet sich Jesus von jetzt an auf der Reise nach Jerusalem, Lukas hat in dem Abschnitt von neun Kapiteln aber viel ‚reise-freies' Material untergebracht, sein ‚Sondergut'. Weil man Jesus immer ‚in Bewegung', ‚auf dem Weg' sieht, kam es zur Bezeichnung ‚Reisebericht', die hier freilich nur begrenzt und teilweise passt.

Besonders der erste Aufbruch aus Ägypten steht im Mittelpunkt. Hier könnte das von Lukas gebrauchte Wort Exodos (='Weg hinaus'; 9,31) einen Passa-Sinn erhalten: Es ist der Exodus Jesu „aus dem Land der Sünde durch das Meer des Todes in das Gelobte Land des Reiches Gottes"[16]

-Lukas: So ähnlich war die Wanderung der Kinder Israel aus der Knechtschaft des Pharaos durch das Meer des Verderbens, die Wüste der Versuchung bis zum Ziel im Gelobten Land. Jede Familie gedenkt dieses Weges am Passafest.

- Christus wird selbst zum Passalamm für uns, zum Lamm, das der Welt Sünde trägt. In der Christenheit sieht man bildnerische Darstellungen des Kreuzwegs Jesu in den meisten Kirchen. Vielerorts kann man seine Stationen durchwandern, wenn man eine Kapelle besucht, die auf der Höhe liegt. Der **Kreuzweg** wird manchmal in Prozessionen nachgespielt.

- Lukas: Jesu Weg von der Erniedrigung auf Erden durch die Passion zur Erhöhung in den Himmel, das ist auch unser **Heilsweg**.

- Im Zusammenhang mit der Wanderung des Herrn kommt es in Ihrem Evangelium zu zwei Bewegungen, nämlich der **Vorausgesandten** und der **Nachfolgenden**. Schon auf dem ersten Teil seiner Wanderungen sandte Jesus zuerst seine 12 aus (Lk.9,1-6), wenig später sogar 72 seiner Anhänger (Lk.10,1-12). Diese schickte er *„je zwei vor sich her in alle Städte und Orte, wohin er gehen wollte... und sprach zu ihnen: Tragt keinen Geldbeutel bei euch, keine Tasche, keine Schuhe, grüßt niemand auf dem Weg"* (10,1-4).

- Lukas: In den 72, die ausgesandt werden, ist die Missionsarbeit der späteren Ur-Gemeinde vor-abgebildet. Die Boten sollen rechtzeitig lernen, von Christus zu reden und das Gottesreich zu verkünden. Ihre Existenzweise war die der damaligen **Wanderverkündiger**. Sie lebten bedürfnislos und aßen nichts außer dem, was sie bei Einladungen in die Häuser empfingen. Täglich wanderten sie von Ort zu Ort und oft schliefen sie unter freiem Himmel.

---

[16] Th.Söding, Aufsatz 'Als sie sahen, was geschehen war', ZThK Bd.104, 2007, S.395.

- Menschen, die mit der Jesus-Gruppe mitgehen wollten, mussten schnell aufbrechen. *„Und als sie auf dem Weg waren, sprach einer zu ihm: Herr, ich will dir nachfolgen, wohin du gehst"* (Lk.9,57). Jesus antwortete und sprach zu ihm, er soll jetzt mitgehen. Man musste seine sozialen Verbindungen abbrechen, durfte sogar die Pflicht nicht mehr erfüllen, den eigenen Vater zum Grab zu begleiten: *„Lass die Toten ihre Toten begraben, du aber geh hin und verkündige die Gottesherrschaft!"* *„Niemand, der die Hand an den Pflug gelegt hat, und nach hinten schaut, ist für die Gottesherrschaft geeignet"*(Kap.9. 60.62).

-Lukas: Jesus verlangte eine Trennung ‚im Augenblick'. Die Nachfolger sollen unmittelbar mit dem Zeugnis beginnen. Auf dem Weg werden sie erfüllt von der Kraft von oben und werden spüren, welche Freude es ist, am anbrechenden Gottesreich teilnehmen zu dürfen.

- Auf der Pilgerstraße teilten viele Jüngerinnen und Jünger Jesu Leben. Kaum hört man von einem, der aufgegeben hätte. Nur bei Johannes wird berichtet, dass manche Jünger wieder weggingen: *„Da sprach Jesus zu den Zwölfen: Wollt ihr auch weggehen? Da antwortete ihm Simon Petrus: Herr, wohin sollen wir gehen? Du hast Worte des ewigen Lebens, und wir haben geglaubt und erkannt: Du bist der Heilige Gottes!"*(Joh.6,67-69).

-Lukas: Das Schwere dieses Wanderns mit Jesus kommt auch in dem berühmten Wort von der ‚engen Pforte' zum Ausdruck: *„Und er durchzog Städte und Dörfer, wobei er lehrte und nach Jerusalem zog. Es sagte aber einer zu ihm: ‚Herr, es sind nur wenige, die gerettet werden!' Jesus aber antwortete: 'Strengt euch an, durch die enge Pforte hineinzukommen!'"*(Kap.13,22-24). Jesus denkt bei der ‚engen Pforte' auch ans Leiden. Seine Nachfolger müssen zu dem bereit sein, was er selbst auf sich nahm.

- Der Weg Jesu in den Himmel ist die Voraussetzung für den Weg der Jünger in die Welt. Auf Jesu Abschied folgt die Missionsarbeit der Jünger zur Ausbreitung des Glaubens bis nach Rom.

- Lukas: Einmal versichert Petrus, dass er die Mission bei den Heiden von Herzen bejaht: „Gott hat ihnen wie uns seine Gnade geschenkt, *wie hätte ich mich da Gott in den Weg stellen können!?"*(Kap.11,17). Und die Gemeinde stimmt zu: *„Also hat Gott auch ihnen den Weg eröffnet, zu ihm umzukehren"*(Kap.11,18).

- Mir fallen hier auch die langen Fußreisen des Missionars Paulus ein. Seine Begleiter und er waren über Berg und Tal unterwegs, litten unter Hitze und Kälte, Hunger und Überfällen.

-Lukas: Der Weg des Evangeliums war ein Hinweg zur universalen Menschheit, zum Heil für alle. Er führte von Palästina *„bis an die Enden der Erde"* (Apg.1,8), und Rom wurde zum Sprungbrett für die weitere Entwicklung. Immer spürt man: **„Das Wort geht seinen Weg!"** [17]

-Der aufregendste Teil der Reisen des Apostels Paulus war die Schiffsreise am Schluss. Auf dem Seeweg nach Italien erlebte Paulus viele Abenteuer. Die Schilderung liest sich wie ein moderner Roman.

-Lukas: Es geht aber um mehr! Ich habe die Geschichte (Apg.27f.) so gestaltet, dass man sie auch als ein Bild des Rettungs-Wegs der Christen und der Kirche lesen kann. Ein Schutzengel begleitet den Apostel und die Schiffsleute durch Sturm, Schiffbruch und Todesgefahr. Dreimal spricht Paulus zu den Matrosen: ‚Fürchtet euch nicht! Seid guten Muts!' Unterwegs gibt es Gebet, Mahl und Brotbrechen. Das gilt alles auch für die Christen und die Kirche: nach vielen Gefahren gelangen sie ans Ziel! Wohlbehalten erreichen Besatzung und Passagiere Italien. Am Ufer wartet Rettung und Heil, - die ‚ewige Stadt'.

- Ja, die Hauptstadt erscheint am Ende der Apostelgeschichte wie ein großes Hoffnungsbild. Auf die erschöpften See-Reisenden wartet dort ‚Heil und Leben'. Die Christen, die es in Rom schon gab, kommen dem

---

[17] ‚Weg' als Ordnungsprinzip: „Die ganze Darstellung des Lukas im Evangelium und in der Apostelgesschichte hat den Charakter einer räumlich und zeitlich voranschreitenden, nicht umkehrbaren, kontinuierlichen und geradlinigen Bewegung von Galiläa als Ausgangspunkt (Lk.4,14) über Jerusalem als Ort des realisierten Heils bis nach Rom als Mittelpunkt des Reiches". (Josef Ernst, Das Evangelium nach Lukas, Leipzig 1977, S.12).

Apostel entgegen und begleiten ihn voller Freude ins Zentrum zu seiner Wohnung. An dieser Stelle kommt mir immer so ein Gefühl: Die Stadt ist wie ein großes Licht für Paulus, er erreicht hier das Ziel, wird sterben und in den Himmel gehen.

-Lukas: Zuletzt fällt mir noch etwas ein: Ihr ‚Triptychon' zu meinem Evangelium (s.o.Kap.2) mit den drei Haupt-Bildern: *Auf dem Weg zum barmherzigen Vater';* *‚Auf dem Weg mit dem auferstandenen Sohn'; ‚Auf dem Weg zum leidenden Nächsten'.* Das Schönste passiert unterwegs: Da laufen Vater und Sohn aufeinander zu, da finden wichtige Erörterungen mit Jesus statt, da zeigt es sich, ob jemand innehält, wenn ein Verletzter am Wegrand liegt. In meinen Geschichten ist das ‚Auf-dem-Weg-Sein' grundbildhaft für die menschliche Existenz, auch für die Bewegungen des Glaubens.

-Wie wir sagten, ist auch Gott selbst auf dem Weg, d.h. die Heilsgeschichte ist seine Wanderung zu uns, in welcher er uns immer näher kommt. Die Offenbarung bewegt sich vorwärts, und Jesus lehrte *„den Weg Gottes wahrhaftig"* (Lk.20,21; vgl. auch Apg.18,26). Umgekehrt ist auch der Glaube, wenn wir ihn ergreifen, ein Unterwegs-Sein zu Gott, wie die vom Dämon befreite Frau in der Apostelgeschichte bekennt: *„Diese Menschen* (nämlich die Missionare um Paulus) *sind Diener des höchsten Gottes, die euch den Weg zum Heil verkündigen"* (Apg.16,17).

-Lukas: Also hat sich mir das Wort ‚Weg 'in vielen Zusammenhängen nahegelegt. So spreche ich auch zweimal vom ‚Weg des Friedens'(Lk.1,67), auf den Gott unsere Füße richtet, und andere Bibelstellen reden vom ‚Weg der Wahrheit' oder ‚Weg der Gerechtigkeit' oder ‚Weg des Lebens'.

-Das ist alles interessant. Lassen Sie mich aber noch auf einige Stellen in der Apostelgeschichte hinweisen, an denen das **Christentum selbst** als **‚der Weg'** bezeichnet wird. Dreimal benützt Paulus in der Apostelgeschichte das Wort für die neue christliche Konfession. Der Apostel stellt fest, dass er in seiner früheren Zeit als Verfolger *„Anhänger dieses Weges* (= er meint das Christentum), *Männer und Frauen,* *festnehmen und vor Gericht führen wollte"* (Apg.9,2), und dass er *„diesen Weg verfolgt hat bis auf den Tod"* (22,4). Später, als er Christ geworden war, gibt er vor dem römischen Statthalter Felix diese Erklärung ab: *„Das bekenne ich aber, dass ich nach dem Weg,* (ergänze: des christlichen Glaubens)*, den sie eine Sekte nennen, dem Gott meiner Väter diene"*(Apg.24,14), und dass ich mich (ergänze: ‚auf diesem Wege') darin **übe, allezeit ein unverletztes Gewissen zu haben vor Gott und den Menschen** (24,16).

-Lukas: Und dann heißt es: Der Statthalter Felix *„aber zog diese Sache hin* (= den Prozess gegen Paulus)*, denn er wusste recht gut über diesen Weg"* (24,22). Felix kannte sich also aus in den Aktivitäten der Missionare, vielleicht sogar in der christlichen Lehre. An anderer Stelle lesen wir: *„Es erhob sich aber um diese Zeit eine nicht geringe Unruhe über den Weg"* (19,23, - ergänze: über den neuen Glauben und die Aktivitäten der christlichen Gemeinden).

-Die Formulierung klingt, als wäre es damals gängig gewesen, von der neuen Glaubensrichtung knapp und rätselhaft als ‚der Weg' zu reden. Vielleicht meinte man auch: ‚Weg einer Philosophie'.

-Lukas: Die Bedeutung ist: ein Bekenntnisweg, ein Glaubensweg, der Weg in der Nachfolge Jesu Christi, ein bisher unbekannter Weg zum Heil. Die Leute haben das Wort übrigens auch für die Lehre der Gemeinschaft der Essener benützt. -- Wir haben die Weg-Stellen in meinen Büchern angeschaut und darüber nachgedacht. Mir wäre es lieb, wenn am Ende dieses Abschnitts die Erinnerung stünde: **„Der Weg des Herrn geht weiter"**.[18]

---

[18] Zum Thema: ‚Weg bei Lukas' s. auch: Hans Klein, Lukasstudien, Göttingen 2005, S.110f.

Gottes Zeit

-Herr Lukas: Sie lebten etwa in der Zeit zwischen 40 und 90 n.Chr., und Sie beschreiben in Ihren Büchern die Ereignisse, die ‚unter uns zur Vollendung kamen'(Lk.1,2), d.h. die Stationen des Lebens Jesu und der frühen Missionsgeschichte zwischen 0 und etwa 62 n.Chr.

-Lukas: Diese 6 Jahrzehnte beschrieb ich von dem Geschehen her, das sich in ihnen vollzog, als Heilsgeschichte. Der Reihe nach erzählte ich von den irdischen Zeitabschnitten, die gleichzeitig Gottesgeschichte waren. Ich brachte zum Ausdruck: Gott hat seine eigene Zeitrechnung, aber in unserer Zeitepoche kam Gottes Plan zur Erfüllung. Die Zeit beginnt mit Jesu Geburt bzw. seiner Taufe und schlägt einen großen Bogen bis zur Ankunft des Paulus in Rom. Natürlich hat das Heil auch eine Vorgeschichte, die Verheißung, - und ein Ziel, die Vollendung.

-Zeiten sind immer von ganz Verschiedenem erfüllt. Für die Gläubigen gab es eine Zeit des Wartens und der Verheißung, danach eine Zeit der Verwirklichung des Verheißenen. Lange hatten die Israeliten sich gesehnt, dann aber geschah es in jenen Tagen, dass **sich die Zeit herdrängte.** Im Markus-Evangelium spricht Jesus aus, was mit seinem Kommen geschah: *„Die Zeit ist erfüllt, und das Reich Gottes ist nahe herbeigekommen"* (Mk.1,15). Diese ersten Worte in der Öffentlichkeit haben mich mein ganzes Leben fasziniert. Was heißt: ‚Die Zeit ist erfüllt'?

-Lukas: Sanduhren laufen immer nach unten aus, langsam und doch unaufhaltsam. Die Sanduhr von Gottes Verheißungen füllt sich von unten nach oben, Verheißung häuft sich auf Verheißung, Warten auf Warten! Eines Tages steht Jesus unter uns und spricht: ‚Die Zeit ist erfüllt!' Es gibt zweierlei Arten von Zeitablauf, den chronologischen und den religiösen. Man darf sagen: Wir leben in beiden. Nach meinem Empfinden steht der **T a g v o n J e s u M e n s c h w e r - d u n g** in Gottes Zeitplan an ganz besonderer Stelle.

- Deshalb das Engelswort an die Hirten: *„Heute ist euch der Heiland geboren"* (Lk.2,11)! Was für ein herrliches Heute! Man kann es in den chronologischen Zeitablauf einfügen, den Sie beschrieben. Wenn man das tut, dann geschah die Menschwerdung Gottes einmal, ein einziges Mal, an einem Tag des Jahres Null, in der Zeit, als Kaiser Augustus regierte. Man kann das ‚Heute' aber auch in eine andere Art des Zeit-Empfindens einordnen, die religiöse, und da geschieht es eigentlich immer, jedes Jahr, in allen Zeiten und Zonen. Immer wenn die Weihnachtsgeschichte vorgelesen wird, empfinden die Zuhörer das ‚Heute' als ‚Jetzt', als göttliches Geschenk in ihrem persönlichen lebenszeitlichen Augenblick. ‚Gott kommt auch noch heute…'!

-Lukas: Für mich war es zunächst etwas Einmaliges, Damaliges: Der Anfang der messianischen Heilszeit vor 2000 Jahren! Jesu Menschwerdung war ein zentraler Punkt der Heilsgeschichte, ein Einbrechen des Himmels in die Nacht von Bethlehem!

-Sind Sie trotzdem damit einverstanden, dass Ihr ‚Heute' von den Menschen, die die Bibel lesen oder das Weihnachtsevangelium hören, ‚diachron' empfunden wird, d.h. als etwas, das *durch alle Zeiten hindurch* immer neu verkündet werden kann, und das an jedem einzelnen Weihnachtsfest wahr wird?

Lukas: Ja, ich bin einverstanden, wir dürfen die Zeit dieses Ereignisses in doppelter Weise auffassen, - als einmalig-damalige Zeit und als immerwährend-heutige Zeit. Für die Christus-Offenbarung muss es aber auch einen bestimmten Zeitpunkt im Ablauf der Weltgeschichte geben.

-Ich glaube, wir dürfen trotzdem aus dem Gefühl leben, dass wir mit den Menschen des Neuen Testaments gleichzeitig sind, und wir werden weiterhin entsprechend predigen. Ihre vier berühmten **‚Heute'-Worte** sind dabei wie Leuchtzeichen der Verkündigung, die für das jeweilige Jetzt gelten.

- *„Heute ist euch der Heiland geboren"* (2,11)
- *„Heute ist dieses Wort der Schrift erfüllt vor euren Ohren"* (4,21)
- *„Heute muss ich in deinem Haus einkehren, Zachäus!"* (19,5) – *„Heute ist diesem Haus Heil widerfahren!"* (19.9)
- *„Heute noch wirst du mit mir im Paradies sein"* (23,43).

-Lukas: Als ich damals schrieb, war ich mir kaum bewusst, dass man diese Worte meiner Frohbotschaft ins Überzeitliche heben kann, wo sie dann immer von Neuem gelten. Auch bei dem zweiten Heute-Satz dachte ich an den Beginn der messianischen Heilszeit, - in meinem Jahrhundert! **J e s u s   b e s u c h t e   d i e   S y n a g o g e   i n   N a z a r e t h** und las das Jesaja-Wort aus der Schriftrolle, legte die Rolle weg und sagte: ‚Hier ist von mir die Rede! Ich bin der geistgesalbte Messias! In Eurer Gegenwart erfüllt sich dieses Wort! Heute, mit diesem Tag beginnt es, wovon die Schrift redet' (4,21)!

-Das ist gleichsam Jesu historische Antrittsrede. Und doch gilt seine damalige, erstmalige Messias-Proklamation in seiner Heimatstadt *für immer*. Wir hören das ‚Heute' im Gottesdienst und fühlen uns angesprochen: ‚Das geht uns an! ‚Jetzt und hier'! - ‚In diesem Moment kommt das Heil!' - ‚Die neue Zeit bricht an!'

- Lukas: In Bezug auf den **B e s u c h   J e s u   b e i   Z a c h ä u s** möchte ich das ‚Heute' so erläutern: Es steht in engem Zusammenhang mit zwei anderen Haupt-Worten, die mir so wichtig sind, nämlich *‚muss'* und *‚Heil'*. Nach meinem Verständnis gipfelt Jesu ganzes Werk in der Rettung und Berufung der Sünder, - Jesu **‚Heil'** ist sein Geschenk für alle! Dahinter steht das heilsgeschichtliche **‚muss'**, denn Gott selbst will es so. Das wird in der **‚Heute'**-Situation des Besuchs in Jericho verkündigt.

-Doch auch das ist, - Sie werden mir zustimmen - ‚nicht nur einmalig gemeint, sondern wahr für alle Zeit. Keinesfalls darf die Botschaft Jesu ausschließlich dem Zachäus gelten, um dann in die Vergangenheit abzusinken. Nicht einem historischen Haus, sondern vielen Häusern soll Heil widerfahren, auch an unserem Ort und zu unserer Zeit!

- Lukas: Im vierten ‚Heute'-**W o r t   f ü r   d e n   S c h ä c h e r   a m   K r e u z** ist meine Zukunftshoffnung enthalten. Der Verbrecher wird von Gott als der Gerechte angesehen. Er muss mit Jesus sterben. Doch nach seinem Tod darf er mit ihm ins Paradies eingehen. **Heute noch!** Unverhofft wendet sich alles vor Gott: Sünde wird zu Gerechtigkeit, Tod wird zu Leben!

-Das klingt wie eine letzte Zusammenfassung der Hauptbotschaft Jesu nach Lukas. Er nimmt vor seinem eigenen Sterben noch einmal jemand in die Arme, der umkehrt zur mitleidvollen Barmherzigkeit Gottes. In Ihrem letzten ‚Heute'-Wort steckt die ewige Botschaft: Die Hoffnung des Glaubens führt uns aus Angst und Schuld und durchbricht Todeswände, wie z.b. Bonhoeffer sagen konnte, bevor er starb: „Für Euch das Ende, - für mich der Anfang des Lebens".

- Lukas: Ich glaube, ich stimme Ihnen zu. Das ‚Heute' gilt auch an diesem Tag. **‚Heute, wann immer Ihr seine Stimme hören werdet!**' Und dann stehen Menschen auf und schließen sich an: *„Levi ließ alles stehen und liegen und folgte ihm nach"* (5,28). Das war praktisch ‚heute'.

- Auch in den beiden kleinen Gleichnissen, die allerdings nur bei Matthäus stehen, ist schnelles Tun erforderlich: Im Gleichnis vom **Schatz im Acker** muss sich ein Knecht rasch entscheiden und ebenso der Händler im Gleichnis von der **kostbaren Perle.** Um in den Besitz des begehrten Gegenstands (Reich Gottes) zu kommen, dürfen sie keine Zeit verlieren. Es gibt da einen ‚Augenblick' des Sich-Entschließens, denn die Stunde ist jetzt! Greift zu, es kommt endgültig, endzeitlich drauf an, dass ihr handelt, - so wertvoll ist das, worum es geht!

- Lukas: Zeit kann manchmal ‚drängen'… So ‚beunruhigt' ist die Erde von der ‚anbrechenden Zeit' des Gottesreichs, dass es kaum mehr möglich ist, zu warten und abzuwägen, bis man wirklich weiß, was man tun möchte. Es gilt: Lauf hin und nimm's! - Ähnlich in der Geschichte vom **Großen Gastmahl!** Wenn alles fertig vorbereitet ist, sollen die geladenen Gäste nichts anderes mehr erledigen, sondern ohne Verzögerung kommen. Verspäten sie sich, dürfen sie nicht teilnehmen. Zeit ist hier nicht unbegrenzt, rasch geht die Geduld des Gastgebers zuende.

Z e i t   g e h t   a u c h   i r g e n d w a n n   *g a n z   z u e n d e* . Deshalb nahmen Sie Texte in Ihr Evangelium auf, die von der Wiederkunft des Menschensohns handeln und vom Gericht. Wann wird das sein? Jesus sagt: Die Menschen sollen auf die **‚Zeichen der Zeit'** achten. Dabei können sie sich aber täuschen. *„Die einen sagen: Sieh hier! Die anderen:*

Sieh, da kommt der Menschensohn!" Doch wird es ganz anders sein, wenn er kommt, völlig überraschend (Lk.17,23). – Immer wieder neu fragen die Jünger: *„Herr, stellst Du in dieser Zeit die Königsherrschaft für Israel wieder her?"* Jesus gibt keine klare Antwort: *„Es ist nicht Eure Sache, die Zeiträume und Zeitpunkte zu wissen, die der Vater in seiner Vollmacht festgesetzt hat"*(Apg.1,6f.).

-Lukas: Bedenken Sie hier auch Jesu letzte Predigt vor seinem Leiden, in welcher er in klarer Weise über Zukunft und Weltende spricht: *„Die Menschen werden vergehen vor Furcht und in Erwartung der Dinge, die kommen sollen über die ganze Erde; denn die Kräfte der Himmel werden ins Wanken kommen. Und alsdann werden sie sehen den Menschensohn kommen in einer Wolke mit großer Kraft und Herrlichkeit. Wenn aber dieses anfängt, zu geschehen, dann seht auf und erhebt eure Häupter, weil sich eure Erlösung naht"*(Lk.21,26-28). - Wir wissen nicht, wann das Ende kommt. Denn Gotteszeit und Weltzeit sind zwei ganz verschiedene Sachen, vor Gott sind 1000 Jahre wie ein Tag. Aber dass dann unser Herr Christus zu uns kommt, daran glauben wir!

-Endzeit ist Heilszeit, Reich-Gotteszeit. Jesus wird sein Reich in der Zukunft vollenden, aber er hat schon jetzt damit begonnen. Wenn er unter uns ist, kann die Zeit plötzlich auch zur Festzeit werden, in der die ‚Fülle ausbricht': Man denke an die schönen Bräutigam-Worte, die Jesus im Zusammenhang mit der Kritik der Pharisäer an den nicht fastenden Jüngern sagte: *„Könnt ihr denn die Hochzeitsgäste fasten lassen, solange der Bräutigam bei ihnen ist?"*(Lk.5,34). In der angebrochenen messianischen Heilszeit gilt: Wenn man feiert, achtet man nicht auf die Uhr!

-Lukas: Die Zeit mit dem Bräutigam ist ein Bild der Endzeit-Hoffnung. Die Menschen meiner Zeit litten und sehnten sich nach der Erlösung. Damals fanden ja auch die schrecklichen Kriege zwischen den Juden und den Römern statt, und in diesen Tagen begannen die Christenverfolgungen. Es gab ein Warten auf Weltende, Endgericht, Wiederkunft Christi, Vollendung des Gottesreichs - inmitten von Angst und Drangsal der Ruf: ‚Komm, Herr Jesu!'!

- Bei Ihnen, Herr Lukas, spürt man beides: Die Erwartung des baldigen Endes und auch die Hoffnung auf eine irdische Weiterentwicklung. In Ihrer Paulus-Biographie gibt es vorwärtsdrängende Aspekte, aber auch überraschend viel Zeit. Genau besehen, eilt der Missionar gar nicht von Land zu Land, sondern bleibt manchmal viele Monate irgendwo. Und dann kommt er ins Gefängnis und muss zwei Jahre dort schmachten. Und die Schiffsreise nach Rom braucht viele Monate.

-Lukas: Meinen Lesern wollte ich auch dieses mitteilen: Für die Verkündigung des Evangeliums in vielen Ländern braucht man Zeit! Aber seid getrost, die Zeit arbeitet für euch![19] Man braucht nicht zu eilen. Langsam und stetig wächst die Kirche.

-Diese Zuversicht ist eine große Stärke von Ihnen, Herr Lukas! **Einerseits drängt die Zeit her und andererseits dehnt sie sich.** Die Verkündigenden gewinnen jetzt Zeit, sie können geduldig arbeiten, denn Gott wird sein Ziel erreichen.

-Lukas: Ich selbst glaube an ein gutes Ende, den Erfolg der Mission, die Erfüllung der biblischen Verheißungen, die Wiederherstellung aller Dinge, an eine Zeit der Erquickung und des ewigen Heils:

> *„Gott wird den für euch Gesalbten senden, den der Himmel aufnimmt bis zu den Zeiten, in denen alles wiederhergestellt wird, wovon Gott geredet hat durch den Mund seiner heiligen Propheten von Anbeginn"*(Apg.3,21).

-Was wird in jenen Zeiten alles wiederhergestellt?

-Lukas: Ich glaube: Die Königsherrschaft in Israel! Die Befreiung Jerusalems! Die Auferstehung der Gerechten und Ungerechten! Wir hoffen auf das Heil am Ende der Zeit. Aber wann es kommen wird, wissen wir nicht.

---

[19] So Gottfried Schille, Die Apostelgeschichte des Lukas, Berlin 1983, 40

Kap.4

Lukas als Kirchenbauer

- Herr Evangelist Lukas, Ihrem Doppelwerk aus Evangelium und Apostelgeschichte spürt man an, dass Ihnen die neu entstehende christliche Kirche sehr am Herzen liegt.

-Lukas: Von Jerusalem bis Rom, von Afrika bis ans Schwarze Meer bildeten sich Gemeinden. Ja ich schrieb als Gemeinde-Mitglied, welches den Gläubigen auf dem Erdkreis mit einem sorgfältig gemachten Evangelium und der frühen Missionsgeschichte dienen wollte. Allerdings sollten Sie beachten: Das Wort ‚Kirche' benütze ich in der Apostelgeschichte noch nicht. Mein inneres Bild war: Volk Gottes! Manchmal benütze ich Worte wie ‚Brüder', ‚Gemeinde', ‚Israel', ‚die Heiligen', ‚die Gerechten'.

- In der Tat liest man bei Ihnen nur solche Bezeichnungen. An eine Kirchen-Organisation der Christen war in der Anfangsphase noch nicht zu denken. Doch kann man sagen: Sie haben die Entwicklung der Kirche durch Ihre beiden Bücher gefördert und beeinflusst: Die Beschreibung der zwölf Apostel als Augenzeugen und erste Gemeindeleiter hat sich als Bild vom Anfang eingeprägt und erhalten. - In den Aussagen über Christus, - von der Geburt aus dem Geist bis zu seiner Himmelfahrt und Wiederkunft – wirkt das Glaubensbekenntnis der christlichen Kirchen lukanisch geprägt. - Die Termine und Inhalte der großen Kirchen-Feste Weihnachten, Himmelfahrt und Pfingsten sind von Ihren Texten stark geformt worden. – Vielleicht ist das Buch ‚Apostelgeschichte' im Geist des Autors als eine Art ‚Vor-Text' für die Entwicklung einer christlichen Kirche konzipiert worden?

-Lukas: Das freut mich natürlich, wenn Sie es so empfinden! Aber noch einmal: So etwas wie ‚Kirche' war überhaupt noch nicht in Sichtweite, nicht im Horizont der Entwicklung, die ich miterlebte. ‚Kirche' lebte anfänglich als Bewegung ohne feste

Struktur, als Sammlung von Gläubigen, nicht als Gebäude oder Institution. In meiner Apostelgeschichte gibt es noch keine ‚Ämter‘, die mit ‚Weihe‘ auf andere übergehen (Sukzession), keinen ‚Klerus‘ mit einer ‚Amtsgnade‘. Durch ein kirchliches Sakrament herausgehobene Personen wie Priester, Pfarrer oder Bischöfe kannte man nicht. Bei uns lebten einfache Gemeinde-Mitarbeiter, nämlich Älteste[20] und Diakone. Die 12 Apostel waren einmalig, sie hatten keine Nachfolger, am Ende von Kap.15 der Apostelgeschichte treten sie von der Bühne ab. Manchen Menschen wird der Hl. Geist als Kraft übertragen, persönlich, und die Gabe galt nur dem geschichtlichen Auftrag dieser Menschen. Zwar wird der Hl. Geist an Pfingsten über ‚alle‘ ausgegossen, - aber das bedeutet nicht ‚über die ganze frühere und spätere Kirche‘, sondern, dass die ersten Christen Heiligkeit bekommen haben. Die Aufgabe war, dass wir die Botschaft Christi ausbreiteten und Menschen frohmachten. Unvorstellbar in unserer Zeit, dass eines Tages jemand auftreten könnte, der sagt, er sei der ‚Stellvertreter Christi auf Erden‘. Oder dass eine Kirche entstehen könnte, die behauptet, dass nur durch ihre Vermittlung die Gnadengaben des Himmels zu den Menschen gelangen. Ich meine: Man darf Christus nicht ‚in die Kirche hineinziehen‘, über ihn ‚verfügen‘ wollen! Er regiert im Himmel und segnet uns mit seinem Heiligen Geist, - wen und wie und wann er will.

- Ja, in der Urgemeinde waren Geist und Gnade Christi waren noch ganz frei und konnten sich verschiedensten Personen mitteilen. Eine Kirche als sakrale ‚Besitzerin‘ und Wahrerin der Glaubens-Tradition war noch nicht entstanden, das Papsttum in weiter Ferne...

- Trotzdem bleibe ich bei meinem Thema: ‚Lukas als Kirchenbauer‘ und möchte zunächst folgende Frage stellen: Waren Sie selbst auch Mitglied einer Gemeinde? Und wer ist **T h e o p h i l u s**? Sie sagen am Schluss Ihres Vorworts zu ihm: Ich schreibe Dir das alles sorgfältig auf, *„damit Du noch mehr Sicherheit gewinnst über das, was dir gelehrt wurde"*. Gehörte Theophilus zu einer der ersten Gemeinden?

---

[20] In Apg.15 deutet sich der Übergang an von der Leitung der Urgemeinde durch Apostel zur Leitung durch Presbyter (Älteste), s. Apg.15, 2.4.22f. Aus den ‚Presbytern‘ (= Kirchengemeinderäte) wurden später allmählich ‚Priester‘.

-Lukas: Natürlich war ich Teil einer Gemeinde, und er war es auch. Als guter Bekannter und Mitchrist hat Theophilus mich damals ermutigt, Evangelium und Apostelgeschichte zu schreiben. Sie verstehen, dass ich seiner Bitte gerne nachgekommen bin.

- Ich überlegte mir, was wohl der Hintergrund des Wortes ‚SICHERHEIT' sein könnte, welches Sie in Ihrer Widmung an Theophilus benützen. Es gibt verschiedene Möglichkeiten der Bedeutung. Es scheint mir so, dass Sie der Kirche, die es noch nicht gab, von der sie vielleicht ahnten, dass sie im Entstehen war, mit Ihren beiden Büchern gleichsam erste Steine eines ‚Fundaments' geben wollten. Dem Empfänger Ihres Buches, Theophilus, überreichten Sie das Evangelium und eine große, sorgfältig gestaltete schriftliche Geschichte der urchristlichen Mission, durch die er eine wertvolle Bestätigung empfangen könnte, dass die Botschaft, in der er unterrichtet wurde, nicht auf wankenden Füßen steht: *‚Damit Du noch mehr Sicherheit gewinnst, über das, was dir gelehrt wurde'.*

- Lukas: Wenn Sie das griechische Wort für ‚Sicherheit' mit ‚Zuverlässigkeit' übersetzen würden, würde es mir besser gefallen. Der Empfänger Theophilus sollte erkennen und bestätigt bekommen, dass er sich auf die Verkündigung verlassen kann, die zu seiner Taufe geführt hat. Und auf Gott verlassen kann, der in Christus all das unter uns gewirkt hat, was wir verkündigen dürfen.

- Ja, - dennoch habe ich den Eindruck, dass Ihnen gleichzeitig mit Verlässlichkeit auch an ‚Sicherheit' gelegen war! Sie beschreiben ja so etwas wie ‚heilsgeschichtliche Fakten', und die ‚Tatsächlichkeit' der auf Erden geschehen Gottesereignisse ist Ihnen unzweifelhaft. Kann es nicht sein, dass Theophilus eine Generation jünger war als Sie? Wenn das so gewesen sein sollte, dann wollten Sie ihm vielleicht zuverlässige Berichte der Christuszeit in die Hand geben und einen Schatz des christlichen Zeugnisses hinterlassen. Damit soll für künftige Generationen bewahrt werden, was Ihnen im Glauben wesentlich war. Durch Ihre Aufzeichnungen entsteht ein Stück ‚Sicherheit' für die Christen.

Also möchte ich In diesem Zusammenhang die Aussage wagen: Ich meine zu spüren, dass bei Ihnen am Horizont so etwas wie das ‚Neue Volk

Gottes' aufleuchtet, welches sich später ‚Kirche Jesu Christi' nennen wird, und dass Ihnen daran gelegen war, für diese Kirche wertvolle ‚*Tradition zu sichern'*, damit sie auf guten Füßen steht.

In Evangelium und Apostelgeschichte lassen sich nach meinem Eindruck VIER GRUNDSTEINE erkennen, die Sie in ihrem Werk legten, welche dem Christenglauben Stabilität und den Gemeinden Halt geben sollen, - der späteren Kirche Jesu Christi ein Stück Solidität und Fundament.

ERSTER GRUNDSTEIN: Der Heilige Geist begleitet die Mission von ihrer Gründung an

- Die Apostelgeschichte beginnt mit der Himmelfahrt Jesu. Danach erzählen Sie ausführlich vom Pfingstereignis, von der Ausgießung des Geistes und dem Werden der Urgemeinde. Man kann sagen: Der Heilige Geist bewirkte die Sammlung von Missionsgemeinden, aus denen später allmählich die christliche Kirche wird.

-Lukas: Ja! P f i n g s t e n i n J e r u s a l e m! Geistausgießung! Überwindung der Sprachenvielfalt! Gründung der Gemeinde! Baldiger Übergang zu den Heidenvölkern!

- Laut Ihrer Erzählung wurde 50 Tage nach Ostern in Jerusalem der Anfang gemacht, als an Pfingsten die erste christliche Gemeinschaft entstand. Nach dem Ereignis der Geisttaufe ziehen die Apostel in der Stadt herum und verkündigen das Evangelium. An jenem Festtag ereignen sich – nach Ihrer Darstellung - große Wunder: Feurige Zungen fallen herab, jüdische Jerusalembesucher aus 13 verschiedenen Ländern und Muttersprachen verstehen die Petrus-Predigt in ihrer eigenen Sprache, und eine große Menge, nämlich 3000 Menschen, lassen sich taufen. Darf ich Sie fragen: Ist es nicht beinahe unvorstellbar, dass Juden aus dreizehn verschiedenen Gebieten zum Wochenfest in Jerusalem weilten, und dass sich dreitausend Menschen auf einmal taufen ließen?

Haben Sie der 'Idee Kirche' da nicht einen allzu machtvollen Auftakt gegeben?

- Lukas: Vom verheißenen Geist spricht auch das Johannes-Evangelium ausführlich. Und ich – mit meiner Freude am Erzählen - habe eine Ereignis-Geschichte gestaltet, - Pfingsten als Gründungsfest! Hinter meinem Text liegt die mir mündlich überkommene Tradition von einem Geistwunder, durch welches die Apostel und ihre Freunde am Anfang ermächtigt und beauftragt wurden. Ich habe das so weitergeführt, dass auf das Geistwunder noch ein Taufwunder folgt. Jüdische Menschen hörten die Predigt und wurden gläubig - die Urgemeinde entstand. Als Diener des Worts berichte ich, was Gott unter uns tat! Natürlich bin ich mir bewusst, dass man an meine Geschichte Fragezeichen setzen kann. 3000 Menschen können nicht gleichzeitig der Gemeinde beitreten. In Wirklichkeit war es so: Ganz allmählich wurden Menschen aus mehreren Ländern mit vielerlei Sprachen ums Mittelmeer herum von der Predigt des Evangeliums erreicht, und im Lauf der Jahrzehnte ließen sich tausende taufen. Als Autor projizierte ich einen Prozess, der behutsam begann und nur langsam stärker wurde, auf einen Urpunkt zurück, an welchem 'alles auf einmal' passiert. Das Langzeit-Wunder der Gemeinde-Entstehung hat einen ganz besonderen Start. Mit Hilfe des Komprimierens der Entwicklung in einen einzigen Tag gewann ich auch 'Luft' und musste im Folgenden nicht so viele Einzelheiten erzählen. Das Wichtigste aber ist die Theologie! Pfingsten als Tag, an dem die 'Gemeinschaft der Heiligen' geschaffen wurde, die christliche Gemeinde!

- Großes Kunstwerk eines gläubigen Autors! Aus heutiger Sicht – Sie sagten, dass wir Modernen 'skeptische Realisten' sind - wirkt Ihre Erzählung trotzdem wuchtig. Ich bin deshalb so frei, zu bemerken: Man kann Ihre Gründungsgeschichte als Paukenschlag empfinden. War es vielleicht schwer oder sogar unmöglich, zu erforschen, wie sich die Gemeindeentstehung im Einzelnen wirklich zugetragen hat?

- Lukas: Die christliche Bewegung braucht eine gottbegleitete Eröffnung! Und vor allem: Ich bin überzeugt, dass die Geistausgießung bzw. göttliche Bevollmächtigung damals stattfand! Alles hat sich zugetragen, wie ich es schreibe, - nur eben nicht binnen eines Tages. Durch die Predigt des Petrus, die hier die Stelle vieler späterer Predigten vertritt, versteht man die göttliche Bedeutung der

Ereignisse: Gott erschafft seine neue Herde, das wahre Israel, sein Christenvolk! Ist es nicht ein herrliches Werk des Geistes Gottes, dass die Jünger Mut bekamen, zu predigen? Dass der Geist Ohren und Herzen von so vielen Hörern öffnete?! Dass die Botschaft von Christus auch ausländische Menschen erreichte?! Im Lauf der Jahre mussten die Missionare viele Sprachen lernen, um predigen zu können! Völker des Nordens, Westens, Südens und Ostens werden sich zum Glauben bekehren! Im Mittelmeerraum geschah *„ein mächtiges Rauschen, wie wenn ein Sturm vom Himmel herabweht"* (Apg.2,2). Das ist der Geist der Mission, die an jenem Tag begann. Und das Flammen und Rauschen des Geistes geht immer noch weiter!

> Der Geist bringt Begabungen wie Zungenrede, Freimut der Predigt, Freude am Gotteslob, Kraft der Weissagung und Krankenheilung. In der Apostelgeschichte ist er Stifter und Vermehrer der Urgemeinde. Ist der Geist insofern nicht doch ‚ein Kirchengründer'?

-Lukas: Ja und Nein, - der Geist führt die Arbeit der Missionare, durch die Gemeinden entstehen. Aber ‚Kirche' war nicht in unserem Bewusstsein. Darauf lege ich Wert: Der Hl. Geist verleiht die Vollmacht und Kraft zur Evangeliums-Verkündigung in den Gebieten des damaligen römischen Reichs. Gottes und Christi Geist wirken in der Ausbreitung der Guten Botschaft, und darum ist diese erste Epoche auch Teil der Heilsgeschichte. Erst einige Zeit nach meinem Tod entstanden erste Formen kirchlicher Ordnung und Organisation. Wir waren eine ‚Bewegung'!

> -Und doch wurde ein Anfang gemacht!

-Lukas: Eher dachten wir daran, dass Jesus bald wieder kommt, als dass die Kirche entsteht.

ZWEITER GRUNDSTEIN: Die Kirche schließt an das jüdische Volk Gottes an, und Jesu Werk ist im Alten Testament angelegt und vorhergesagt

- Die zahlreichen Reden der Apostelgeschichte zeigen, dass die Geschichte Israels der Urboden ist, auf dem die christliche Gemeinde stehen darf. Das Neue, das Jesus bringt, geht aus dem Alten hervor. Die innere Richtung der Dinge ist die Weiterentwicklung der Taten Gottes mit Israel in der Kirche Jesu Christi.

-Lukas: So redet der alte Simeon im Tempel davon, wie die die Botschaft von der Rettung aus Israel kommt, dann aber darüber hinausgeht – zum Guten der Welt: *„Meine Augen haben den Heiland gesehen, das Heil, das du bereitet hast vor allen Völkern, ein Licht zur Erleuchtung der Heiden und zum Preis deines Volkes Israel* (Lk.2,30-32).*"*

- Den engen Zusammenhang des neuen Gottesvolks mit dem Volk des Alten Testaments unterstreichen Sie in Ihren Kapiteln immer neu. Sie geben sich auch große Mühe, in Ihrem Werk Texte des Alten Testaments einzubeziehen, auf deren Verheißung alles gründet. Schon für die Gebete des Zacharias und der Maria (Lk.1) benützen Sie Grundgedanken der Psalmen und Prophetenliteratur.

-Lukas: Nach den Prophezeiungen soll das ganze Leben Jesu eine Erfüllung der Hoffnung Israels sein. Er ist *„das aufgehende Licht aus der Höhe für die, die in Finsternis und Todesschatten sitzen"*(Lk.1,78f.) Es gibt eine Vorgeschichte zu Jesu Kommen in den Versprechen Gottes an Israel. Und eine Nachgeschichte nach Jesu Auffahrt in der Entwicklung der christlichen Gemeinden unter den Heiden.

- Deshalb finden sich bei Ihnen sehr viele Beispiele für die Aufnahme von Bibelstellen, mit denen gezeigt wird, dass sich in der Jesusgeschichte und in der frühen Missionsgeschichte erfüllt, was im Alten Testament angekündigt war. Der Weg der Offenbarung, welcher die Geschichte Israels prägte, geht weiter, und das Fundament für alles Große, das jetzt kommt, sind die auf Jesus bezogenen Stellen des Alten Testaments.

- Lukas: Wahrscheinlich stimmen Sie mir zu: Das Christentum beginnt außer mit Jesus selbst mit der Lektüre von Worten des Propheten Jesaja, besonders mit der Vorhersage der Leiden unseres Herrn in Jes.53.[21] Doch immer mehr wurde es zur Gewissheit, dass das Alte Testament auch an vielen anderen - an viel mehr Stellen, als wir vorher ahnten – auf Jesus Christus hinweist. So wie ich, war doch auch Martin Luther später fest davon überzeugt, dass das Alte Testament *durchweg* als prophetisches Christus-Zeugnis gelesen werden muss.

Wie benützte ich das Alte Testament? Es ist hier noch zu beachten, dass ich für meine Arbeit überhaupt kein ‚Bibelbuch' zur Verfügung hatte. Ich konnte die Schriften nur in der Synagoge kennenlernen, wenn aus den Schriftrollen vorgelesen wurde. Da habe ich mir für mich persönlich eine Sammlung wichtiger Bibelstellen erstellt. Meine übrige Bibelkenntnis bestand in Erinnerungen aus der Gemeinde-Versammlung bzw. in auswendig gelerntem Text aus der hebräischen Schule! Zu meiner Lebenszeit besaß fast kein einzelner Jude oder Christ eigene Schriftrollen.

> - Wahrlich, das macht Eindruck! Eine große Leistung, auch des Gedächtnisses!

-Lukas: Ohne dass die ersten Christen Worte des Alten Testaments als Zeugnisse auf Christus hin begriffen hätten, wäre das Christentum vielleicht gar nicht entstanden. In der Tradition des Judentums sind auch wir ‚Proselyten' (‚Dazugekommene') Hörer und Kenner der auf Pergament geschriebenen heiligen Texte. Beim Studieren der Verheißungen der Schrift ereignet es sich, dass einem der göttliche Sinn der Jesus-Ereignisse aufleuchtet.

> - Am Schluss Ihres Evangeliums, bei Jesu Abschiedspredigt, fassen Sie zusammen, worauf es Ihnen ankommt: *„...dass alles,* - sagt Jesus zu den Jüngern -, *was in den Mose-Büchern und den Propheten und den Psalmen über mich geschrieben steht, vollendet werden muss. Und dann öffnete er ihren Verstand, sodass sie die Schriftstellen begriffen"* (Lk.24,44f.) Ähnlich wird das auch einmal in der Apostelgeschichte erzählt: Die Menschen in Beröa, Nordgriechenland, bei denen Paulus

---

[21] Siehe die von Lukas benützten Jesaja-Zitate, z.B. Lk.2,32; 3,6; Apg.8,32f.;13,47; 28,25-29.

gepredigt hatte, *„forschten täglich in der Schrift, ob sich's so verhielte"*, wie er gesagt hatte (Apg.17,11). Und erst, als sie es dort entdeckten, ließen sie sich taufen. Vermitteln die Propheten so etwas wie ‚Sicherheit'?

-Lukas: Ich weiß, ‚Sicherheit' gibt es für den religiösen Glauben nicht, aber ‚Gewissheit'! Wir sind gewiss, dass Gott durch seine Propheten von Christus sprach. Unser Glaube lässt das Alte Testament verständlich werden, so dass plötzlich viele neue Erkenntnisse daraus hervorgehen. Das Christuslicht hilft, dass wir die Schriften des Volkes Israel insgesamt in veränderter Weise verstehen.

-In diesem Sinn meine ich es: Es war Ihr Bemühen, mit dem ‚Schriftbeweis' einen ‚Grundstein' zu legen, welcher der künftigen Kirche Festigkeit gibt.[22]

-Lukas: Ja, hier habe ich mir besondere Mühe gegeben. Dabei spielt die heilsgeschichtliche Perspektive eine große Rolle. Wir waren der Überzeugung, dass zwischen Verheißung und Erfüllung ein göttlicher Plan steht, und dass Jesu Weg so ablaufen musste, wie es im Alten Testament vorhergesagt war. Wenn Menschen aus der Bibel diese Erkenntnis gewinnen, dann gibt das ihrem Glauben Grund und Halt.

-Im Hinweis auf das Zeugnis der Schriften hatte die Missionspredigt zu Ihrer Zeit einen absolut starken und wesentlichen Baustein. Auch Sie, Herr Lukas, luden die Menschen ein, dem Ratschluss des göttlichen Plans zu vertrauen, und viele schlossen sich der Gemeinde an.

---

[22] Vgl.u.Kap.7.

DRITTER GRUNDSTEIN: Die lukanischen Bücher sind in der Hoffnung geschrieben, vielleicht einmal den Rang künftiger biblischer Bücher zu erlangen.

- Herr Lukas, Sie befinden sich, wie Sie im Vorwort sagen, als Autor Ihrer Bücher in der Reihe der ‚Diener des Worts'. Bei Ihrer Arbeit hatten Sie das Ziel, dem Gotteswort zu dienen, und Sie taten das mit besonderer Sorgfalt. Man kann den Eindruck gewinnen: Vielleicht wollten Sie einen Text verfassen, der einmal ein ‚Bibeltext' würde. Natürlich konnten Sie noch nicht wissen, dass es – nach Ihrer Zeit - einmal ein Neues Testament geben würde! Aber in den Texten und Gebeten der Kindheitsgeschichten von Johannes und Jesus – um ein Beispiel zu nennen - meint man, sich sprachlich im Alten Testament zu befinden, so schön und so ‚biblisch' ist alles formuliert. Unwillkürlich denkt man: Lukas schreibt eine Art Fortsetzung des Alten Testaments oder ein Stück der zukünftigen Heiligen Schrift! Ein Wissenschaftler sagt, als Konsequenz Ihres Vorworts sei vielleicht anzunehmen, dass Sie „die vollständige Jesustradition gleichsam in kanonischer Form vorlegen" wollen.[23] Mit ‚kanonisch' ist eine Überlieferung gemeint, die würdig ist, in die Reihe der Schriften des zukünftigen Neuen Testaments aufgenommen zu werden.

- Lukas: Nun ja, ich schrieb meine beiden Werke zwischen 80 und 100, - der neutestamentliche Kanon entstand erst viel später, ums Jahr 250 n.Chr. Noch nicht einmal in der Phantasie konnte ich mir vorstellen, dass es eines Tages ein Neues Testament geben würde, und natürlich eben so wenig, dass meine beiden Bücher einmal in dieses Werk aufgenommen würden.

- Und doch erscheinen Sie als Schriftsteller, der irgendwie vorausahnte oder hoffte, dass sein Werk vielleicht einmal ein Stück ‚Bibel' werden würde! Durch die genau erzählten Geschichten von Evangelium und Apostelgeschichte wollen Sie Theophilus zuverlässige Grundlagen geben. Ihre soliden Berichte von den Heilsereignissen, die Predigten Jesu und der Apostel, aber auch die Wundererzählungen sollen die junge Christen-

---

[23] Walter Radl, RGG4, Bd.5 Sp.549.

Gemeinde festigen. Sie möchten einen Traditionsschatz begründen, in welchem außer dem Weg und Wirken Jesu auch die Erlebnisse und Erfolge der Missionare enthalten sind, vor allem des Paulus.

- Lukas: Irgendetwas brauchten die Gemeinden, etwas, das sie gemeinsam lesen konnten, das alle kannten, das sie untereinander verband! Zu meinen Lebzeiten waren die Paulusbriefe ein bisschen verbreitet, aber ich hatte sie nicht zur Verfügung. Sie waren ja als erstes verfasst und versandt worden, zwischen den Jahren 50 und 60. Wenn die Gemeinden Glück hatten, besaßen sie das Markus-Evangelium, das zwischen 60 und 70 entstand, oder weitere kleine Traditionsstücke, die man abschrieb. Werke auf Papyrus oder Pergament waren immer sehr teuer. Ohne gemeinsame Texte können Gemeinden nicht zusammenhalten! Mit der Zeit bildeten sich Sammlungen, die auch schon ein wenig ‚verbindlich' waren.

- Als Synagogenbesucher waren Sie es gewohnt, dass man bei den Gottesdiensten aus den Schriftrollen vorlas. Es scheint so, dass auch Sie die Hoffnung hatten, Berichte vorzulegen, die Bestand haben würden, weil man sie z.B. für den Gottesdienst braucht. Sie schreiben – vor allem in der Apostelgeschichte – in einem gewissen ‚offiziellen Ton' von der Abfolge der Ereignisse. Deshalb komme ich auf diesen Gedanken. Es scheint so zu sein: Sie wollten, dass das, was Sie erzählen, zum ‚kirchlichen Text' werden könnte, - eines Tages zum ‚heiligen Wort'!

Lukas: Ich sage noch einmal: Niemals konnte ich ahnen, dass mein Werk einmal Teil der christlichen Bibel werden würde, aber natürlich freue ich mich von meinem Ort im Himmel her, dass es so gekommen ist.

-Und dann können Sie mir vielleicht doch zustimmen, dass Sie schon beim Schreiben an die ‚sichere Grundlage' dachten, die die Christen eines Tages hochschätzen würde...?

- Lukas: Die Gemeinden sollten durch meine beiden Bücher noch mehr innewerden können, wer Christus war, und wer sie selbst sind. Ich bemühte mich um Glaubens-Zeugnisse über Erfahrungen mit Christus. Das Vorlesen solcher Texte kann die Seelen stärken und auch theologische Aufklärung vermitteln. Die

Gemeinden hatten Nutzen von Grundtexten für die Katechese, mit denen die Taufkandidaten unterrichtet werden konnten. Die Taten der Apostel erzählte ich extra so, dass man sie im Unterricht verwenden kann. Nicht zuletzt wollten meine Schriften eine Argumentationshilfe liefern, mit der sich die Christen verteidigen und legitimieren konnten. Die Auseinandersetzung mit Judentum und römischem Staat war ja eine ständige Aufgabe.

Ich bin kein Hellseher in die künftige Entwicklung: Wird mein ‚Evangelium' auch später noch Interesse finden? Wie liest man meine ‚Apostelgeschichte' 2000 Jahre nach ihrer Abfassung? Oder noch später? Als frühchristliche Literatur? Als ein Stück Heilige Schrift? Oder vielleicht als veralteten Text der Religionsgeschichte?

Vierter Grundstein: Die Urgemeinde erlebte eine fromme, harmonische Entwicklung und ist ein Ideal für die Zukunft.

-Die Gemeinde Christi, sagen Sie, steht in direkter Nachfolge zum geistlichen Volk Israel und stellt das neue, wahre, bußfertige Israel dar. Zum Aufweis der Kontinuität mit Israel werden z.B. die Apostel zu Führern der Urgemeinde. So wie die 12 Söhne Jakobs die Stämme des Volks Israels repräsentieren, halten sie als ‚Ursäulen' die Tradition im Haus Jesu Christi zusammen. Die ersten Christen-Gruppen versammelten sich noch im Tempel, weil sie dachten, dass sie dort hingehören. Ihr Zusammenleben war von idealer Harmonie und frommem geistlichem Leben geprägt. Zur Darstellung der frühesten Zeit der Kirche gehörte die Gütergemeinschaft, eine Art Liebes-Kommunismus. Immer waren die Christen beisammen, beteten, feierten und brachen das Brot. - Herr Lukas, Sie malen ein idealisches Bild von der Urgemeinde!

-Lukas: Auf moderne Menschen wirke ich vielleicht wie ein Schriftsteller, der die Anfänge des Christentums auf fragwürdige Weise verschönert hat. Aber das müssen Sie mir lassen! Ich hatte damals eine große Vision und beschrieb einen Urzustand der Gemeinde, der auch der Endzustand sein könnte. Man wünscht sich so etwas, eine heilige, reine Uranfangs-Situation, auch als Ziel für die ferne Zukunft.

-In diesem Sinn schreiben Sie am Anfang der Apostelgeschichte:

„Alle aber, die gläubig geworden waren, waren beieinander und hatten alle Dinge gemeinsam. Sie verkauften Güter und Habe und teilten sie aus, je nachdem es einer nötig hatte. Und sie waren täglich einmütig beieinander im Tempel und brachen das Brot hier und dort in den Häusern, hielten die Mahlzeiten mit Freude und lauterem Herzen und lobten Gott und fanden Wohlwollen beim ganzen Volk. Der Herr aber fügte täglich zur Gemeinde hinzu, die gerettet wurden."(Apg.2,44-47)

-Herr Evangelist Lukas, Sie wollten mit der überhöhenden Schilderung einen Zustand beschreiben, der niemals existierte!

-Lukas: Ich malte ein religiöses Gemälde, in welchem die Menschen erkennen, wie Gott in der heilsgeschichtlichen Zeit Gemeinden gestaltet, wenn er sein Reich auf Erden ausbreitet. Ich wollte zeigen, welche Liebe der Geist Liebe schaffen kann, und ich wollte den späteren Gemeinden ein Hoffnungsbild mit auf den Weg geben.

- Man kann es aber auch so betrachten: Sie gestalten ein Bild, auf welchem man die Wirkungen des Göttlichen auf Erden manifest, sichtbar erkennen kann. Bei Ihnen wird ja alles immer so greifbar, was die Christen in der Kraft des Hl. Geistes machen! Es ist, als wollten Sie sagen: Seht, so war es damals wirklich! So wunderbar vorbildlich und harmonisch haben die Christen gelebt! Doch leider – konkret und glaubwürdig nachvollziehbar ist es fast nirgends.

-Lukas: Ich bin mir dessen bewusst. Von den wirklichen geschichtlichen Verhältnissen der Urgemeinde hatte ich in meiner späteren Zeit wenig Informationen. –
Das Ganze, was ich da literarisch und theologisch unternahm, ist vielschichtig, und ich möchte dazu folgendes erklären:
   1) Die frühe Zeit der christlichen Gemeinde war zweigeteilt; es gab die von Jerusalem geprägte erste Epoche, und die von der Mission außerhalb Jerusalems geprägte zweite Epoche. Für die erste Zeit kam es mir darauf an, die Verbindung

zum Judentum so eng sein zu lassen, wie es nur möglich war. Die Urgemeinde bestand aus Juden, - und ich wollte hervorheben, dass sie in idealer Weise die jüdische Frömmigkeit pflegten und sich deshalb auch täglich im Tempel trafen. Ich wollte zeigen, dass wir Christen ein Stück des Herzens des jüdischen Volks sind, - gerade im Glauben an Christus! Mein Bild war: Die frommen Christen sind nichts anderes als Juden, die ihre Bibel richtig verstehen und ihr jüdisches Leben gesetzestreu leben.

2) Nach dem Apostelkonzil entfernte sich der Schwerpunkt der Gemeindeaktivität allmählich von Jerusalem und ging in neue Länder. Die Zerstörung Jerusalems setzte der ersten Epoche vollends ein Ende. Unter den ‚Heiden', also den ‚Völkern', begann ein anderes Gemeindeleben. Wenn man die Zweiteilung der Zeit der Urgemeinde beachtet, versteht man besser, was ich als unvergängliches Erbe der ersten Jahre hinterlassen wollte.

3) In der nachapostolischen Zeit der zweiten Epoche strömte die christliche Religion in den ‚leeren Raum' des römischen Reichs. In mir herrschte die Überzeugung, dass da eine neue Welt entstand, mit den Christen als eigentlicher Kraft! Das war nur durch den Geist Jesu Christi möglich! Und jetzt wurde das sozial-ethische Thema wichtig! Die Liebestat unseres Herrn, seine Zuwendung zu den Armen, Schwachen, Randständigen, musste doch weitergehen! Mein Idealbild der Urgemeinde will auch das Barmherzigkeits-Erbe Jesu erhalten und tradieren. In der Tat hat sich die römische Welt gewundert über den sozialen Zusammenhalt der Christen, über alle Standesgrenzen hinweg. Auch das wirkt in meine Darstellung des Lebens der Urgemeinde hinein.

- Und was ist mit der Einhaltung der Liebes-Gebote im ‚Ur-Kommunismus'? Da fallen plötzlich zwei Leute in der Gemeinde tot um, weil sie ihren Acker nicht hergeben wollen (Apg.5). So straft Gott den, der sein Hab und Gut der Gemeinschaft entziehen will. Ist das nicht sehr drastisch? Erlaubt die Liebe solche Strafen?

4) Es kam mir unbedingt darauf an, die Heiligkeit der Gemeinde Christi im Bild eines guten Zustands am Anfang zu wahren. Gott verlangt Gehorsam!

5) Die Gemeinden waren schweren Verfolgungen ausgesetzt, z.B. unter Nero im Jahr 64. Mit meinem Bild einer glücklichen und harmonischen Gemeinschaft wollte ich den angefochtenen Christen Trost spenden. Eine Gemeinde, die um ihr

Leben zittert, braucht menschliche Hilfe! Ich wollte zum Ausdruck bringen: Ihr braucht nicht zu verzagen! Im brüderlichen Zusammenhalt ist Kraft!

-Es gibt noch eine Zusammenfassung dieses ideal-guten Zustands, entsprechend Ihrem inneren Bild, diesmal konzentriert auf die wunderbare Wirkung der Tätigkeit der Apostel:

> *„Immer mehr wuchs die Zahl derer, die an den Herrn glaubten – eine Menge Männer und Frauen -, so dass sie die Kranken sogar auf die Straßen hinaustrugen und sie auf Betten und Bahren legten, damit, wenn Petrus käme, wenigstens sein Schatten auf einige von ihnen fiele"* (Apg.5,13-15).

- Lukas: Meine Gaben und Kräfte habe ich in den Dienst des Glaubens an Christus stellen wollen, der sich ausbreiten soll. Ich möchte, dass sich die Christengemeinden so weiterentwickeln, wie ich versuchte, ihre Anfangszeit darzustellen. Als Autor wollte ich den Lesern heilige Ursprungs-Bilder auf den Weg geben, die ‚erbauen' sollen. Aus einem Text wie dem hier zitierten entstand z.B. Rembrandts ‚Hundert-Gulden-Blatt', - eine Darstellung der Predigt Jesu vor zahllosen Kranken, die kamen, sich um ihn scharten, auf Betten, Schubkarren und Tragbahren hergebracht. Zu allen Zeiten hat das Bild die Menschen erbaut und getröstet.

- Das sind die vier Grundsteine, die Sie vielleicht legen wollten, auf dass sie der Kirche dienen, wenn es sie eines Tages geben wird. Der vierte Stein war die Beschreibung des Gemeindelebens – in Liebe, Gerechtigkeit Besitzgemeinschaft, Frömmigkeit und Gebet. Bestimmt haben ihre Schilderungen den Gemeinden ein Gefühl von Geborgenheit, Halt und Sicherheit vermittelt.

Kap.5
Lukas als Missionsschriftsteller

Botschaft für viele Völker

-Am 50. Tag nach Ostern war Pfingsten, das ‚Wochenfest' der Juden. Da beginnt alles. Das Fest wurde zur Geburtsstunde der Mission und zum Gründungstag der Kirche

-Lukas: Die Geistausgießung eröffnet die neue Epoche der Heilsgeschichte. Vom Himmel her schafft Jesus sein Reich unter den Menschen der bewohnten Erde.

-An Pfingsten kommt es zu einer ersten Evangelisation unter vielen Fremden, die an jenem Tag da waren. In Ihrem Bericht Apg.2 finden sich einige besondere Details: Es gibt da die eine ‚**Völkerliste**' mit 13 Namen. Was bedeutet sie? Petrus predigt ausdrücklich nur vor Juden, - und die Meinung der Liste ist, dass sie aus der Zerstreuung in die Stadt zurückgekommen sind, um dort das jüdische Pfingstfest zu feiern. Allerdings greift Ihre Völkerliste sehr weit aus, - z.B. nach Persien, Ägypten, Arabien! Man weiß gar nicht, ob dort überhaupt Juden wohnten, oder wie es möglich sein soll, dass sie alle plötzlich in die Stadt gelangten.

-Lukas: Die Liste ist symbolisch zu verstehen! Natürlich waren Personen aus vielen der genannten Länder an jenem Tag nicht anwesend! Da sind Völker und Provinzen erwähnt, die Paulus nie erreichte, die aber 30 Jahre später, in dem Augenblick, da ich die Apostelgeschichte schrieb, allmählich von Missionaren besucht wurden. Man muss hier ‚quer durch Zeiten und Räume' denken! Die Liste spiegelt eine Entwicklung wider, die sich erst in meiner Zeit, ums Jahr 90 anbahnte.

- Sie legen im Text Wert darauf, dass es sich bei allen Zuhörern um Menschen handelt, die in ganz anderen Kulturen und Sprachen aufwuchsen, aber zum Judentum übergetreten sind. Petrus spricht Juden „aus allen Völkern unter dem Himmel" an. Diese verstehen seine Predigt, obwohl sie die aramäisch-hebräische Sprache des Petrus nicht beherrschen!

-Lukas: So ist es! Das Judentum war viel weiterverbreitet als Sie sich das vorstellen können. Es sind Menschen versammelt, die viele Fremdsprachen sprechen, aber sich trotzdem bei den Propheten auskennen und in der Hl. Schrift zuhause sind. Diese Menschen verstehen die große Rede des Petrus, in der sich ein AT-Zitat ans andere fügt. Es ist das **pfingstliche Sprachenwunder durch den Heiligen Geist**!

-Merkwürdig stimmt aber, dass Petrus genau diesen Juden aus den entferntesten Provinzen die Kreuzigung Jesu anlastet. Gleich zweimal sagt er in seiner Rede, dass „ihr ihn (nämlich Jesus) ans Kreuz geschlagen" habt (Kap. 2,23 und 36). Diese Leute haben persönlich nichts mit der Kreuzigung zu tun, werden aber völkisch und religiös vereinnahmt in so etwas wie die ‚Kollektivschuld' Israels.

- Lukas: Wir haben es hier mit einer Missionspredigt zu tun, und diese beginnt immer mit einem Bußaufruf! Von der Kreuzigung kommt Petrus schnell zur Auferstehung und Erhöhung, durch die Jesus von Gott bestätigt wird. Schließlich bittet er die Zuhörer, dass sie umkehren und Christus als den Herrn anerkennen. Und dann…

-… „ging es ihnen durchs Herz" und es geschah, dass 3000 sich taufen ließen. So erschuf Gott an diesem Tag die Urgemeinde!

-Lukas: Petrus sagt zum Schluss: *„Tut Buße, und ein jeder von euch lasse sich taufen auf den Namen Jesu Christi zur Vergebung eurer Sünden, so werdet ihr die Gabe des heiligen Geistes empfangen. Denn euch gilt die Verheißung und euren Kindern, sowie all denen in der Ferne, so viele der Herr unser Gott hinzurufen wird."* Über alle Anwesenden wurde die Geistmacht ausgegossen.

- An diesem Text ist Vieles symbolisch! Es kommen ‚Menschen aus der Ferne' vor, die viele verschiedene Sprachen sprechen, leiblich aber gar nicht da sind. Dadurch wirft Pfingsten ein Licht auf die Heidenmission, die überhaupt noch nicht beginnt. An jenem ersten Tag sind nur Juden angesprochen, die für eine spätere Zeit die ‚Völker' repräsentieren. Die Verkündigungsarbeit der Jünger bleibt zunächst in der Stadt. Erst am Ende der Apostelgeschichte gelangt das Evangelium bis nach Rom.

-Lukas: Das ist richtig! Also bleiben wir zunächst bei den Wurzeln der Gemeinde in Jerusalem!

Geschichte der Urgemeinde

Sie beginnt in der Zeit der Verkündigung Jesu, als sich zahlreiche Nachfolger um ihn scharten. Bald nach Jesu Tod (im Jahr 30) bildete sich unter den Jerusalemer Juden eine von Jüngern geleitete Gemeinde, die aramäisch sprach. Um die Stadt herum lebten auch griechisch sprechende Juden, die zur Gemeinde hinzukamen. Wenig später entstanden im syrischen Damaskus und im syrischen Antiochia Gemeinden – aus griechisch sprechenden ‚Diaspora'-Juden, die nicht mehr so stark mit den jüdischen Gebräuchen und Geboten verbunden waren. Das Leben der frühesten Christen, vor allem der Gemeinden in Palästina, vollzog sich am Anfang im Rahmen der jüdischen Religionsgemeinde. Durch eigene Lebensformen wie Taufe, Mahlfeier und Sozialfürsorge entwickelte sich aber bald auch eine christliche Selbständigkeit. Unter den griechisch sprechenden Judenchristen der Diaspora (Zerstreuung) herrschte schon früh eine kult- und gesetzeskritische Einstellung. Als später Heiden zur Gemeinde hinzukamen, war den Christen die schwierige Aufgabe gestellt, zu bestimmen, inwiefern das jüdische Gesetz für die Heidenchristen noch gültig war. Um die Frage nach der Einhaltung bestimmter traditioneller Ritualgesetze entstanden unvermeidlich Konflikte. Bald nach dem sog. Apostelkonvent im Jahr 48 tritt die palästinensische Christengemeinde in den Hintergrund.

-Herr Lukas, zu Ihrem Bild der Urgemeinde gehört, dass sie ‚einmütig beieinander waren', ihre ‚Güter teilten',' Tischgemeinschaft hatten und beteten', und dass sie der ‚Lehre der Apostel lauschten'. Mehrfach wiederholen sie diese Zuschreibung von frommen, harmonischen Verhaltensweisen in den ‚Sammelberichten'. Kam es überhaupt zu Konflikten? Manche Ausleger sagen, in Ihrem Bedürfnis nach Harmonie und Ordnung hätten Sie die Konflikte, die Sie erwähnen, geglättet, so dass sie kleiner wirkten, als sie waren.[24]

Lukas: Welche Streitigkeiten meinen sie?

-Zum Beispiel gab es da diese Witwen, die versorgt werden mussten, griechisch sprechende Jüdinnen, die zur christlichen Gemeinde gekommen waren. Gegenüber den aramäisch sprechenden Jerusalemer Witwen, die vom Tempel-Sozialsystem versorgt wurden, waren sie wohl im Nachteil, weil sie aus dem Umland kamen. Das führte dann zur Wahl von griechisch sprechenden Diakonen, die sich um die Ernährung dieser Witwen kümmern sollten.

-Lukas: Das war wirklich so! Ich habe diesen Konflikt beim Namen genannt!

- Manche Ausleger sagen aber: Hier ging es ‚historisch' nicht nur um die Versorgung der Witwen, sondern um eine ernste erste Spannung zwischen zwei Gruppen, den aramäisch und den griechisch sprechenden Gliedern in der christlichen Urgemeinde. Manche meinen, dass es ein schwerer Konflikt war, weil man sich nicht nur durch die Sprache, sondern auch in der Haltung zu den religiösen Bräuchen unterschied. Entstand da eine zweite Gemeinde?

-Lukas: Nein, gewiss nicht, es wurden Männer gewählt, das sich besonders um die soziale Betreuung kümmern sollte. Petrus hat ihnen die Hand aufgelegt Die Gemeinde hat sich nicht gespalten. Später gingen die sieben Helfer der griechischen Witwen auch in die Mission.

-Ein anderer Konflikt war der zwischen Paulus und Barnabas. Paulus trennte sich nach eigenen Worten von ihm, weil Barnabas der Linie des

---

[24] J.Roloff: „Lukas ist … im Blick auf innergemeindliche Vorgänge ausgesprochen konfliktscheu. Er pflegt …. Spannungen und Auseinandersetzungen in der Kirche bis zur Unkenntlichkeit zu verharmlosen." – Die Apostelgeschichte, NTD Bd.5, Göttingen 1988, S.107.

Petrus zu nahestand, welcher in der Frage der gesetzesfreien Heidenmission immer neu zögerte und die Beibehaltung bestimmter Reinheitsgebote forderte. Sie schreiben davon zu wenig und betonen eher die Harmonie nach dem Apostelkonzil.

- Lukas: Auch das kann ich so nicht bestätigen. Zunächst herrschte Einigkeit durch den Schiedsspruch des Apostelkonzils. Danach flammten erneut Spannungen auf, weil die strengeren Judenchristen nicht zufrieden waren. Natürlich kann ich nicht alle Auseinandersetzungen um die Ritualgesetze im Detail erzählen. Das Wichtigste war, dass sich die Linie des Paulus am Schluss durchgesetzt hat. Sonst gäbe es die christliche Kirche auf der Welt vielleicht gar nicht.

Geschichte der Urgemeinde in Zahlen

n. Chr.	Ereignisse	Stellen
30	Tod Jesu	Mk 15 par.
~ 30–32	Konstituierung der Jerusalemer Gemeinde /erste Konflikte	Apg 1–5
ab 30	Wirken der Jesusbewegung in Galiläa; zunächst mündliche Überlieferung der Jesustradition	Mk 16; Mt 28; Joh 21
31–43	Petrus leitet die Jerusalemer Gemeinde	Apg 1–5
31/32	Bildung einer Gemeinde in Damaskus	Apg 9
~ 32	Hebräer und Hellenisten in Jerusalem	Apg 6
32/33	Stephanus	Apg 7
32/33	Berufung des Paulus	Apg 9; 22; 26
ab 33	Mission des Philippus	Apg 8
~ 33–34	Paulus in der Arabia	Gal 1,17–18
~ 34	Gründung der Gemeinde in Antiochia	Apg 11,19ff
35	1. Jerusalembesuch des Paulus	Gal 1,18
~ 35	Barnabas wirkt in Antiochia	Apg 11,22–26
~ 35–	mündliche/schriftliche Fixierung des Passionsberichtes,	-

40	erste gezielte Sammlungen von Jesustraditionen	
~ 36–42	Paulus in Syrien und Kilikien (Tarsus)	Apg 9,28–30
~ 40	Gründung der Gemeinde in Rom, ‚Christianer' als eigene Gruppe in Antiochia	Apg 11,26
~ 40–50	Entstehung vorpaulinischer Traditionen	-
~ 42	Paulus schließt sich Antiochia an	Apg 11,25–26
43/44	Verfolgung unter Agrippa I., Petrus verlässt Jerusalem und Jakobus übernimmt die Leitung der Gemeinde	Apg 12,1–4.17
~ 45–47	1. Missionsreise	Apg 13–14
48	Apostelkonvent (Frühjahr); antiochenischer Zwischenfall (Sommer/Herbst)	Apg 15,1–34; Gal 2,1–10.11–14
49	Claudius-Edikt	Apg 18,2
48–51/52	2. Missionsreise	Apg 15–18
50/51	Paulus in Korinth	Apg 18,1–17
51/52	Gallio in Korinth	Apg 18,12–17
52–55/56	3. Missionsreise	Apg 18–21
52–54/55	Paulus in Ephesus	Apg 19
55	Reise des Paulus nach Makedonien	Apg 20,1–2; 2Kor 2,13
56	(Jahresbeginn:) Letzter Aufenthalt des Paulus in Korinth	(Apg 20,2–3)
56	(Frühsommer:) Ankunft des Paulus in Jerusalem	Apg 21
56–58	Haft des Paulus in Cäsarea	Apg 23–24
58	Amtswechsel Felix/Festus	Apg 24,27
59	Ankunft des Paulus in Rom	Apg 28,11ff
64	Tod des Petrus und Paulus	*Quelle: Wikipedia*

Israels Erbe – die Stadt und das Heiligtum

- Lieber Herr Lukas, Der schwere und grausame jüdisch-römische Krieg dauerte vier Jahre (von 66-70 n.Chr.). Als Sie damit begannen, Ihre Werke zu schreiben (wahrscheinlich ums Jahr 80), war Jerusalem von den Römern bereits zerstört (im Jahr 70). Der Tempel lag in Trümmern, die meisten überlebenden Menschen hatten aus Jerusalem fliehen müssen. Auch für die Christen schien dort fast kein Leben mehr möglich. Sie erwähnen das traurige Ende Jerusalems nicht mehr, sondern blicken auf die Zeit vor der Katastrophe zurück.

-Lukas: Ja, ich nahm auf das Unglück der Zerstörung nur in manchen Unheils-Ankündigungen Bezug (Lk.19,42-33; 21,20ff.), in der Apostelgeschichte spreche ich aber nicht davon. Die Geschichte Jesu und der Urgemeinde spielte sich ab, als Stadt und Tempel noch bestanden.

Jerusalem

- Vielleicht gerade darum, weil von der Stadt Jerusalem im Jahr 80 oder 90 nicht mehr viel übriggeblieben ist, legen Sie umso größeren Wert darauf, dass Jerusalem der Gründungsort der Urgemeinde und der Ausgangspunkt der späteren Christenheit ist. Ich möchte im Folgenden Ihren Spuren nachgehen, aus denen erkennbar wird, wie absichtsvoll Sie Jerusalem in die Mitte der ersten christlichen Entwicklung rücken. Die ‚Nachrichten-Lage' über die ersten Jahre der Urchristenheit ist nicht besonders ausgeprägt. In der Apostelgeschichte erkennt man nur eine Handvoll konkrete Traditionen zur Urgemeinde, die vor allem Petrus betreffen: drei Petrus-Geschichten, Gerichtsbegegnungen, Verfolgungsnotizen, zwei Martyrien und den Bericht vom Apostelkonvent. Man weiß dann nicht recht, wie das Leben der frühen Christen in Jerusalem nach Jesu Tod im Einzelnen gewesen ist. Beim Thema ‚Urgemeinde' gibt es manche historische Fragen.

-Lukas: Das stimmt - Petrustraditionen hatte ich nur wenige vorliegen, und auch von den übrigen Gemeindemitarbeitern wusste ich manchmal kaum mehr als ihre

Namen. Immerhin nenne ich nicht wenige Personen! Jerusalem war klar und eindeutig der Ort, wo Petrus wohnte und die übrigen Apostel wirkten und lehrten. Die 12 hatten eine Gemeinde um sich, deren Sprecher Petrus war. Paulus brachte auch Spenden nach Jerusalem, und er besuchte Petrus einmal. Am Apostelkonvent kann es keine Zweifel geben, denn auch Paulus berichtet von ihm.

-Bei Markus und Matthäus sendet Jesus die Jünger am Schluss nach Galiläa, wo sie ja herstammen, - bei Ihnen, Herr Lukas, lautet Jesu Befehl, die Jünger sollen in Jerusalem bleiben. Wie war es wirklich? Bildete sich die Urgemeinde eindeutig nur in Jerusalem? Oder entstand eine allererste Gemeinde vielleicht in Galiläa? Oder ist Antiochia in Syrien, die große Militärstadt der Römer, das erste Zentrum gewesen? Dort wirkte Paulus in seiner Anfangszeit und fand viele Mitchristen. Wie es auch gewesen sein mag, - Sie pflegen die religiöse Erinnerung daran, dass Jerusalem als Zentrum der Geschichte Israels auch die Stadt war, in der nach Jesu Tod die Kirche entstand.

-Lukas: Ja, Jerusalem verkörpert die Kontinuität zwischen Judentum und Christentum. Wir dürfen das Bild der Hauptstadt des Judentums, aus welchem auch unsere Ursprünge herausgewachsen sind, nie aufgeben.

-Sowohl im Evangelium wie auch in der Apostelgeschichte kann man Ihre Bemühung erkennen, Jerusalem eine führende Rolle zu geben. Wenn man Ihre beiden Bücher betrachtet, bestehen sie jeweils aus drei Teilen: Jerusalem-Szenen – Reiseberichte – Jerusalemszenen. Im *Evangelium* ist es Ihr Anliegen, dass Jerusalem und Tempel Anfang und Schluss des Buches bilden. Auf der ersten Seite dient Zacharias, der fromme Priester, im Heiligtum, als der Engel ihm erscheint. Auf der letzten versammeln sich die Jünger wieder im Tempel. – In der *Apostelgeschichte* beginnt es mit den Zwölfen, die in der Stadt geblieben waren, und die Jerusalemzeit der Urgemeinde reicht im ersten Teil bis zum dramatischen Ende des Stephanus, dem vorgeworfen wird, dass er ‚gegen den Tempel' predigt. Im letzten Teil beginnt alles mit Tumult und Aufruhr der Juden beim Aufenthalt des Paulus im Tempel, und Jerusalem ist der erste Schauplatz des Prozesses gegen diesen Apostel.

-Lukas: Am Ende der Apostelgeschichte verlagert sich die Handlung weg von Jerusalem in Richtung Rom.

- Wie ging es der ersten christlichen Gemeinde in Jerusalem? Sie schreiben, dass einmal 3000, einmal 2000 Menschen am Tag hinzukamen. Wie groß war die Gemeinde wirklich?

-Lukas: Sie war viel kleiner als ich damals schrieb, denn In der Tat gestaltete sich das Leben in Jerusalem schwierig. Fast von Anfang an wurden die Christen von den jüdischen Behörden verfolgt. Durch ihre Flucht entstanden aber Gemeinden auch im Umland.

-So schreiben Sie, was sich gleich nach dem Steinigungs-Tod des Stephanus ereignete: *„Es erhob sich aber an diesem Tag eine große Verfolgung über die Gemeinde in Jerusalem, da zerstreuten sich alle übers Land, über Judäa und Samarien"(Apg.8,1).*

-Lukas: Viele sind später auch zurückgekommen. Ich habe die Vorstellung, dass zumindest die 12 Apostel immer in Jerusalem blieben. Der Tod des Stephanus hat die Ausbreitung der Gemeinde wohl letztlich nicht geschwächt, sondern verstärkt.

- Was taten die 12 Apostel in der Stadt, warum gingen sie nicht hinaus, um zu missionieren?

- Sie predigten im Tempel und in den Häusern! Ihre Aufgabe war es, die Heilsbotschaft von Jesus zu bewahren, den Gemeindegliedern in ihren täglichen Bedürfnissen zu helfen und Gottesdienste zu halten. Manchmal gingen sie auch ins Umland der Stadt hinaus.

- Aber hatte Jesus sie nicht ‚in alle Welt' gesandt, gerade seine Jünger?

-Lukas: Wie gesagt, sie gingen auch hinaus, predigten und visitierten Gemeinden im Umland. Sie tauften, legten die Hand auf und taten Wunder. Sie sandten Mitarbeiter nach Judäa und Samaria, aber meistens blieb die Leitungsgruppe in der Stadt.

- Wie konnte es die Gemeinde in Jerusalem aushalten? So wie auf die Steinigung des Stephanus folgte auch auf die Hinrichtung des Jakobus durch Herodes (s. Apg.12,1) eine Christen-Flucht, man nimmt an in Richtung Antiochia. Nach dem großen jüdischen Krieg sind die Gemeinde-reste im Jahr 70 n.Chr. ausgewandert und verschwunden.

-Lukas: Nicht immer war es gleich beschwerlich. Am Anfang, als die Trennung von den Juden noch nicht begonnen hatte, waren die Christen sogar geachtet. Petrus konnte lange wirken und zum großen Gemeindeleiter werden, alle hörten auf ihn.

-Mit Ihrer Apostelgeschichte haben Sie dazu beigetragen, dass Petrus und Jerusalem im kollektiven Gedächtnis untrennbar verbunden bleiben. Das Urbild vom Apostelfürsten in der Heiligen Stadt hat die Christenheit geprägt. Jerusalem ist und bleibt Schauplatz des Entstehens der Kirche und Ort der Verbundenheit der Christen mit der Geschichte des jüdischen Volks.

- Lukas: Allerdings war es auch ein Platz schlimmer Verfolgungen und Spannungen mit den jüdischen Behörden. Es spielen sich dort viele Szenen ab, in denen das Judentum das Heilsangebot der christlichen Verkündigung verwirft. Im Evangelium beugt sich Jerusalem nicht unter die Predigt von Johannes dem Täufer. Später bietet Jesus ihr das Heil an, aber die Antwort lautet: ‚Kreuzige ihn!'. Ähnlich ablehnend geht es in der Apostelgeschichte weiter.

-Da wandern Petrus und Stephanus ins Gefängnis, vom Jerusalemer Synedrium verurteilt, Paulus spricht noch einmal zu Volk und Führung der Stadt, aber die Juden weisen das Angebot des Heils zurück. Auch Paulus wird verhaftet.

- Lukas: Das ist so gewesen! Jerusalem war der Ort, wo die Propheten getötet werden, wo so viele Christen leiden müssen. Wo Jesus, Stephanus, Johannes der Täufer und Jakobus ihr Leben verlieren.

-Einmal sagen Sie, dass die Zerstörung Jerusalems die Strafe für die Kreuzigung Jesu sei. - Was geschah mit Jerusalem im Krieg?

-Lukas: Die Römer raubten die Kultgegenstände aus dem Tempel und beherrschten den Trümmer-Ort. Später kamen die Araber und nannten ihn Al-Quds.

-Bald gewann der Name ‚Jerusalem' eine veränderte, geistige Bedeutung als Bezeichnung für ‚die himmlische Stadt', - wie man im Buch Offenbarung lesen kann.

-Lukas: Mir lag sehr daran, dass die helle und heile Seite von Jerusalem in Erinnerung bleibt: Hier spielte sich die 1000-jährige Geschichte Israels ab. Hier hat Jesus gepredigt, ist auferstanden, seinen Jüngern erschienen und gen Himmel aufgefahren. Jerusalem war die Stätte von Pfingsten und der Ort der Urgemeinde. Im Tempel kamen die Christen zusammen, um zu beten! Das wird für immer gelten!

Im Tempel

- Herr Lukas, den Bezug der ersten Christen zum **Tempel** haben Sie mit besonders großer schriftstellerischer Mühe entfaltet. Der Tempel ist der zentrale Bestandteil Ihres Bildes von der Frömmigkeit Israels und der wichtigste Ort im Leben der ursprünglichen Gemeinde der Christen von Jerusalem. Erlauben Sie, dass ich die Stellen aufreihe, in welchen der Tempel eine Rolle spielt. Man ist von ihrer Vielzahl überrascht.

Schon auf der ersten Seite Ihres Evangeliums wird der Leser in den Tempel geführt. Priester Zacharias, Vater von Johannes dem Täufer, *„ging in den Tempel des Herrn, um das Räucheropfer darzubringen"* *(Lk.1,9)*. Am heiligen Ort der jüdischen Religion spricht er sein messianisches Lobgebet. Wenige Tage nach der Geburt Jesu bringen Maria und Josef das Baby zur Beschneidung in den Tempel. Das prophetische Paar Simeon und Hanna grüßt das Kind mit Freude und Dankesrufen. Simeon *„kommt vom Geist geführt in den Tempel"* *(Lk.2,27)*, schreiben Sie, und dort proklamiert er den neugeborenen Messias als **Trost Israels und Licht der Heiden.** Hanna ist sowieso immer dort: *„Sie wich nicht vom Tempel und diente Gott mit Fasten und Beten Tag und Nacht"(Lk.2,37)*. Als Jesus 12 wird, wandert er mit seinen Eltern von Nazareth nach Jerusalem und nimmt dort **im Tempel** Platz, mitten unter den Lehrern. Es war ja *„das Haus seines Vaters, wo er sein muss"(Lk.2,48)*.

- Lukas: Der Tempel ist das ‚Haus des Herrn', des Gebets, des Opfers, der Zehn Gebote, die Stätte der Offenbarung, - das Zentrum des Glaubens. – Er sollte bei mir den Eingangs-Rahmen bilden (um die Kap.1-4 des Evangeliums herum) – genauso aber auch einen Schluss-Rahmen (um die Kap.19-24 meines Evangeliums). Zuerst ist er Haus der Geborgenheit in Gott, dann Haus der Auseinandersetzung mit den Juden.

- Das erste Gotteshaus aus der Zeit Salomos wurde 587 v.Chr. zerstört; die Sehnsucht nach der Heimstätte Gottes hat das Volk im Exil bewegt; endlich wurde das Heiligtum unter Serubbabel 515 v.Chr. wieder errichtet und unter Herodes 20 v.Chr. prachtvoll erweitert. Die ganze Welt weiß es: Die Liebe zum Haus Gottes ist bis zum heutigen Tag lebendig, wenn die Juden an der Umfassungsmauer des Tempelplatzes beten (Klagemauer).

-Lukas: Das Gebäude hat immer eine magische Anziehungskraft auf mich ausgeübt, - obwohl ich es selber nie gesehen habe. Berichten Sie bitte weiter!

- Jesus war in Jerusalem eingezogen, dann wanderte er über den Ölberg direkt in Richtung Tempel, und *„lehrte jeden Tag im Tempel"*, schreiben Sie *(Lk.19,47)*. Das konnte er offenbar, obwohl er kurz vorher dort die **Tische der Händler umgeworfen** hatte. Die **Tempelreinigung** hat bei Ihnen wohl eine besondere Bedeutung: Jesus reinigt den Tempel weniger für das jüdische Religions-Leben, sondern für sich und für seine spätere Gemeinde. Denn von nun an findet man den Messias täglich dort: *„Er lehrte am Tag im Tempel, des Nachts aber zog er zum Ölberg hinauf"(Lk.21,37)*. Alle letzten Reden Jesu finden im Tempel statt (Kap.21). In Ihrer Darstellung, Herr Lukas, ist der Tempel der Ort schlechthin, der für den lehrenden Jesus bestimmt ist. Hier weissagt Jesus auch dessen Ende. Bei der Verhaftung in Gethsemane sagt er: *„Ich* *bin täglich bei euch im Tempel gewesen, und ihr habt nicht Hand an mich gelegt"*(22,53). Nach Jesu Auffahrt in den Himmel blieben die Jünger in der Stadt: *„Sie kehrten zurück nach Jerusalem mit großer Freude und waren allezeit im Tempel und priesen Gott"(Lk.26,52f.).* Diese Dinge notieren Sie, Herr Lukas, in Beständigkeit und Beharrlichkeit.

- Lukas: Sie nehmen es richtig wahr, - ich wollte, dass der Aufenthalt in der heiligen Stätte des jüdischen Glaubens sich wie ein Ring um meine Botschaft legt. Im Anfang sehen wir Zacharias im Tempel, am Ende die Jünger, die dort zusammenkommen und täglich Gott preisen. In der Mitte soll der Tempel durch das Auftreten Jesu die Stätte der messianischen Offenbarung sein.

- Weil der Tempel für das Judentum solch eine große Bedeutung hat, gestalteten Sie die Geschichte Jesu so, dass für immer deutlich wird: Auch das Christentum hat sein Herz, seine Heimat, seine Herkunft im jüdischen Tempel! Die Gemeinde darf dort ihr Leben führen, in steter Verbindung mit Gott. Ob aber Jesus und die Gemeinde wirklich so oft dort waren?

Tempel-Ring um das Lk.-Evangelium

Einleitung des Evangeliums:	Schluss des Evangeliums:
Lk.1,5ff.: ‚Reiner' Tempeldienst des Zacharias	Lk.19,45ff.: Jesus reinigt den Tempel von den Händlern und Geldwechslern
Lk.2,25: Simeon und Hanna loben Gott im Tempel und erwarten den Trost Israels	Lk.21,5: Jesus kündigt das Ende des Tempels an
Lk.2,46: Jesus sitzt mit 12 Jahren hörend und fragend unter den Lehrern im Tempel	Lk.20.1-44 Jesus lehrt im Tempel und stellt den Schriftgelehrten Fragen
Lk.4,9: Jesus wird vom Teufel auf die Zinne des Tempels geführt und versucht	Lk.24,53: Die Jünger waren allezeit im Tempel und priesen Gott.

- Ihr Wunsch, den Tempel ins Zentrum zu rücken, wird im zweiten Werk, der Apostelgeschichte, bestätigt und weitergeführt.

- Lukas: In der Tat!

- Sie erzählen in **Apg.2,46,** dass die 12 Jünger und die Brüder und Schwestern der Gemeinde *„täglich einmütig beieinander im Tempel"* waren. Verbunden mit der jüdischen Tradition, wollen sich die Christen in der Stätte der gemeinsamen Glaubens- Geschichte versammeln. - Danach kommt es in **Kap.3** der Apostelgeschichte zu einer **Lahmen-Heilung an einem der Tempeltore.** Dieses Wunder versammelt viel staunendes Volk, zu dem Petrus **im Tempel predigt.** Die Behörden werden aufmerksam und nehmen den Apostelfürsten zeitweilig fest. Gleichzeitig entsteht eine große Gemeinde, mitten im Tempel. Die spricht ein gemeinsames Gebet, welches wie eine Art **Gründungsgebet der Urgemeinde** klingt **(Apg.3, s.u.S.215)**. Nach einigen Tagen geht es ähnlich weiter: *„Es geschahen viele Wunder durch die Hände der Apostel, und sie waren alle in der Halle Salomos einmütig beieinander"(Kap.5,12)*. Konnten sie sich wirklich in größerer Zahl im Tempel versammelt haben, um dort täglich zu lehren, zu predigen, zu beten und zu feiern? Hat da die Tempelpolizei nicht sehr bald eingegriffen? Man kann Ihren Berichten entnehmen: Sie hat es auch getan!

-Lukas: Es wäre schön, wenn es so gekommen oder geblieben wäre, dass Christen und Juden ihren ursprünglichen Ort im Tempel haben, dort gemeinsam feiern und beten. Aber Sie haben recht, bald kam es zu schweren Konflikten!

- Doch zuerst sind da noch viele neue Tempelszenen in Kap.5! Es beginnt mit diesem Sammelbericht: *„Durch die Hände der Apostel geschahen viele Zeichen und Wunder im Volk. Alle waren einmütig beisammen in der Halle Salomos…. Immer mehr Menschen aber wurden hinzugetan, die an den Herrn glaubten, eine Menge Männer und Frauen"* *(Apg.5,12f).*

122

- Lukas: Ich stelle mir vor, dass die ‚Halle Salomos' im Tempel ein geeigneter Ort für die Christen gewesen sein könnte, sich zu treffen.

-Die Hohenpriester und Sadduzäer wurden misstrauischer und brachten die im Heiligtum predigenden Apostel ins Gefängnis. Ein Engel tritt herzu, befreit sie und spricht: *„Geht hin und tretet im Tempel auf und redet zum Volk alle Worte dieses Lebens. Als sie das gehört hatten, gingen sie frühmorgens in den Tempel und lehrten"(Kap.5,20f.).* Den Behörden, die nach den Christen suchen, meldet ein Diener, dass sie nicht im Gefängnis sind: *„Siehe, die Männer, die ihr ins Gefängnis gesteckt habt, stehen* (ergänze: schon wieder) *im Tempel und lehren das Volk" (V.25).* Das soll bedeuten: Kaum gefangen, schon wieder frei, - kaum behindert, schon wieder im Tempel! Endlich werden die Apostel vor Gericht gestellt, verprügelt und bedroht, nicht mehr zu predigen, - was geschieht?: *„Und sie hörten nicht auf, alle Tage im Tempel und hier und dort in den Häusern zu lehren und zu predigen das Evangelium von Jesus Christus."* *(5,42).*

-Lukas: Ja, das habe ich geschrieben. Mitten in der Trauer um den verlorenen Tempel - ein Bild von der ursprünglichen religiösen Behausung der Gemeinde. Die Christen *müssen* verkündigen, und zwar im Tempel, - auch wenn ihr Predigen sie in Gefahr bringt. Verstehen Sie, warum?

- Ehrlich gesagt: Nicht ganz! Es ist doch kein realistisches, sondern ein vom Glauben geschaffenes Bild, das die Jünger immer wieder zu Tempel-Besuchern macht.

-Lukas: Der Grund, warum sie – nach meiner Auffassung - unbedingt dort sein wollten, ist dieser: Wir Christen *müssen* in einem tieferen Sinn mit den Juden um den Tempel als Ort der Offenbarung und des Gottesdienstes streiten! Auf dem Spiel stehen die gemeinsame religiöse Vergangenheit und das Recht auf den Tempel in der Gegenwart! Wer von uns hat Gottes Willen aus seinen Verheißungen richtig verstanden? Wer von uns darf sich im Tempel bewegen und zum Gebet treffen? Wer von uns ist im Tempel dem Messias begegnet? Wer von uns ist das wahre Gottesvolk?

- Ihren Wunsch nach Anbindung der ersten Christen an den Tempel kann ich verstehen, auch dass dieser Ort für die Missions-Predigt an den Juden als besonders geeignet erscheint. Andererseits empfinde ich eine zu dick auftragende Darstellungsweise und hinter allem eine etwas gezwungene Vorstellung. Man muss davon ausgehen, dass es mit der dauernden Anwesenheit der Christen im Tempel nicht so war, wie Sie es darstellen.

-Lukas: Ich habe mich sehr angestrengt, in so vielen Bezügen wie nur möglich die christliche Botschaft und Gemeinde im Tempel zu verwurzeln. Natürlich kann das so wirken, als hätte ich manches künstlich konstruiert. Aber meine Absicht war nicht christliche Propaganda, denn hinter allem steht ja auch Schmerz! Eben an diesem Heiligen Ort, an welchem wir hängen, wird dann die Trennung als erstes erscheinen. Jesus kam in Konflikt mit dem Hohen Rat wegen seines Handelns und Redens im Tempel, ebenso Petrus wegen seiner Predigt, schließlich Paulus wegen einer angeblichen Tempelschändung.

- Also ballt sich Im ‚Heiligtum' die Spannung, - der Wunsch nach Einheit und das Schicksal der Trennung! Man benützt den gleichen Gottesdienstraum, liest die gleiche Bibel, ehrt dieselben Väter, glaubt an denselben Gott, unterwirft sich der gleichen Gerichtsbarkeit, - aber man versteht sich nicht mehr! Jede Seite meint, nur sie verkündige Gott richtig, im Sinne der Tradition! An der Beziehung zu Jesus Christus kommt es zur Entzweiung.

- Lukas: Im Stephanus-Prozess wird das heikle Thema dann auf die Spitze getrieben. Die Anklage gegen ihn lautet u.a.: *„Wir haben ihn sagen hören: Dieser Jesus von Nazareth wird den Tempel zerstören und die Ordnungen ändern, die uns Mose gegeben hat"(Apg.7,14).* Der jüdische Vorwurf bezieht sich auf das Jesus-Wort: *„Ich will den Tempel, der mit Händen gemacht ist, abbrechen und in drei Tagen einen andern bauen, der nicht mit Händen gemacht ist"(Mk.14,58).* In der Tat meint Jesus hier ziemlich genau das, was die Juden Stephanus vorwerfen. Zwar wird Jesus nicht den Tempel abbrechen, aber den Tempelkult beenden (= das Innerste des Judentums) und in drei Tagen einen neuen Tempel bauen (= seinen Auferstehungs-Leib). Christus selbst als Person tritt an die Stelle des Tempels, und der christliche Glaube an die Stelle des Tempel-Kultes. Die Juden, welche Stephanus verklagen, haben richtig verstanden, worum es ging: Was wird aus dem Tempel und der Verehrung Gottes in ihm? Werden die Christen nicht tatsächlich *‚alle seine Ordnungen ändern'?*

- Gegen Ende seiner Verteidigungsrede bestätigt Stephanus die Anklage zwar nicht, aber er kritisiert die Tempelreligion, indem er sich überraschend von diesem Gebäude distanziert: *„Der Höchste wohnt nicht in Tempeln, die mit Händen gemacht sind, wie der Prophet spricht (Jes.66,1-3). Der Himmel ist mein Thron und die Erde der Schemel meiner Füße"(Apg.7,48f.).* Hier geschieht etwas Einschneidendes. Denn mit diesen Worten ist die heilige Stätte plötzlich ‚nicht mehr wichtig'. Ist sie jetzt geistig von der Geschichte überholt? Sie schrieben diese Rede ja, als der Tempel gar nicht mehr existierte!

-Lukas: Es ist richtig, dass die Rede von mir geschrieben wurde, als der Tempel schon nicht mehr existierte. Und in der Tat habe ich an dieser Stelle die große Zäsur in der Beziehung zum Tempel eingebaut. Der Ort, wo die Christen ‚wohnten', hat seine Aufgabe erfüllt und tritt jetzt in den Hintergrund. Lange stritten wir um den Tempel als religiösen Mittelpunkt und unser Erbe! Mit der zitierten Aussage des Stephanus beginnt die Entwicklung der Lösung vom Jerusalemer Gotteshaus. Das Martyrium des Stephanus in Jerusalem bringt die erste Hinwendung zur Heidenmission. Direkt nach seinem Tod (Apg.7) missionieren die Christen bereits in Samarien, und Philippus tauft den afrikanischen Minister in der Nähe von Gaza (Apg.8).

- Noch ein Hinweis auf eine Stelle in der Stephanus-Rede! Vielleicht greift er auf eine originale Propheten-Lehre zurück, wenn er in seiner großen Rede sagt, dass schon der frühe Tempelbau und Tempelkult von Jerusalem gar nicht dem Willen Gottes entsprachen, welcher das bewegliche **Zeltheiligtum der ‚Stiftshütte' (Apg.7,44-50)** zunächst bevorzugte. Falls es diese Propheten-Lehre gab, dann ist es umso unverständlicher, dass Sie, Herr Lukas, auf den Tempel als örtliche Mitte des Lebens der Urgemeinde so viel Wert legen.

-Lukas: Das musste in diesen ersten Jahren aus all den genannten Gründen so sein! Es geht um den Tempel als Stätte der messianischen Offenbarung, um den Ursprungs- und Ausgangsort unserer Religion! Der Tempel sollte – symbolisch -

die Wohnstätte der Urgemeinde sein, der Platz, welcher zu Gott in engster Beziehung steht! Nach der Zerstörung Jerusalems im Jahr 70 gab es das Gebäude nicht mehr! Die Opferpraxis der jüdischen Religion hörte auf. Jerusalem wurde entvölkert, das jüdische Rest-Volk noch viel mehr in die Zerstreuung (Diaspora) gezwungen. Die christliche Mission verließ die Stadt und richtete sich mit ihrer Arbeit in die vier Himmelsrichtungen. In Konstantinopel und Rom entstanden später Heiligtümer der Christen.

- Aus diesen Gründen spielt der Tempel nach der Stephanusrede in der Apostelgeschichte kaum mehr eine Rolle. Er war in Kap. 1-7 überragend wichtig, wurde täglich besucht, wird dann aber nur noch zweimal erwähnt (im Zusammenhang mit den Reisen des Paulus). Ähnlich geht es der Stadt Jerusalem, die im weiteren Verlauf der Apostelgeschichte in den Hintergrund tritt, weil sich der Schwerpunkt der Handlung in westlicher Richtung entfernt. Sogar die 12 Apostel werden nicht mehr genannt. Eines Tages verschwindet die örtliche Urgemeinde.

- Lukas: Man sollte zum Schluss noch die Tempel-Beziehung des Paulus erwähnen, vor allem wegen der **Jesus-Erscheinung**, die er im Tempel empfing. Mir war das sehr wichtig, und so kommt es zu dieser Geschichte in **Apg.22**! Die Erscheinung ereignete sich drei Jahre nach der Bekehrung und Berufung des Paulus. Da war er das erste Mal als Christ in Jerusalem. Und als er viele Jahre später noch einmal in die Stadt zurückkehrte, wurde er im Tempel verhaftet.

-Ja, so stellen Sie es dar! Nach seiner Verhaftung in Jerusalem hielt Paulus eine große Verteidigungsrede, in welcher er an das Ereignis jener frühen Jahre erinnert: *„Es geschah aber, als ich im Tempel betete, dass ich in Verzückung geriet und ihn sah. Und Jesus sprach zu mir: Eile und geh schnell weg aus Jerusalem, denn dein Zeugnis von mir werden sie nicht annehmen"(Apg.22,17f.).* Die Juden hörten es natürlich nicht gern, dass Jesu Geist sogar im Tempel gewesen sein soll und dem Paulus dort erschien. Denn durch die Vision erklärt sich der erhöhte Jesus indirekt auch zum Herrn über den Tempel, - das provoziert Widerstand und Hass. Deshalb schrien die Juden am Ende der Verteidigungsrede: *„Hinweg mit diesem von der Erde, denn er darf nicht mehr leben!" (Apg.22,22).* Paulus wurde verhaftet und durfte von da an die Freiheit nicht mehr sehen. Aber in den Jahren vor seinem Tod konnte er den Auftrag Jesu Christi erfüllen, den er – natürlich, wo sonst? – in dieser Tempel-Szene empfing: *„Geh hin, denn ich will dich in die Ferne zu den Heiden senden"(Apg.22,21).*

-Lukas: Wie ich sagte, - es war mir ein Herzensanliegen, dass auch Paulus zweimal im Tempel anwesend war. Die Erscheinung des Erhöhten zeigt Christus als den wirklichen Herrn über den Tempel! Nach der Zerstörung scheiden die Stadt und der Tempel und sogar das Volk Gottes, die Juden, sofern sie Jesus ablehnten, aus der Heilsgeschichte aus.

- Herr Lukas, das Thema ,T e m p e l ' ist riesig bei Ihnen. Es lässt einen nicht so schnell los. Erlauben Sie deshalb ein abschließendes Wort! Ich finde, Sie platzieren Jesus und Paulus und das Leben der ersten Christengemeinde mit einer Folgerichtigkeit in den Tempel, die irgendwie atemberaubend ist. Man spürt die literarische Gestaltung, die Ihrem Wunsch folgt, dass es in der Zeit Jesu und der Urchristen so gewesen sein möge, wie Sie schreiben. Wo sich die Gemeinde in Wirklichkeit versammelt hat, das wäre auch interessant gewesen, zu erfahren. Auch wenn es gewichtige religiöse Gründe für Ihre Geschichtsgestaltung gibt, - ich denke, Sie müssen damit rechnen: Die Tempelbewohnung bzw. die Darstellung einer Dauerbenützung des Gotteshauses durch die ersten Christen erzeugt nicht nur Zustimmung. Was Sie da mit großer Leidenschaft vertreten, kann auf den Leser so wirken, als wollten Sie den Ort in Ihren Texten – wie soll man es ausdrücken – ,strategisch christlich besetzen'. Deshalb hinterlässt das Kennenlernen Ihrer vielen Tempelszenen zweifelnde Fragen. Das Haus der Juden wurde letztendlich zum Haus der Christen, weil diese – gemäß Ihrer Sichtweise – das eigentliche fromme Tempelvolk bilden, dem Judentum immer treu blieben und das ,wahre Israel' repräsentieren. Sie verschweigen dabei immer, dass schon Jesus die Gesetzesfrömmigkeit der Juden kritisierte, und dass es von Anfang an Trennendes gab, das auch von den Christen ausging. Und Sie übergehen die Tatsache, dass die Christen im Tempel nur sehr kurze Zeit gelitten waren. - Herr Lukas, ist es wirklich nötig gewesen, den Tempel so zu strapazieren?

- Lukas: Ich würde es abschließend so ausdrücken: Gott gab dem Volk Israel das Zelt mit der Bundeslade, die sog. Stiftshütte, danach den salomonischen Tempel. Aber den Christen hat er den neuen Tempel, den Serubbabel baute und welchen Herodes vollendete, als geistlichen Wohnplatz anvertraut, - jedenfalls von da an, als der Herr die Stadt betrat. Jesus zog in Jerusalem ein und reinigte den Tempel, - für sich und seine Anhänger! Eine Zeitlang benützten Christen und Juden den Tempel gemeinsam. Die ersten Christen verstanden sich ja noch nicht als jüdische Sondergruppe, sie wollten nichts Neues oder Eigenes sein, sondern nur ‚das wahre Israel'! Das ist der geschichtliche Sinn der Tempel-Bewohnung! Ich musste gegenüber den Juden auf meiner Sicht bestehen. Aber auch die Heidenchristen unter meinen Lesern wollte ich auf den Tempel verpflichten. Freilich, - es ist klar, der Jerusalemer Wohnplatz der Urchristen war vorübergehend. Als die Gemeinde die Stadt verließ, weitete sich das Bild vom Tempel. Vielleicht darf man sagen: Jetzt wurde die Christengemeinde selbst zum Tempel, zum geistigen Wohnplatz Gottes, und man brauchte das irdische Haus nicht mehr. Der jüdische Tempel war Zeichen und Gleichnis für die gemeinsamen Wurzeln von Juden und Christen. Er steht im Zentrum der Geschichte Israels und bildet den Ausgangspunkt der Kirche. Als die Gemeinde später in die Welt zog, konnte sie sich bei der Mission – symbolisch – wieder mit dem *Zelt* begnügen, dem einstigen Wanderheiligtum Israels. Gott wohnt überall, der Himmel ist sein Thron, die Erde sein Fußschemel, und in allen Völkern wird sein Name verkündigt. Ja, bleiben wir nun beim *Zelt*, mit ihm wandert das Gottesvolk durch die Zeiten und Zonen!

- An allen Orten findet Gott eine Wohnstätte, und in allen Ländern kann der christliche Glaube sein Zelt aufschlagen.

Petrus, Paulus und die Missionsgeschichte

In den weiteren Kapiteln der Apostelgeschichte stellt Lukas die Geschichte der frühesten Ausbreitung des Christentums dar. Stufenweise weitet sich der Horizont der christlichen Verkündigung, zuerst von den Wohnungen der Apostel in die Stadt Jerusalem, dann über die Stadt hinaus nach Judäa und Samaria, dann in die entfernter angrenzenden Provinzen, schließlich in die Weite Europas. Allerdings erfährt man wenig über Entstehung und Wachstum des Christentums in den entfernter gelegenen Orten. In der römischen Halbmillionenstadt Antiochia (Nordsyrien) entwickelte sich offenbar eine Gemeinde, die durch ihre Größe und Ausstrahlung Jerusalem schnell überflügelte. Es gab Gemeinden in Damaskus und weiter östlich, aber man erfährt nichts von ihnen.

Alle ersten Christen waren ursprünglich Juden, und jüdische Kreise waren der Mutterboden der Mission an den Orten rings ums Mittelmeer. Doch bald kamen ‚Heiden' zur Gemeinde hinzu, und es entstanden Spannungen zwischen Judenchristen und Heidenchristen. Die Apostelgeschichte ist auch ein dramatischer Bericht von der sukzessiv erfolgenden Trennung von Juden und Christen im Lauf der fünf Jahrzehnte bis zur Abfassung dieses Werks. Neben dem Bericht von der Heidenmission ist die Geschichte dieser Trennung das andere Hauptthema des zweiten lukanischen Buches.

Ohne Zweifel haben die Christen damals „Geschichte geschrieben", wie man sagt. Aber wie kann man das Geschehene festhalten und aufschreiben, sofern es sich dabei – wie der Autor es möchte - um ‚Heilsgeschichte' handelt? Lukas findet eine Lösung durch religiöse Formierung: Heilsgeschichte als geistliche Erzählung! Aus theologischen und volksreligiösen Elementen gestaltet er die Handlung, in deren Fortgang der Leser erfährt, dass sich in diesen Jahrzehnten Gottes Plan vollzog, die Heiden in das Volk Gottes einzugliedern. Gott sandte seinen Sohn als Messias und Erlöser der Welt, und die Kraft seines Geistes setzte die Mission in Gang, führte und vollbrachte alle ihre Schritte.

Überraschend begegnen wir hier noch einmal einem anderen Gesicht des Autors Lukas, einer neuen Seite von ihm. Die Geschichte von Petrus und Paulus ist ganz besonders geprägt durch eine Ansammlung von Traditionen, die aus der früh einsetzenden Verehrung dieser Apostel stammen müssen. Lukas hat diese Traditionen der Volksfrömmigkeit gekannt und aufgegriffen. Schon **Stephanus** ist bei Lukas weder Diakon noch Prediger, sondern – durch die Verehrung seiner Person - hauptsächlich ein Gottesmann im ‚Geistbesitz', der „große und staunenerregende Wunder" vollbringt. Ebenso wirken bzw. erleben die beiden Apostel **Petrus und Paulus** zahlreiche Wunder, die sehr ‚volksnah' erzählt werden. Vieles, was die Antike an übernatürlichen Ereignissen aufzubieten hat, kommt in der Apostelgeschichte vor. Historisch ist die Apostelgeschichte unendlich wertvoll. Allerdings ist es nicht immer leicht, hinter den Traditionen der volkstümlichen ‚Verehrungsbilder' und hinter der theologischen Durchgestaltung durch Lukas das tatsächlich geschichtlich Geschehene herauszuschälen. Nötig und hilfreich ist es, die Informationen aus den echten Paulusbriefen zum Vergleich mitzubenützen.

Der Verfasser der Apostelgeschichte ist ein begnadeter Erzähler, ein gewissenhafter Theologe, aber auch ein antiker Historiograph, der sich als solcher nicht scheut, Elemente antiker Helden-Literatur in seiner literarischen Schöpfung mit zu benützen. Als frommem Autor gelingt es ihm, für seine Leser ein positiv ausstrahlendes Bild von der Mission zu malen, die sich in den Jahren zwischen 30 und 70 vollzog. In der Gesamtdarstellung spürt man das große Vertrauen des Autors in den unaufhaltsamen Lauf des Evangeliums.

Petrus

-Herr Lukas, Sie sind hauptsächlich ein Paulus-Verehrer, nicht wahr, - aber Sie verehren auch Petrus, das Haupt im Kreis der Zwölf Apostel von Jerusalem.

- Lukas: Das kann ich bestätigen.

- Die Gestalt des Petrus ist für die weitere Entwicklung der Kirche wesentlich, und natürlich hat sie auch schon in Ihrem Evangelium besonderes Gewicht. Man kann das z.B. daran erkennen, dass Sie keine allgemeine Jünger-Berufung am See Genezareth erzählen, sondern nur eine Petrus-Berufung (Lk.5,1-11). Außerdem lassen Sie (als erster unter den Evangelisten) Petrus einen Besuch am österlich leeren Grab machen, und zwar nur ihn (Kap.24,10-12).[25] Eine Ostererscheinung wird erwähnt, aber nichts wird davon erzählt, - es wird nur gesagt, dass sie Petrus als allererstem zuteilwurde: *„Der Herr ist wirklich auferweckt worden! Er hat sich Simon gezeigt!" (Lk.24,34)* Das riefen die versammelten Jünger den zurückkehrenden Emmaus-Wanderern zu. Es war sehr bedeutsam, der ‚Erstzeuge‘ zu sein! Kurz danach wird Petrus zur bekannten ‚Säule‘ des 12er-Apostelkreises und leitet die Jerusalemer Urgemeinde.

-Lukas: Ich glaube, ich habe richtig erkannt, dass die Kirche so etwas wie ‚Gründungsapostel‘ braucht, Figuren, an denen sie sich orientieren kann. Durch ihre Autorität als Augenzeugen halfen die zwölf Jünger, das Gedächtnis von Jesus zu bewahren, natürlich auch die Tradition der zwölf Stämme Israels. Es war Jesus selbst, der Petrus dazu bestimmte, in den ersten Jahrzehnten Führer der Jerusalemer Gemeinde zu sein. Deshalb habe ich die Bedeutung von Petrus schon im Evangelium unterstrichen: Jesus sagt: *„Petrus, ich habe für dich gebetet, dass dein Glaube nicht aufhöre. Und wenn du dann umkehrst, so stärke deine Brüder"(Lk.22,32).*

- Die wichtigsten Stellen der Apostelgeschichte, an denen Petrus in seiner Rolle sichtbar wird, sind das **Pfingstfest (Kap.2)** und der **Apostelkonvent (Kap.15.)**. Jedes Mal hält Petrus dabei die maßgebende Rede. Seine Worte erklären den Hörern die göttliche Bedeutung der Ereignisse, und sie werfen einen Blick auf die bisherige und die kommende Entwicklung. Mit der Geist-Ausgießung an Pfingsten verlässt die Frohe Botschaft die Wohnungen und bricht auf in die Stadt, zu den Juden, die sich als Pilger aus der Zerstreuung dort versammelten. Beim Apostelkonvent fällt die Entscheidung, dass Christi Botschaft die Grenzen Israels und Asiens überschreiten darf, um sich unter den Heiden auszubreiten, denen das jüdische Gesetz nicht mehr auferlegt wird.

-Lukas: Früher hatten die Gläubigen Israels gehofft, dass die Heiden am Ende aller Tage in einer Völkerwallfahrt zum Zion pilgern werden. Jetzt wendet sich die

---

[25] Bei Markus und Matthäus, die früher schrieben, sind nur Frauen Zeuginnen der Auferstehung am leeren Grab; bei Johannes, der später schrieb, kommen Petrus und der Lieblingsjünger zum Grab, Petrus aber geht als erster hinein.

Richtung der Bewegung: Jerusalem bleibt zurück, und das Wort des Heils geht hinaus zu den Völkern der Welt.

- Jesus Christus selbst leitet vom Himmel die Stationen dieser Geschichte. Er hatte Petrus mit seinem Hl. Geist erfüllt. So konnte dieser der Vorsteher der Gemeinde sein, mit Freimut predigen und Wunder tun. Derselbe Geist wurde an Pfingsten auch über die elf anderen Jünger ausgegossen, die begannen, in Zungen zu reden und zu predigen. Schließlich kam der Geist Jesu Christi über die ganze Urgemeinde (Kap.4,31), z.B. auch zum Diakon Stephanus (Kap.6,5).

-Lukas: Das besonders Bewegende: Der Hl.Geist gibt der Urgemeinde die Kraft zum schwersten Schritt, nämlich sich eines Tages zu öffnen für Menschen nicht-jüdischer Herkunft und bei diesen Menschen dann auf die Einhaltung der Ritualgesetze zu verzichten.

-Bei diesem Prozess ist Petrus gemäß der Apostelgeschichte der Handlungsträger. Durch eine lange, vorbereitende Geschichte verdeutlichen Sie die Größe der Veränderung, die jetzt anstand, zunächst bei ihm selbst. In Kap.10-11 wird erzählt, wie der Apostel von Engeln den Auftrag bekommt, einen heidnischen **Hauptmann in Caesarea zu besuchen und diesen Cornelius als ersten Römer** mit seiner Familie zu taufen. Damit er das tun kann, muss Petrus aufgeben, was ihm religiös vorgeschrieben war, und Dinge verrichten, die ihm das Gesetz eigentlich nicht erlaubte: Konkret soll er in Bezug auf die Ritualgesetze lernen, sich nicht mehr vor verschiedenem Geschlachteten zu fürchten, bereit sein, das Haus eines ‚Unreinen', des römischen Hauptmanns, zu betreten und sich an seinen Tisch einladen zu lassen. Mit Hilfe einer himmlischen Vision und einer göttlichen Stimme ereignet sich das ‚Erziehungswunder' in Bezug auf den Fleischgenuss: *„Was Gott rein gemacht hat, das nenne du nicht unrein"*. Der Apostel fasst Mut, macht sich auf, wandert in die Garnisonsstadt Cäsarea zu Cornelius, isst mit ihm, was auf den Tisch kommt, und predigt. Noch vor der Taufe erhält das ganze Hauswesen in Cäsarea die Gabe des Hl. Geistes. Als Zeichen dafür beginnen die Menschen, in Zungen zu reden (Kap.10,46).

-Lukas: Der Geistempfang ist gemäß meiner Erzählung Beglaubigung und Siegel Christi. Durch ihn wird man nicht nur in die Gemeinde aufgenommen, sondern auch zu besonderen Taten fähig oder zu gemeindlichen Aufgaben bevollmächtigt. In der Apostelgeschichte bedeutet der Geistempfang an dieser Stelle: Gott öffnet den Heiden seine Tür, den Zugang zum Heil. Sie sind durch den Ratschluss des Höchsten mit Christi Geist ,versiegelt', und niemand darf von ihnen nehmen, was sie empfangen haben! Auch die ,Zögernden' in der Urgemeinde müssen einsehen, dass eine neue Zeit beginnt, und sie werden bereit, die gesetzesfreie Mission zu erlauben.

- Viele waren ja nicht damit einverstanden, dass Petrus ins Haus des Heiden Cornelius gegangen war, und machten ihm Vorwürfe. Zu seiner Rechtfertigung vor der Jerusalemer Urgemeinde erzählt Petrus, was ihm widerfahren war, und erwähnt die Geistausgießung im Haus des Cornelius. Seine Ansprache schließt er mit den Worten: *„In diesem Moment war mir klar: Gott hat den Heiden das gleiche Gnadengeschenk gegeben wie damals uns, als wir zum Glauben an Jesus Christus, den Herrn, gekommen waren. Wie hätte ich mich da Gott in den Weg stellen können!"* (Kap.11,17).

-Lukas: Hier kommt zum Ausdruck, dass Gott die Menschen annimmt - ohne Bedingung, ohne die Pflicht zur Einhaltung bestimmter Vorschriften, und dass der Glaube ein Geschenk für alle ist, die Christus vertrauen. Die Glieder der Jerusalemer Gemeinde geben ihre Zustimmung mit den Worten: *„Also hat Gott auch den Nichtjuden den Weg eröffnet, zu ihm umzukehren und das Heil zu gewinnen"* (Kap.11,18).

-Was Petrus betrifft, so blieb die Taufe der Cornelius-Familie die einzige Taufhandlung, die von ihm berichtet wird, die erste und letzte Handlung dieser Art. Bald wird die Zeit des Apostelfürsten vorüber sein, die Zeit des Paulus beginnen. Dieser ist nach seiner Bekehrung nach Antiochia gegangen, einer sehr großen römischen Militär-Stadt in Syrien, und von dort aus später aufgebrochen, um im kleinasiatisch-mittelmeerischen Raum zu missionieren (Kap.13-14). Trotz der Wendung im Herzen des

Petrus kam es aber bald zu Spannungen mit den Judenchristen wegen der Einhaltung der Ritualgesetze. Viele Judenchristen wollten die Heidenchristen sogar zur Beschneidung zwingen. Wie soll das weitergehen? Ein großes Aposteltreffen wurde unumgänglich.

-Lukas: Der **Apostelkonvent** war das entscheidende Ereignis in der Geschichte der Urgemeinde. Petrus hält dort die wunderbare, paulinisch wirkende Predigt, vielleicht die wichtigste Rede der Apostelgeschichte.
In ihr heißt es: *„Ihr wisst, dass Gott vor langer Zeit unter euch bestimmt hat, dass durch meinen Mund die Heiden das Wort des Evangeliums hören und zum Glauben kommen. Und Gott, der die Herzen kennt, hat es bezeugt und ihnen den Heiligen Geist gegeben wie auch uns. Und er hat keinen Unterschied gemacht zwischen uns und ihnen und reinigte ihre Herzen durch den Glauben. Warum versucht ihr denn nun Gott dadurch, dass ihr ein Joch auf den Nacken der Jünger legt, das weder unsere Väter noch wir haben tragen können? Vielmehr glauben wir, durch die Gnade des Herrn Jesus selig zu werden. Auf die gleiche Weise wie auch sie."*(Kap.15,8-11).

- **Petrus** hat diese Worte gesagt, die eigentlich dem **Paulus** aus dem Herzen sprechen: Nicht durch (kultische) Gesetzeserfüllung öffnet sich der Weg zum Heil, sondern durch die Gnade Gottes. Nicht die Einhaltung von Speisevorschriften macht den Menschen ‚rein', sondern Gott, der durch die Sündenvergebung die Herzen reinigt. Das jüdische Gesetz ist ein ‚Joch auf dem Nacken', das sowieso niemand tragen kann. Alle Menschen, die zu Christus umkehren, können sein Erbarmen erfahren, Juden und Heiden. In der Ansprache des Petrus benützen Sie das Wort ‚Evangelium'! Es ist sozusagen aufgespart worden für diesen Augenblick.

-Lukas: Ja, es kommt dann in der Apostelgeschichte nur noch ein einziges Mal vor - in einer Pauluspredigt, auch für ihn ‚aufgespart' (20,24): Die frohmachende Botschaft vom Heil in Jesus Christus.

Ihnen, Herr Lukas, war es in der Darstellung des Apostelkonvents wesentlich, dass **Petrus** die Veränderungs-Predigt hält, also das zum Ausdruck bringt, was den Überzeugungen des **Paulus** entspricht, welcher schon ‚vorausgegangen war' auf dem Weg der gesetzesfreien Mission. Man weiß nicht, ob es wirklich der Apostelfürst war, der sich und die christliche Kirche für die Heidenmission öffnete, aber nach Ihrem Plan *sollte* es so sein,: ***Durch ‚meinen Mund sollen die Heiden das Wort des Evangeliums hören'***, sagt Petrus.

- Lukas: Ich glaube, dass der Anstoß von Petrus ausging; - ja, für mich sollte es unbedingt Petrus sein, der die Weichen stellte zur Ermöglichung der weiteren Entwicklung. Das ist einfach notwendig für die Geschlossenheit der kirchlichen Tradition und das Gedächtnis an den Apostelfürsten. Er, der Gründer und Leiter der Gemeinde, gibt die Richtung vor!

-Gemäß dem, was Paulus in Gal.2,11-14 erzählt, ist Petrus allerdings kurz nach dem Konvent noch einmal ‚rückfällig' geworden. Bei einem Besuch in Antiochia setzte er sich nämlich nicht mit den Heidenchristen an einen Tisch, sondern aß getrennt von ihnen mit den Judenchristen. Sie kennen die Paulus-Briefe nicht, also wird der **‚Vorfall von Antiochia'** bei Ihnen auch nicht erwähnt. Dieser Vorfall ist für die weitere Geschichte der Paulus-Mission aber ziemlich bedeutsam gewesen.

-Lukas: Man muss diese Einzelheiten nicht so schwer gewichten. Fundamental ist das Ergebnis der Gespräche auf dem Apostelkonvent, es bestimmte den weiteren Verlauf der Kirchengeschichte. Bald muss niemand mehr die Einhaltung der Ritualgesetze als Heilsweg verstehen. Die Heilsgabe Gottes ist die Vergebung der Sünden, die wir durch Jesu Opfer unverdient empfangen dürfen. Die Worte des Petrus auf dem Apostelkonvent sind gleichsam auch sein Vermächtnis: Ungehindert gehe das Evangelium hinaus in die Weite! Menschen ohne Beschneidung werden freundlich in die Gemeinde Christi aufgenommen! Meine Darstellung soll auch zeigen, dass zwischen der Jerusalemer Ur-Gemeinde und den Heiden-Missionaren Harmonie herrscht.

-Vielleicht ist das Bild, das Sie zeichnen, ein wenig zu positiv, aber von größeren Spannungen hören wir tatsächlich später nichts mehr. Nach dem Apostel-Konvent kann Petrus aus der Geschichte zurücktreten. Die Handlung wendet sich Paulus zu. Umso größer wird die Bedeutung des Verehrungsbildes von Petrus für die weitere Kirchengeschichte. Bald ist er ja der Ur-Typ des Papstes, der später alle anderen Ämter in der katholischen Hierarchie weihen darf.

-Lukas: Was mit dem Bild von der Person des Petrus später geschah, das habe ich nicht mehr erlebt. Für meine Apostelgeschichte ist **Paulus** ohne Zweifel der wichtigere der beiden, und 2/3 dieses Buches sind ihm gewidmet. Ich schrieb das Werk ganz besonders aus dem Interesse heraus, die Anfänge der Kirche im gesamten Mittelmeerraum darzustellen. Im Zentrum steht dabei die Leistung des großen Heiden-Missionars!

- Und wie ging es mit Petrus vollends weiter?

- Lukas: Herodes Agrippa, der König von Roms Gnaden, wollte sich bei den Juden beliebt machen und zettelte ‚für sie' im Jahr 43 die erste römische Christenverfolgung an. Er tötete den Herrenbruder Jakobus, und beinahe hätte Petrus dasselbe Schicksal erlitten. Dieser konnte aber aus dem Gefängnis entkommen und ging aus Jerusalem weg, um sich vor Agrippa in Sicherheit zu bringen. Dann taucht er noch einmal als Hauptsprecher der Urgemeinde beim Apostelkonzil auf, - im Jahr 48. Danach gab er die Leitung der Gemeinde auf und wurde ein Wanderapostel.   Schließlich verliert sich seine Spur. Nach der frühchristlichen Tradition starb er in Rom den Märtyrertod.

-Ja, so schreibt es der Erste Clemensbrief, - und Irenäus von Lyon sieht Petrus sogar als „1.Bischof von Rom", aber das wird wohl Legende sein. - - Herr Lukas, ich möchte zum Schluss noch einmal auf literarische Besonderheiten hinweisen, die in der von Ihnen geschriebenen **Petrus-Epoche** auffallen. Es gibt zwei erzählerische Charakteristika In Bezug auf sein Lebenswerk. Als Autor greifen Sie hier zu Stilmitteln, die wirkungsvoll sind, aber nicht ganz unproblematisch:

---

(1) Das erste Mittel: Die Straffung der Handlung durch eine ‚**komprimierende Legende'**. Sowohl an Pfingsten wie bei der Begegnung mit Cornelius werden große Entwicklungen, die Jahre dauerten, in ein kurzes Einzelereignis komprimiert: Das Wachstum der Urgemeinde mit dem Zustrom von 3000 Juden aus 13 Ländern geschah an einem einzigen Tag, am ‚Gründungstag der Kirche', ermöglicht durch den Hl. Geist. -- Die

innere Wandlung des Petrus zur Öffnung für die gesetzesfreie Mission unter den Heiden geschah innerhalb weniger Stunden durch eine Vision und durch Engelsbefehle. So berichten Sie es. Wie es wirklich gewesen sein mag? Pfingstlegende und Corneliuslegende sind ohne Zweifel religiöse Kunstwerke, - sie verbergen aber die Mühen in den Niederungen des Alltags der Urgemeinde. Und sie beschleunigen auf wunderbare Weise die Prozesse, für die doch auch Gott selbst Zeit braucht.

-Lukas: Das, was um uns her geschah, wurde für uns in der Weise durchsichtig, dass wir dahinter das Wirken des Geistes erkannten. Ich wollte den Anfang der Kirche als Gottes Werk nacherzählen, und wahrhaftig, wie hätte das alles, was geschah, ohne Hilfe des Geistes geschehen können?! Auf die Erzählungen, in denen sich langdauernde Prozesse in Intensiv-Erlebnissen einzelner Personen konzentrieren oder verdichten, bin ich eigentlich stolz. Die Geschichten zeigen, dass Gott in den Aposteln wirkt, durch sie die Dinge lenkt. Er greift ein und bringt die Männer dazu, zu erfüllen, wozu er sie berufen hatte.

(2) Das zweite Mittel: Kunstvoll und erzähl-plastisch bedeutend ist Ihr **Bericht von den Wirkungen des Geistes** in der Petrus-Epoche. Der Geist Christi lenkt die Ereignisse und gibt die Richtung vor, und Petrus ist der Haupt-Ausführende dessen, was geschehen soll. Freilich - als Autor leiten Sie selbst nicht nur die Hauptfiguren auf der Bühne, sondern gestalten in ihrem Erzähl-Plan im Grunde auch die Entscheidungen und Handlungen des Hl. Geistes. Mit den Interventionen des Hl.Geistes wollen Sie zeigen, dass sich Heilsgeschichte ereignet, und wie sie sich fortbewegt. Weil man gegen den Geist machtlos ist, erreichen Sie, dass die Handlung zügig voranschreitet. Es ist sehr beeindruckend, zu lesen, wie der Hl. Geist bei Ihnen die Leitungsimpulse von Gott und Christus ausführt und ‚Geschichte macht'.-Allerdings bekommt der Geist dabei in Ihren Texten manchmal auch etwas Mechanisches oder Magisches. Die Personen, auf die er ausgegossen ist, sind wie von einem übernatürlichen Fluidum erfüllt ‚sofort anders', manche haben plötzlich übernatürliche

Fähigkeiten. - Einmal erzählen Sie, dass ein Zauberer neidisch wird auf die Geistkräfte, die er bei den Aposteln mit bloßen Augen erkennt, wann immer sie jemand die Hände auflegen. Er denkt: Wenn sie auch ihm die Hände auflegen, dann wird die ‚Macht' automatisch auf ihn übertragen. Deshalb will er den Aposteln die magische Geistkraft ‚abkaufen'. Selbst wenn Petrus seine Geist-Kraft nicht gegen Geld weiterverkauft hat (Kap.8,18-20), fragt man sich, Herr Lukas: Konnte man diese ‚sehen', ‚spüren', ‚fassen'? Wird das Göttliche da nicht doch ‚vergegenständlicht', ‚materialisiert', ‚verfügbar' gemacht?

(3) Ein Beispiel über Wirkungen des Geistes in der Paulus-Epoche: Paulus erreichte Ephesus und traf einige Jünger und fragte sie: *„Habt ihr den Hl. Geist empfangen, als ihr zum Glauben gekommen seid?" Sie antworteten: „Wir haben nicht einmal gehört, dass es einen Hl.Geist gibt." Da frage er: „Worauf seid ihr denn getauft?" Sie erwiderten: „Auf die Taufe des Johannes!" Da sprach Paulus: „Johannes hat eine Bußtaufe getauft und dem Volk gesagt, sie sollten an den glauben, der nach ihm kommen würde, nämlich an Jesus!". Als sie das hörten, ließen sie sich auf den Namen des Herrn Jesus taufen. Und als ihnen Paulus die Hände auflegte, kam der Hl. Geist über sie, und sie redeten in Zungen und prophezeiten. (Apg.19,2-6).* – Kann man den Hl.Geist über Köpfen ausgießen wie einen ‚Geist aus der Flasche'?

PAULUS

- Herr Lukas, es ist ein großes Geheimnis, wie es zu der unheimlich raschen Ausbreitung des Christentums im Mittelmeerraum gekommen ist. Paulus hat viele Gemeinden gegründet, aber viele andere müssen auch ganz ohne ihn entstanden sein. Zum Beispiel ist man der Meinung, dass es in Rom schon Christen gab, lange bevor Paulus dort eintraf. Wie mag es zu der explosionsartigen Ausbreitung des neuen Glaubens gekommen sein?

- Ich deute diesen Prozess als göttliches Werk nach seinem Wunsch und Willen, welches geschah gemäß der Sendung der Jünger ‚bis ans Ende der Welt'. Auf jeden Fall kam es zur Ausbreitung durch das schwache Wort der Verkündigung, nicht durch Zwang.

-Herr Lukas, zu Paulus, der wahren Hauptfigur der Apostelgeschichte, möchte ich als erstes wieder die äußerlichen Fragen stellen: Der Heidenapostel ist etwa **im Jahr 33 bei Damaskus bekehrt und berufen** worden und **etwa 62 n.Chr. in Rom gestorben.** Ihre Apostelgeschichte entstand wahrscheinlich etwa 30 Jahre nach seinem Tod als zweites Buch Ihres Doppelwerks, etwa im Jahr 90-92. Sie beide kannten sich nicht.

-Lukas: Bedeutung und Ruhm seiner Person waren sehr groß. Aber es ist richtig, wir beide kannten uns nicht. Für die Abfassung der Apostelgeschichte konnte ich zahlreiche Gespräche mit Personen führen, die etwas mit ihm erlebt hatten, sogar Mitreisende waren, oder die einen Gemeinde-Kontakt mit dem Apostel gehabt hatten. Und ich konnte schriftliche Berichte einsehen. Es gab also Quellen, die mir halfen: Einzelnotizen und Reisetagebücher, Apostellegenden und Martyriums-Berichte. Zu Paulus empfand ich eine besondere Zuneigung und Zustimmung, weil er zum herausragenden Heidenapostel wurde. In seiner Jugend war er ja ein pharisäischer Christenverfolger gewesen! Nach seiner Berufung durch Christus vollbrachte er in wenigen Jahren große Taten der Mission. Mittels seiner Briefe hielt er die entstehenden Gemeinden zusammen. Wahrlich, der Geist Jesu Christi war bei ihm! Er war ein ‚Gesandter' Jesu Christi, aber ich nannte ihn lieber ‚Zeuge', um den Aposteltitel für die Jerusalemer 12 zu reservieren.

- Die Berufung von Damaskus geschah im Jahr 33. **Der sog. Apostelkonvent fand im Jahr 48 statt.** Was geschah in der Zeit dazwischen? Diese 15 Jahre verbrachte Paulus wohl in Syrien und Kilikien, seiner kleinasiatischen Heimat. Er selbst schreibt so gut wie nichts über diese 15 Jahre. Bei Ihnen fällt seine erste ‚kleine' Missionsreise ans Ende dieses Zeitraums, in die Jahre **45-47.** Die größeren Reisen des Paulus beginnen nach dem sog. ‚Apostelkonvent' und dauerten **von 48 bis 60 n. Chr.** :

-Lukas: Ja, die Erste Missionsreise (Kap.13-14) war etwa zwischen 45 und 47 n.Chr. (da schien Paulus sich vorzubereiten); die Zweite Missionsreise (Kap.16-18) war etwa zwischen 48 und 52 n. Chr .(der Schritt nach Europa); die Dritte Missionsreise (Kap.19-21) etwa zwischen 52 und 55 n.Chr. (meistens in Griechenland); und die Gefangenenreise nach Rom (Kap.22-28) war etwa zwischen 56 und 60 n.Chr.

- Vor seinem Tod hat Paulus sein Ziel erreicht, die in Rom bestehenden Gemeinden zu besuchen und im Zentrum des Weltreichs zu missionieren. Offensichtlich konnte er sich eine Zeitlang in Rom frei bewegen. Ihre Leser wussten, dass Paulus unter Nero den Märtyrertod gestorben war.

-Lukas: Als Zeuge und Diener Jesu Christi nahm er den Tod voller Bereitschaft auf sich. Er wollte bei Christus sein, seinem Herrn.

-Herr Lukas, darf ich nun wieder auf einige **Probleme zu sprechen kommen, die mit dem Historischen** zusammenhängen? Man kann Ihren Bericht über Paulus ja immer mit den persönlichen Aussagen des Apostels in seinen Briefen vergleichen. Paulus war ein gewissenhafter Mensch, er berichtet seine Reiseerfahrungen und Erlebnisse zeitnah und authentisch. Zwischen Ihrem Bericht und seiner eigenen Erzählung der Ereignisse gibt es manche Nicht-Übereinstimmungen. Natürlich hängt das auch mit dem großen Zeitabstand zwischen seinem Leben und Ihrem Schreiben zusammen. Kannten Sie die Briefe nicht?

-Lukas: Wie schon früher gesagt, - ich hatte keine Abschriften der Briefe des Paulus und war mit ihrem Inhalt nicht vertraut. Heute bilden sie einen überaus wichtigen Teil des Neuen Testaments. Zu meiner Zeit gab es nur wenige Exemplare der Paulusbriefe, die in den jungen Gemeinden kursierten. Ich konnte meine Berichte nicht abgleichen mit den eigenen Angaben des Paulus.

-Ich möchte Unterschiede bzw. Nichtübereinstim-
mungen nennen:

-**(1)** Paulus spricht von seiner **Bekehrung durch Christus** in sparsamsten
Worten, Sie aber machen daraus eine ausführliche plastische Geschichte,
die Sie gleich dreimal in voller Länge erzählen (Apg.9,1ff.; 22,3ff.; 26.9ff.).

-Lukas: Sie wissen: meine Theologie ist ‚narrativ'. Schon mein Evangelium zeigt
das an den einprägsamen Erlebnisgeschichten. Die Details der Berufungs-
Erzählung, die ich tatsächlich wiederholt bringe, mögen in der Moderne als
‚Dichtung' qualifiziert werden, was meiner Erzählung aber überhaupt nicht
schadet. Ich glaube, das, was sie zum Ausdruck bringt, stimmt mit dem überein,
was Paulus erlebte. Für die Leser und Hörer ist die Bekehrungsgeschichte in 2000
Jahren unverzichtbar geworden. Paulus erzählt die Berufung bei mir immer
wieder auch als Beglaubigung seines Apostolats.

-**(2)** Am Anfang heißt es bei Ihnen, Paulus, als er noch Saulus hieß, hätte
Verhaftungsbriefe des jüdischen Hohen Rats im Gepäck gehabt, um
Christen von Damaskus festzunehmen und gefesselt nach Jerusalem zu
bringen. Das klingt dramatisch, aber es kann nicht ganz stimmen. Das
jüdische Gericht hatte keine Vollmacht, Menschen außerhalb von Judäa
festzunehmen, abzuführen und in Jerusalem abzuurteilen. Solches
durften nur die Römer. Damaskus lag in Syrien.

-Lukas: Das mag sein, aber verfolgt und verhaftet hat Paulus die Christen auf
jeden Fall! Vielleicht hat er sie zur Synagoge in Damaskus abführen wollen.

-**(3)** Nach seiner Bekehrung **hätte sich Paulus gleich nach Jerusalem
gewandt**, schreiben Sie, um mit der dortigen Gemeinde Kontakt
aufzunehmen. Paulus dagegen betont, er habe absichtlich keinen Kontakt
aufgenommen, sondern sich zuerst nach Damaskus, dann nach Syrien
und Kilikien gewandt und dort 17 Jahre verbracht (Gal.1,17). Nur ein
einziges Mal sei er für drei Wochen nach Jerusalem gekommen, um
Petrus zu besuchen. Dass die Missionsarbeit des Paulus von Jerusalem
ihren Ausgang nahm, wie Sie berichten, ist dementsprechend zu

korrigieren, denn wahrscheinlich begann sie in Antiochia in Syrien. Paulus legt Wert darauf, dass er seine Arbeit als Heidenmissionar selbständig begann, ganz unabhängig von der Jerusalemer Gemeinde.

-Lukas: Auch wenn Paulus nicht von dort ausgesandt wurde, umso wichtiger bleibt der Ausgangspunkt Jerusalem für die ganze Missionsgeschichte. Meine Berichte von den großen Paulus-Reisen im zweiten Teil der Apostelgeschichte sind voller Einzelheiten und im Allgemeinen ziemlich richtig.

-**(4) Wer begann die Heidenmission?** Dass Petrus schon vor dem Apostelkonvent von Gott selbst in Richtung einer gesetzesfreien Heidenmission ‚erzogen' worden sei, dieser Gang der Dinge ist Ihnen als Geschichtsschreiber der frühen Kirche wichtig *(s. oben S.96ff., 131ff)*. Sie woll-ten den führenden Apostel **Petrus** als Urheber des Entwicklungsschritts zur Heidenmission herausstellen. Aber war er es auch? Nach Paulus ging Petrus der Entwicklung der Verkündigung nicht voraus, sondern eher ein wenig hintennach.

-Lukas: Petrus missionierte aber auch selbst schon im Umland von Jerusalem, z.B. bei den Samaritanern. Die Entscheidung auf dem **Apostelkonvent des Jahres 48** brachte diese Lösung: Paulus durfte die Botschaft unter den ‚Heiden' verbreiten und sie ‚beschneidungsfrei' lassen, Petrus aber predigte bei den ‚Beschnittenen'. Weil immer mehr ‚heidnische' Menschen Christen wurden, ging der Lauf der Geschichte später weiter in die von Paulus gewünschte Richtung.

-**(5)** Paulus sagt, dass ihm beim Gespräch **in Jerusalem keine Auflagen** gemacht worden seien. Sie aber schreiben doch von Bedingungen, die bei der Heidenmission nach wie vor gelten sollen. Das Abschluss-,**Dekret'** des **Apostelkonvents** sollte Klarheit schaffen, nennt aber diese Auflagen: Dass sich die Heiden, die sich nicht mehr beschneiden lassen mussten, doch noch an die jüdische Schlachtmethode des ‚Schächtens' halten sollten, bei der die Tiere lebendig verbluten, und dass niemand Tier-Blut genießen durfte. Man kann sich vorstellen, dass bald darüber gestritten wurde, welche Konsequenzen das Dekret in der Praxis hat.

-Lukas: Ja, umstritten blieb lange Jahre z.B. die Frage der Art des Schlachtens, des Essens von Götzenopferfleisch, der Opferdarbringung im Tempel. Mir persönlich sind die Ritualgebote nie ans Herz gewachsen. Ich habe aber Verständnis dafür, dass sich die Judenchristen lange Jahre schwertaten, die Heidenchristen von ihren Essens-Vorschriften und Reinheitsgeboten zu befreien und mit ihnen eine Mahlgemeinschaft zu bilden.

-(6): Bald nach dem Konvent kam es zum **Zwischenfall von Antiochia**, von dem Paulus in Gal.1 berichtet, (s.oben S.134). Aufgewiegelt durch sog. ‚Judaisten' versuchten einige Jerusalemer Apostel, die jüdischen Sitten und Gebote teilweise doch wieder verbindlich zu machen. Paulus berichtet, dass er sich Petrus heftig widersetzt hätte: *„Was zwingst Du die Heiden, dass sie ‚judaisieren' sollen?"*(Gal.2,14). Man nimmt an, dass die Konfrontation Folgen hatte. Der Zwischenfall von Antiochia führte wohl zu einer zeitweiligen Trennung zwischen Paulus und Petrus, auch zwischen Paulus und Barnabas, seinem langjährigen Begleiter. Paulus konnte mit den ‚judaisierenden' Mitchristen nicht mehr zusammenarbeiten und beschloss auf Grund des Vorfalls, Kleinasien zu verlassen und nach Europa zu gehen. Die zweite Missionsreise beginnt mit der Schifffahrt nach Nordgriechenland und der Landung in Thessalonich (Europa), wohin eine ‚Erscheinung in der Nacht' den Paulus gerufen hatte

-Lukas: Ja, die Judenchristen verteidigten ihre Normen und Bräuche. Man muss wissen, dass sie lange Zeit sehr einflussreich waren. Sie haben es den Heidenmissionaren nicht leicht gemacht. Die Ritualgesetze sind nicht so leicht abzulegen, und sie wollten sie bewahren. Der Apostelkonvent bedeutete nur eine erste Etappe, nicht das Ende des Wegs. Der Wandel verursachte Schmerzen, der Übergang brauchte Jahrzehnte. Immer wieder musste sich Paulus vor Judenchristen rechtfertigen. Man kann aus den Reden der letzten Kapitel der Apostelgeschichte erkennen (Kap.21-24), wie er sich Mühe gibt, zu beteuern, dass er nichts gegen das Gesetz getan habe und kein vom Volk Israel abgefallener Irrlehrer sei... Doch was die Ritualgesetze betraf, wollte und musste Paulus sich durchsetzen, was ihm auch gelang! Er wollte es gleichzeitig jedem rechtmachen, jeden in seinem Verhalten freilassen, - doch das Wichtigste war für ihn: niemand sollte die Heidenchristen zu etwas zwingen! Zu jener Zeit war das alles *nicht* ausgestanden, und wenn Sie die Apostelgeschichte lesen, erkennen Sie, dass ich es zwar nicht immer angesprochen, aber keineswegs verschwiegen habe. Doch eines Tages überflügelte die Zahl der Heidenchristen die Zahl der Judenchristen. Danach verschwand die Problematik der Schlacht- und Fleischvorschriften, weil sich in den christlichen Gemeinden niemand mehr daranhielt. Es wäre schön gewesen, wenn ich meine späteren Leser nicht mehr mit all diesen Fragen hätte belasten müssen, die ja für sie erledigt waren. Durch Paulus entstand das freie Christentum!

-Ja, nach der Überzeugung des Paulus von dem, was Evangelium ist, und was 'Gott dienen' bedeutet, konnte die Missionsarbeit nur noch frei vom Ritualgesetz weitergehen! Dadurch hat er den Weg geöffnet für die Ausbreitung des Christentums in der Welt! Ihre Apostelgeschichte ist da ganz auf seiner Seite!

-Lukas: Diese Freiheit ist auch theologisch wohl begründet. Kommen wir noch zur Theologie? Ich gehe davon aus, dass Sie diesen Punkt ebenfalls besprechen wollen: Wie ist es mit meiner Kenntnis der Persönlichkeit des Paulus, seiner Theologie? Ich sagte schon, dass ich Paulus leider nicht mehr selbst begegnen konnte. Deshalb fällt es mir auch nicht so leicht, hier etwas zu sagen. Aber schweigen muss ich nicht!

- Es ist bedauerlich, dass Sie das Selbstbild des Paulus ein wenig verletzen: Sie nehmen Paulus nicht auf in die Reihe der **Osterzeugen**, also den Kreis derer, die einer österlichen Erscheinung Jesu teilhaftig wurden, obwohl Paulus sich eben als solchen Zeugen beschreibt. Wenn der Apostel Ihren Bericht noch hätte lesen können, hätte ihn dieser Punkt gekränkt.

-Lukas: Für mich waren die Ostererscheinungen Jesu mit der Himmelfahrt abgeschlossen. Paulus erwähnt etwas, das später geschah, - ich möchte sagen: er erlebte bei Damaskus eine Vision, aber keine Ostererscheinung.

-Ohne Kenntnis der Briefe kann Ihre Apostelgeschichte auf das Gedankengut des Paulus nicht Bezug nehmen. Mitschriften von Zuhörern seiner Veranstaltungen oder Predigten hatten Sie offenbar nicht. Seine Theologie wurde Ihnen ‚von Mund zu Mund' weitergegeben, und nur wenige Gedanken des Paulus sind da erhalten geblieben. Wenn der Paulus der Apostelgeschichte eine seiner Reden hält, predigt deshalb der ‚lukanische' Missionar Paulus. Auf diese Weise kann der Leser der Apostelgeschichte kein genaueres Bild von Paulus und seinem Denken gewinnen. Vielmehr erlebt der Leser Paulus als ‚Held' des zweiten Teils der Apostelgeschichte, der die christliche Botschaft ‚bis ans Ende der Welt' trägt und dabei viele Wunder tut und alle Hindernisse überwindet.

-Lukas: In der Tat war es mein Anliegen, zu erzählen, dass sich durch Paulus Gottes Heilsplan erfüllte. Ich wollte darauf aufmerksam machen, wie Christus den Weg des Evangeliums begleitete, und bezeugen, wie der Geist die Schritte der Missionare lenkte und ihnen Erfolg schenkte. Bei der Verkündigung des Wortes waren gewaltige Hürden zu überwinden und Gefahren zu überstehen. Mein Bericht ist eingebettet in Ereignisse, meine geistliche Sicht geht aus den Erzählungen hervor, - die mir wichtige Theologie kommt in den Reden zum Tragen.

- Was sind die paulinischen Hauptthemen? Seine Auseinandersetzung mit dem Gesetz, die Rechtfertigungslehre, seine Deutung des Kreuzestodes Jesu. Paulus wird bei Ihnen mehrfach als gesetzestreu beschrieben, - wo er sich doch in ständigem innerem Konflikt mit dem alttestamentlichen Gesetz befand und sich fragte, ob er es denn erfüllen könne bzw. müsse. Sie selbst loben das Gesetz als möglichen Heilsweg an vielen Stellen, Paulus kritisiert es als Mittel zum Selbstruhm.

-Lukas: Ich bin Paulus näher, als es auf den ersten Blick erscheint. Paulus beschreibt den Menschen als ‚verloren', von Gott entfremdet, wie ich. Und wenn Sie mein Evangelium lesen, finden Sie die paulinische Botschaft von der Annahme des Sünders durch die Gnade Gottes sehr wohl. Immer wieder erwähne ich die Spannung zwischen den gesetzestreuen, selbstgerechten Pharisäern und Jesus, der zu den Zöllnern geht. Es gibt auch eine Parallele zwischen dem unschuldigen

Leiden des Paulus und Christi Leiden. So, wie Paulus sich selbst sah, sehe auch ich ihn sehr eng bei seinem und unserem Herrn. Beide starben nach göttlichem ‚Muss'. Und was die Rechtfertigung durch den Glauben betrifft – ohne das Gesetz -, so möchte ich auf eine Stelle in meiner Apostelgeschichte verweisen, wo Paulus in einer Predigt in Antiochia sagt: *„So sei euch nun kundgetan, ihr Männer, liebe Brüder, dass euch durch Jesus Christus Vergebung der Sünden verkündigt wird; und in all dem, worin ihr durch das Gesetz des Moses nicht gerecht werden konntet, ist der gerecht gemacht, der an ihn glaubt"* (Apg.13,38f.). Ganz im Sinne der paulinischen Theologie spricht Petrus auch im Haus des Kornelius!

> -In der Tat. Das ist Paulus ganz nahe! So kann man es in Röm.10,4; Gal.2,16 lesen! Im Hintergrund steht für Paulus das stellvertretende Sühneleiden Jesu am Kreuz. Christus ist für unsre Sünden gestorben, und Gottes Barmherzigkeit schenkt uns die Gerechtigkeit.
> Der im Alten Bund geforderte Gesetzes-Dienst ist durch das Kreuz annulliert. Wir müssen das Tun der Gesetzes-Werke nicht mehr als Heilsweg betrachten.

Lukas: Noch an einer anderen Stelle habe ich diesen Gedanken in der Apostelgeschichte aufgegriffen, dort nämlich, wo es um die Befreiung von den Ritualgesetzen geht. Wie oben schon zitiert, spricht Petrus zur Versammlung des Konvents: *„Warum versucht ihr denn nun Gott dadurch, dass ihr ein Joch auf den Nacken der Jünger legt* (mit ‚Jünger' sind die Prediger der gesetzesfreien Heidenmission gemeint), *das weder unsre Väter noch wir haben tragen können* (‚Joch' = die Fülle der jüdischen Ritualgesetze)? *Vielmehr glauben wir, durch die Gnade des Herrn Jesus selig zu werden, auf die gleiche Weise wie auch sie"* (‚sie' = die ‚Heiden', zu denen es nach Gottes Willen jetzt keinen Unterschied mehr geben darf) (Apg.15,9-11).

> -Das ist eine sehr paulinische Aussage im Munde des Petrus. Darüber freue ich mich auch.

-Lukas: Wenn Petrus sagt, dass die Heiden *„auf die gleiche Weise"* wie die Juden selig werden, dann können Sie daraus noch eine weitere wichtige Übereinstimmung zwischen Paulus und mir erkennen, die ich zum Schluss nennen will. Es ist der unbedingte Glaube an den universalen Heilswillen Gottes für alle

Menschen, Juden oder Heiden. Bei einer Predigt lasse ich Paulus Jesaja 49,6 zitieren: *„Ich habe dich als Licht aufgestellt für die Heiden (die Völker), damit du das Heil seiest bis an das Ende der Welt"* (Apg.13,47). Da erfährt man es: In der Heidenmission erfüllen sich Verheißungen der Schrift. Christus selbst hat die weltweite Verkündigung vor seinem Ende geboten. Paulus hat Jesu Auftrag mit großer Energie ausgeführt.

-In diesem Sinne sagt der Auferstandene in der Bekehrungsvision zu Paulus: *„Mach dich auf, denn ich will dich in die Ferne senden zu den Heiden"*(Apg.22,21). Die Missionare ziehen hinaus und erzählen die Werke Gottes. Jetzt hören die Heiden das Wort, und sie werden es noch mehr hören (Apg.11,1; 28.28). – Wirklich, hier sprachen Sie wichtige Verbindungen zwischen Ihnen und Paulus an.

- Wir überspringen jetzt die Missionsreisen und wenden uns zum Ende der Apostelgeschichte.

Ankommen in Rom

Die Apostelgeschichte berichtet: Paulus wollte nach Rom reisen. Er nahm sich aber vor, zunächst nach Jerusalem zu fahren, - als Durchgangsstation. In Ephesus lässt Lukas ihn sagen: *„Wenn ich dort gewesen bin, muss ich auch Rom sehen"*(Apg.19,21). In Jerusalem angelangt, kommt es bald zum Streit mit Juden und zur Verhaftung. Christus spricht zum gefangenen Paulus durch einen Engel: *„Wie Du meine Sache in Jerusalem bezeugt hast, so musst du auch in Rom als mein Zeuge stehen"*(Apg.23,11). Schon hier ist die Doppel-Bedeutung von ‚Zeuge' zu ahnen. Als Märtyrer (Blutzeuge) wird er in Rom sein Leben enden.

Der Paulusprozess, der in Jerusalem beginnt und in Rom zum Schluss kommt – denn Paulus appelliert an den Kaiser -, zieht sich von Kap.21 bis Kap.28 der Apostelgeschichte, über ein Drittel dieses Buches. So ist die letzte Missionsreise eigentlich eine Gefangenenreise und umgekehrt. Große Reden des Paulus vor mehreren hohen Gerichten unterbrechen die Handlung. Am Ende soll der Kaiser entscheiden. Als eine Art Schutzhäftling ist Paulus viele Monate unterwegs.

Römische Polizeikräfte mussten den Apostel einem jüdischen Komplott ,entreißen' (Apg.23,23). Vor den römischen Behörden sich verteidigend, eilt Paulus auf der Reise von Erfolg zu Erfolg. Gouverneure, Statthalter und selbst das Königspaar finden keine Schuld an ihm. Die Auftritte des Paulus wirken so, als wäre er eine Person von ganz hohem Rang. Unter gewaltigem militärischem Schutz wird er von Ort zu Ort begleitet, schließlich bis nach Italien.

Als unbescholtener Gefangener kommt Paulus nach der Schiffsreise in Rom an und wird dort von den Christengemeinden empfangen. Seine Begrüßung ähnelt einem kleinen Triumphzug. In einer privaten Mietwohnung darf Paulus zwei Jahre unter Bewachung frei leben. Der Schluss der Apostelgeschichte lautet: *„Er predigte das Reich Gottes und lehrte von dem Herrn Jesus Christus mit allem Freimut ungehindert"* (Apg.28,31).

-.-.-.-.-.-

-Lieber Herr Lukas, Sie berichten den Tod des Paulus in Rom nicht mehr, - warum?

-Lukas: Das hat zwei Gründe: Erstens, weil im Jahr 90, als ich schrieb, ohnehin alle Christen davon wussten, dass Paulus in Rom den Märtyrertod erlitt. – Zweitens, weil ich wollte, dass Rom die Stadt der Verheißung bleibt, nicht die Stadt der Hinrichtung.

- Wie kommt es zu der Unterstützung durch die höchsten römischen Amtsträger in Ihren Reiseberichten? Und wie zu dem beinahe triumphalen Empfang in Rom?

- Lukas: Das erste war mir wichtig aus der Hoffnung heraus, dass auch römische Bürger später mein Buch lesen würden. Sie sollten feststellen können, dass am Christentum nichts Kritikwürdiges oder Staatsgefährdendes ist. Es ist traurig, aber Sie wissen: Jetzt begann ja die Zeit der Bekämpfung der christlichen Religion durch den römischen Staat! – Der große Empfang in der Hauptstadt hat einen ganz heilsgeschichtlichen Grund: Ich wollte da ‚ein Bild malen': Nicht Paulus, sondern das Christentum zieht in der Metropole ein! Es ist eine von Gott geleitete Bewegung, die hier ‚ans Ziel' kommt...!

-Das Christentum zieht ein! Wird Paulus beim Einzug deshalb so geehrt?

-Lukas: Ja, so meine ich das! Wissen Sie, in mir lebt eine große Zuversicht in Bezug auf die Zukunft unseres Glaubens. Immer habe ich die Vision gehabt, dass die Botschaft von Jesus Christus sich durchsetzen wird. Später ist das - durch viel Leid und Verfolgung hindurch - wirklich eingetreten! Sehen Sie auf das letzte Wort meines Buches: ‚U n g e h i n d e r t!' Daran glaube ich, dass man das Evangelium letztlich nicht hindern kann, zu den Menschen zu gelangen!

-‚Rom' ist dann am Schluss der Apostelgeschichte wie das Tor zur Freiheit und Zukunft. ‚Die Tore stehen offen, das Land ist hell und weit!'.

-Lukas: Schon in der Pfingstgeschichte, in der es eine jüdische Völkerliste gibt, sind die Römer erwähnt. Die Völkerliste bezeichnet die Länder und Nationen, zu denen das Christentum bald kommen würde. Als beinahe letztes stehen die Römer auch in dieser Liste!

- Sie beenden die Apostelgeschichte auch mit einem schroffen Ablehnungssatz gegenüber den Juden. Kann man ein Buch der frohen Botschaft so abschließen, dass man sagt: Ihr Juden seid vom Heil ausgeschlossen?

-Lukas: Haben sie sich nicht selbst ausgeschlossen?

- So drücken Sie es immer wieder aus. - Darf ich noch einmal zur Theologie der Reden kommen? Warum wird bei Ihnen Jesu Auferstehung und Erhöhung so viel wichtiger als Jesu Sterben am Kreuz? An kaum einer Stelle schreiben Sie, dass der Tod Jesu Heilsbedeutung hat, aber unaufhörlich verkündigen Sie die Botschaft von der Auferstehung!

-Lukas: Sehen Sie das im Zusammenhang mit dem Einzug des Apostels in Rom! Da geht eine Sonne auf! Wir empfanden die Auferweckung Jesu als das gewaltigste Ereignis des Eingreifens Gottes in die Geschichte! Gott hat sich zu diesem leidenden Menschen bekannt, hat ihn auf seinen himmlischen Thron erhöht! Gewiss wird er einst alle Toten erwecken! Durch Gottes große Tat geht ein Hoffnungslicht auf, das strahlt über die bewohnte Erde. Wirklich, die Auferstehung, nicht das Kreuz, wollten wir verkündigen! Das große Erdbeben, aus dem wir alle Kraft schöpften, war Ostern! Der zur Rechten Gottes erhöhte Jesus zieht auch in Rom ein! Ich spürte, dass sich das Christentum im römischen Reich rasch ausbreiten wird!

- Zum Schluss: Wussten Sie etwas davon, dass Paulus am liebsten auch noch Spanien erreicht hätte? Er hatte die Vorstellung, dass Rom nur eine Durchgangsstation sein würde.

-Lukas: Ja, das schreibt er in Röm.15,24 u.28. Damals wusste ich es nicht, heute weiß ich es. Für mich war das Erreichen der Welthauptstadt Rom der Endpunkt eines großen Bogens. Deshalb sagte ich am Anfang des Evangeliums: Ich will Dir, lieber Theophilus berichten von den wunderbaren Dingen, *„die unter uns zum Abschluss gekommen sind."* Aber natürlich freue ich mich, dass das Evangelium weiterlief in die Welt.

-Herr Lukas, - haben Sie vielleicht selbst in Rom gewohnt?
-Lukas: Ja, wenn man das wüsste!

Herr Lukas, Sie sind ein ‚Episoden-Erzähler', und Sie möchten Ereignisse möglichst **erlebnis-plastisch** gestalten. Als religiöser Autor sind Sie auch ein ‚**Mann der Wunder'**. Für uns Moderne ist das immer wieder ein bisschen schwierig: In der Antike gibt es Dämonen und Magier, auch in der Apostelgeschichte. Dreimal erlebt Paulus Visionen, die ihn zu neuen Stationen oder Ufern berufen. Durch Visionen, Engel, Geist-Führungen sorgt Gott für die Durchführung seines Plans, und dadurch geht der Weg des Apostels voran. Paulus erleidet Widerstände, Fesseln, Bedrängnis aller Art, und er kommt immer durch. Der Geist verbietet manchmal etwas, meistens gibt er die richtigen Eingebungen. Paulus der Heroe, der Exorzist, der hochbegabte Redner, der Heilige, der Prominente, den 470 röm. Soldaten begleiten, als wäre er ein Staatsmann.

Kap.6
Lukas als Schreiber der
Reden der Apostel

In den 14 großen Reden, die ein Drittel der Apostelgeschichte umfassen, tritt uns Lukas noch einmal in anderer Gestalt vor Augen, als kraftvoller Autor von Reden und Predigten, die von den Protagonisten Petrus, Stephanus, Paulus und Barnabas gehalten werden. Mit ihnen will Lukas den geistlich-heilsgeschichtlichen Hintergrund des jeweiligen Augenblicks der Missionsgeschichte aufleuchten lassen und erklären, - gemäß seiner Theologie -; er möchte die religiöse Spannung der zeitlich hinter ihm liegenden Auseinandersetzungen nacherleben lassen, - so wie er sie sieht – ; und schließlich möchte er der Nachwelt Beispiele christlicher Verkündigung darbieten, deren Bausteine an vielen Orten wieder benützt werden können. Die Reden sind sorgfältig aufgebaut, rhetorisch lebendig und zeugen von großem christlichem Selbstbewusstsein. Wenn es sich – wie meistens - um Reden an Juden handelt, folgen sie im Aufbau einem Schema und weisen ein ähnliches Aussage-Ziel auf. Die Gedanken gehen stufenweise weiter, und zur Vermeidung von Wiederholungen variiert die Argumentation. Inhaltlich unterscheiden sich die Reden z.B. so: Vor den Juden werden Schriftzitate aufgegriffen, vor Heiden wird hauptsächlich ‚Natur -Theologie' ausgebreitet, und bei Christen steht die Gemeindebeziehung im Vordergrund. So wie wir sie lesen können, sind die Reden nie gehalten worden. Trotzdem ist ihr historischer Wert groß. Sie geben Einblick in die Denk- und Fühlwelt des Autors und in eine religiös-geistige Atmosphäre, die möglicherweise auch um ihn herum herrschte. Vor allem die Stimmung gegenüber den Juden könnte in den Reden so eingefangen sein, wie sie in den Jahren der Auseinandersetzung zwischen 30 und 70 häufig tatsächlich war. In Bezug auf das Schicksal des Judentums im heilsgeschichtlichen Plan Gottes ist der Unterschied zwischen der Vorstellungswelt des Lukas und der Theologie des Paulus sehr groß.

Die jüdisch-christliche Trennung nach den Redentexten

So wie Lukas ‚mit *glühendem jüdischem* Herzen‘ in Evangelium und Apostelgeschichte die Verankerung des neuen Christus-Glaubens in der Religion des Volkes Israel betont, so führen die Redner der Apostelgeschichte - aber auch schon viele Ankündigungen des Evangeliums - mit ‚*glühendem christlichem* Herzen‘ die Entwicklung hin zu einer Trennung vom Judentum. Die Spannung zwischen den beiden Polen der lukanischen Bücher: Liebe zum jüdischen Erbe ‚Israel‘ und scharfe Ablehnung des ‚jüdischen Volkes‘ - muss man aushalten. In der Spannung ist auch die Energie des Konflikts enthalten, in welchem um die Hoheit über die Interpretation des ‚Planes Gottes mit seinem Volk‘ gekämpft wurde. Die Erzählungen um die Reden herum zeigen, dass die Christen fast von Anfang an von den jüdischen Behörden verfolgt wurden und sich häufig vor jüdischen Anklägern rechtfertigen mussten. Wie er selbst schreibt, war Paulus in seiner Jugend aktiv an den Verfolgungen beteiligt. -- Man kann sagen: Die Anklagen gegen die Juden sind das Hauptthema der Reden. Die Ablehnung des Evangeliums durch die Juden scheint die Entwicklung der Heidenmission eher noch gefördert zu haben.

> Der Prozess der Trennung der Christen von den Juden war das emotional Schwerste, durch das die jüdischen und judenchristlichen Menschen in den ersten Jahrzehnten hindurchgehen mussten. Im Gang der Apostelgeschichte wird noch einmal auf diesen schmerzlichen Prozess zurückgeblickt, der im Augenblick der Abfassung des Buches schon fast abgeschlossen war.
>
> Die Reden sollen belegen, wie die Christen alles versucht haben, um die Juden mit ihrer Botschaft, die als erstes dem jüdischen Volk galt, zu erreichen. Mehr und mehr enthalten die Reden aber auch scharfe Verurteilungen und deutliche Abgrenzungen, bis hin zur heilsgeschichtlichen Ausstoßung der Juden.
>
> Ein Grundmuster der Reden: Die Juden hörten nicht auf die Stimmen der Propheten und töteten sie, - nun auch noch Jesus. Gott bekannte sich

in der Auferweckung zu ihm. Die Juden haben jetzt noch eine Chance, umzukehren und sich zu Jesus zu bekennen. Das Kontrastschema ‚Jüdische Schuld' – ‚Rettung durch Buße' durchzieht viele Texte.

Wie an zahlreichen Stellen des Evangeliums, so wird auch in den Reden der Apostelgeschichte hervorgehoben, dass die Anhänger des Messias Jesus gute, fromme, traditionstreue Juden sind. Sie stehen ihrer Mutterreligion immer positiv gegenüber (s.Lk.1-2).

Es ist nicht ausgeschlossen, dass Lukas – vor allem mit der letzten Paulusrede in Rom – ein ‚kirchenpolitisches Ziel' verfolgte. Der römische Staat sollte die Reden ‚mitlesen', in denen Paulus sein treues Jude-Sein betont. Wie die Juden, so sollten auch die Christen im römischen Reich zur ‚religio licita', zur anerkannten Religion werden können.

In Bezug auf die Christusbotschaft fehlt den Reden ein wenig das ‚Herz', nämlich die ‚Verkündigung Jesu', ‚die ‚Heilsbedeutung des Kreuzes' und der ‚Ruf in die Nachfolge'.

In Selbst-Verteidigung und Gegenklage der Redenden kann man Themen erkennen, die für die Selbst-Vergewisserung der christlichen Verkündigung damals von Bedeutung waren: Der Glaube an Jesu und aller Menschen Auferstehung ragt hier heraus, außerdem das Gefühl für den Plan Gottes in der Heilsgeschichte, der Auftrag zur Ausbreitung der Botschaft, - ‚bis ans Ende der Welt' und die Hoffnung auf Rettung aller Menschen, die zum Glauben kommen.

K u r z e   Z u s a m m e n f a s s u n g   d e r   R e d e n :

(1) Apg.2,14-35: **Pfingstpredigt des Petrus an die Juden**. Sie ist an die Volksgenossen aus Jerusalem und Umgebung gerichtet.   Neben der Anklage an die Juden, die Jesus gekreuzigt haben, enthält sie die Auferstehungsbotschaft mit einem ausführlichen Schriftbeweis. Die Buß-Predigt des Petrus bewegt viele zur Taufe.

(2) Apg. 3,12-26: **Nach der Lahmenheilung im Tempel** folgt eine Klage des Petrus gegen die Juden mit einem Mosaik an Schriftzitaten, die auf Jesus hinweisen, den neuen Mose. Christus sollte nach der Weissagung der Propheten leiden und auferweckt werden. Zitat mit Drohung an die Juden, ihren Platz im Volk Gottes zu verlieren.

(3) Apg.4,8-12: **Rede des Petrus vor dem Hohen Rat.** Erneute Anklage wegen der Tötung des Christus, Verteidigung der christlichen Sache durch Hinweis auf göttliche Wunder. Die Beziehung zu Christus ist der entscheidende Punkt, nur in seinem Namen ist Heil, sagt Petrus.

(4) Apg.5,29-33: **Kurze Petrusrede vor dem Hohen Rat.** Zum wiederholten Mal Kritik wegen Kreuzigung. Im Mittelpunkt wieder die Auferstehungs-Botschaft. Christi Erhöhung ist die Ursache für die Errettung derer, die glauben.

(5) Apg.7,2-53, **Rede des Stephanus, des ersten Märtyrers.** Längste Rede der Apostelgeschichte mit Nacherzählung der gesamten religiösen Geschichte Israels von Abraham bis Christus. Die große Erzählung soll wohl belegen, dass die Christen unbedingt zur Geschichte des Volks Israels gehören. Der trennende Punkt ist, dass die Christen die Texte der Propheten besser kennen und verstehen, (die auf Christus hindeuten), - während die Juden die Propheten missverstanden oder verfolgten. Stephanus stimmt in die Kritik der früheren Propheten ein (auch in die Kultkritik) und leidet als einer von ihnen. Seine Worte vor der Steinigung, gerichtet an die im Kreis um ihn stehenden Juden, klagen scharf an (s.u.).

(6) Apg.10,34-43: **Rede des Petrus im Haus des Cornelius.** Kurzfassung der christlichen Verkündigung. In Jesus, dem Richter über die Lebenden und die Toten, wird allen Menschen Vergebung der Sünden angeboten, auch den Heiden. Erster Adressat der Verkündigung waren die Juden. Jetzt aber öffnet sich die Missionspredigt für die Völker.

(7) Apg.13,16-41: **Erste Rede des Paulus in einer Synagoge von Antiochia.** Beginn (wie 5) mit einer Nacherzählung der israelischen Heilsgeschichte. Es gibt ein Kritikwort an die Jerusalemer wegen Jesu Tod und den ausführlichen Bibel-Erweis seiner Auferstehung. Die Juden wollten die Stimme der Propheten nicht hören, nun sind die Christen, vor allem die Menschen aus den Heidenvölkern, die Erben. In diesem Sinne kommt am Schluss aus dem Mund von Paulus und Barnabas das verurteilende und trennende Wort (s.u.).

(8) Apg.15,7-21: **Rede des Petrus beim Apostelkonvent.** Durch die Gnade Christi können alle Menschen auf die gleiche Weise selig werden, egal aus welchem Volk. Jakobus unterstützt diese Rede durch eigene Worte. In Jerusalem fällt die Entscheidung zugunsten Heidenmission. Jetzt wird

das Tor aufgetan. Die Judenchristen sollen den Heidenchristen kein Joch mehr auferlegen.

(9) Apg.17,16-31: **Rede des Paulus auf dem Areopag in Athen.** Erste Missionsrede ausschließlich für Heiden. Appell an die Griechen, sich zum Schöpfergott hinzuwenden. Gott ist nicht ferne von einem jeden von uns. In ihm leben, weben und sind wir. Am Ende kurze Botschaft von der Auferweckung Jesu.

(10) Apg. 20,18-35: **Abschiedsrede des Paulus vor der Kirchengemeinde in Ephesus.** Einzige an Christen gerichtete Rede des Paulus. Der Apostel wird nach Jerusalem gehen, um dort ‚seinen Lauf zu vollenden'. Er sagt, seine Predigt ist das Evangelium vom Reich Gottes und von der Gnade Christi, der uns durch sein Blut erkaufte. Der Apostel äußert seine Bereitschaft, sein Leben für den Glauben zum Opfer zu bringen.

(11) Apg.22,1-21: **Verteidigungsrede des Paulus nach Verhaftung in Jeru-salem.** Paulus wird vor das jüdische Gericht gestellt, beruft sich auf sein römisches Bürgerrecht und kommt daraufhin unter den Schutz der römischen Polizei. Er betont, dass er Jude sei und an der Steinigung des Stephanus beteiligt war. Durch die Geschichte seiner Bekehrung vor Damaskus verteidigt Paulus seine Christus-Beauftragung zum Heiden-Missionar.

Apg. 23: Die Juden können ihm gerichtlich nichts anhaben, wollen ihn aber nicht mehr unter den Lebenden sehen. Der Polizei-Oberst rettet Paulus vor einem angeblichen jüdischen Mordkomplott. Eine Schutztruppe von 200 römischen Soldaten, 70 Reitern und 200 Leichtbewaffneten bringt Paulus nach Caesarea, zum römischen Statthalter Felix, wo er sich erneut verteidigen kann. Paulus hatte an den Kaiser appelliert, damit er nach Rom gelangt.

(12) Apg.24,10-20: **Rede des Paulus vor Statthalter Felix.** Der Apostel betont seine Gesetzestreue in jüdischer wie in römischer Richtung. Mit allen bürgerlichen Forderungen stehe er im Einklang. Er sei zu einer persönlichen Weihehandlung im Jerusalemer Tempel gewesen, nicht zu dessen Entweihung, wie die Juden behaupteten. Er glaube als jüdischer Pharisäer an die Auferstehung der Toten. Nur wegen der Aussage, dass Jesus aus dem Grab auferstand, werde er von den Juden angeklagt. Das

sei eine rein religiöse Frage, kein Grund für die Römer, ihn zu verhaften. Felix klagt ihn nicht an, sendet ihn weiter zu König Agrippa.

(13) Apg.26,2-23: **Rede des Paulus vor dem römisch-jüdischen König Agrippa in Caesarea.** Noch einmal der Bezug auf seine Ursprünge: Er glaube an die Hoffnungen der Juden und ‚sage nichts außer dem, was die Propheten und Mose gesagt haben, dass es geschehen soll, dass Christus müsse leiden und als erster auferstehen von den Toten'. Die Anhörung endet mit dem Wort Agrippas: Entlassen werden könnte dieser Mann, hätte er nur nicht an den Kaiser appelliert. Paulus wird als Gefangener nach Rom gebracht.

(14) Apg.28,17-28: **Rede des Paulus an die Juden in Rom:** Zur „Rahmung" der Reden werden bei dieser letzten Rede abermals die Juden angesprochen, und zwar die angesehensten von Rom. Wieder verweist Paulus auf seine Unbescholtenheit und Rechtschaffenheit. Er könne sein Volk nicht verklagen, aber auch das Volk ihn nicht. Zum Schluss die erneute Feststellung der Trennung in harten Worten: Die verstockten Juden seien selbst schuld, wenn das Heil Gottes nun auf die Heiden übergehe (*s.u.*).

Einschnitte in der Beziehung zum damaligen Judentum[26]:

---

[26] Negative Bemerkungen gegenüber dem Judentum finden sich auch im Lukas-Evangelium: Kap. 4,16-30, hier besonders V.25f.: Jesus betont: Elia und Elisa kümmern sich bewusst um ‚Ausländer', nicht um Juden. Die Juden von Nazareth hören das und wollen Jesus dann zornig von einem Felsen herabstoßen, V.28; das berichtet nur Lukas. -- 8,10: Die Juden sollen ‚sehen und doch nichts erkennen, hören und doch nichts verstehen'. -- 9,41: Jesus sagt: ‚Wie lange soll ich es noch bei euch aushalten und euch ertragen?!'. -- 10,13-15: Weheruf und Gerichtsdrohung über jüdische Städte. -- 11,49-51: Vorwurf an die Juden, dass sie die Propheten töten. -- 13,26-35: Abraham, Isaak und Jakob sind im Reich Gottes, doch die gegenwärtigen Juden sind ausgeschlossen und gehen, ‚dorthin, wo Heulen und Zähneklappern herrscht'. -- 20,16: Die Juden werden den Sohn des Weinberg-Besitzers (Jesus) töten, und deshalb wird ihnen der Weinberg genommen ‚und anderen anvertraut'. – Wahrscheinlich sind auch die ‚Weherufe über Jerusalem' (Lk.19,41-44 und 21,20-24) mehr als nur die Ankündigung der militärischen Zerstörung, im Sinne von Lukas gleichzeitig Ausdruck dafür, dass Gottes Geduld mit Israel zu Ende ist, und die Heiden nun das Heil angeboten bekommen. ---
Lukas ‚schützt' die ‚Heiden', indem er bei der Übernahme seiner Vorlagen (Matthäus und Markus) negative Bemerkungen über sie weglässt, z.B. Jesu Befehl Matth.10,5: ‚Meidet die

In der **Petrusrede** nach der Heilung eines Gelähmten am Tempeltor (Apg.3,12-26) formt Lukas aus einer eigenartigen Kombination von AT-Zitaten eine Drohung: *„Und es wird geschehen, wer diesen Propheten (d.i. Jesus) nicht hören wird, soll vertilgt werden aus dem Volk".*

In der **Stephanusrede** wird der Angeklagte zum Ankläger (Apg.7,50-53). Kompromissloser und härter kann die Trennung kaum formuliert werden als hier. Stephanus sagt nicht: Die jüdischen Behörden haben Jesus verraten und ermordet, sondern: *„den i h r verraten und ermordet habt":*
„Halsstarrige und an Herzen und Ohren Unbeschnittene! Ihr fallt dem Heiligen Geist immer wieder in den Arm, - wie eure Väter auch ihr! Welchen der Propheten haben eure Väter nicht verfolgt? Sie haben getötet, die etwas über das Kommen des Gerechten angekündigt haben (Christus), dessen Verräter und Mörder ihr jetzt geworden seid. Ihr, die ihr das Gesetz von Engeln empfangen und entgegengenommen und nicht gehalten habt!"(Apg.7,50-53).

In der **Paulusrede in Antiochia (Apg.13,46)** fällt die Tür ins Schloss. Die Juden (‚alle' ist gemeint) haben das Wort der Verkündigung von Christus von sich gestoßen und können darum nicht selig werden. : *„Euch musste das Wort Gottes zuerst gesagt werden; da ihr es aber von euch stoßt und achtet euch selbst nicht wert des ewigen Lebens, siehe, so wenden wir uns zu den Heiden."(Apg.13,46).* Damit ist die Verbindung zu

---

Orte, wo Heiden wohnen, geht auch nicht in die Städte Samariens!' – Ebenfalls lässt Lukas die Geschichte von der Begegnung Jesu mit einer syro-phönizischen Frau weg, die bei Matth. und Mk. zu lesen ist, weil Jesus dort das harte, heiden-ablehnende Wort sagt: ‚Ich bin nur zu den verlorenen Schafen Israels gesandt!'. – Am Ende der Geschichte vom Hauptmann von Kapernaum werden die Juden bedroht: ‚Die Ersten werden die Letzten sein', und die Heiden eingeladen: ‚Die Letzten werden die Ersten sein'(Lk.13,30). – Wenn Jesus vor Pilatus steht, beteuert der Statthalter dreimal Jesu Unschuld, bei Matthäus nur einmal. Jesus wird dann von Pilatus nicht verurteilt, sondern dem jüdischen Willen ‚preisgegeben'.

den Juden an dieser Stelle abgebrochen, die Heiden freuen sich, und es heißt von ihnen: *„Sie wurden froh und priesen das Wort des Herrn, und alle wurden gläubig, die zum ewigen Leben bestimmt waren."(Apg.13,48).*

In **Rom**, in seiner allerletzten Rede zitiert **Paulus** Jesaja 6,9f: *„Mit den Ohren werdet ihr's hören und nicht verstehen, und mit Augen werdet ihr's sehen und nicht erkennen. Denn das Herz dieses Volkes ist verfettet, und mit ihren Ohren hören sie schwer, und ihre Augen haben sie geschlossen, ...auf dass sie mit dem Herzen nicht verstehen und sich bekehren, und ich sie heile. So sei euch kundgetan, dass den Heiden dies Heil Gottes gesandt ist; und sie werden hören" (Apg.28,26-28).*

Die geplant platzierten und sich steigernden Trennungs-Sätze verdeutlichen: Die Juden hätten sich – nach Ihrer Darstellung, Herr Lukas - zu Christus bekennen können, doch haben sie die Gelegenheit nicht genutzt. Die Phase der Mission unter ihnen ist nun ziemlich vorbei. Den Graben, der in den zitierten Worten aufgerissen wird, kann man nicht mehr zuschütten. Vor allem die Formulierungen der Paulusreden machen die Trennung vom Brudervolk endgültig. Neben der Betonung der unverbrüchlichen Verbundenheit mit dem Judentum als Religion steht die schroffe Ablehnung gegenüber dem Judentum als zeitgenössischer Organisation. In den Gerichtsszenen werden die Juden hauptsächlich als bösartige, aber letztendlich erfolglose Verfolger hingestellt. Sie haben das Heil verwirkt, das nun den Heiden zuteilwird.

Mehr und mehr suchen die Christen nach einer guten Beziehung zu den römischen Behörden, wie der Paulus-Prozess beispielhaft zeigt. Im christlich-jüdischen Streit vor den Römer-Behörden wetteifern die beiden Glaubensgemeinschaften darum, welche von ihnen den römischen Schutz eher verdient hat. Was Lukas noch nicht wissen konnte – oder wahrhaben wollte: Für die Christen erweist sich die Hoffnung auf den römischen Staat am Ende als trügerisch.

In den Verteidigungsreden spricht Paulus nirgends die religionsspaltende Kraft des eigenen Bekenntnisses an. Er versteckt das

Eigentliche, seinen Abfall vom überkommenen Judentum, hinter einer Kette von Beteuerungen, dass er immer noch ein guter frommer Jude sei. Wenn jemand an der Trennung schuld sei, - die Christen seien es auf jeden Fall nicht. Sie seien das wahre Israel.

Herr Lukas, Sie betonen: sowohl die Urgemeinde als auch Paulus waren dem jüdischen Gesetz treu! Paulus sagt bei Ihnen am Schluss: *„Ich habe nichts getan gegen unser Volk und gegen die Ordnungen unserer Väter"*(Apg.28,17). Also bleibt am Ende ein großes Paradox: Paulus ist (zusammen mit den anderen Rednern der Apg.) immer ein frommer Zeuge der Einheit mit dem Volk Israel und unterstreicht seine Gesetzestreue! Andererseits war Paulus dafür verantwortlich, dass es im Zuge der Heidenmission zum radikalen Bruch mit den jüdischen Ritual- und Kultgesetzen gekommen ist. Indem er – in Ihren Worten -- mit den Juden darum stritt, wer der ‚wahre Besitzer' der Botschaft der jüdischen Verheißungen ist, hat er insgesamt – gemäß Ihrer Darstellung - die Trennung am allermeisten vorwärtsgetrieben.

-Lukas: Dieser Prozess begann kurz nach Jesu Tod, - und war offenbar nicht aufzuhalten. Es ist vielschichtig, denn dazu gehört nicht nur der Streit um die Person Jesu Christi, sondern auch die Trennung der Christen von der Beschneidung und der übrigen jüdischen Ritual-Tradition. Die erste Phase der Urgemeinde wollte ich so darstellen, dass sich hier die Christen ganz eng an die jüdischen Gebräuche und Vorschriften hielten. In der Zeit, in welcher ich selber lebte und schrieb, war das allerdings schon ganz anders, - die gesetzesfreien Gemeinden waren die Mehrheit. Auch in der Judenmission gab es eine Entwicklung: In der ersten Phase versuchten es die Apostel mit freundlichem Werben, mit Appellen und Buß-Rufen. Aber nur ein Teil der Juden wollte der Botschaft folgen. Kaum war die kleine Christenschar eine Gemeinde geworden, kam es zu Konfrontationen. Entweder hielten die Juden selbst Gericht oder sie schleppten die Christen vor römische Behörden. In diesen Zusammenstößen wurde der Ton unvermeidlich schärfer. Die Christen standen unter Rechtfertigungsdruck, und durch die Verfolgung vertiefte sich ein Feindbild von den damaligen Juden. Ich wollte also zwei Phasen der Entwicklung des Verhältnisses zum Judentum beschreiben. Die erste war der Wunsch, das ‚neue, wahre Israel' entstehen zu lassen, gemeinsam mit den Juden, die zweite Phase war das Auseinandergehen und der Sieg der gesetzesfreien Heidenmission. Wenn die innere Verbundenheit mit dem Volk des Alten Testaments auch für immer erhalten bleibt, - eigentlich war es von Anfang an klar, dass es nur eine Lösung gab: die Trennung.

Lieber Herr Lukas, am Ende bleibt diese Frage:

In der Apostelgeschichte ballen sich zwei thematische Schwerpunkte zu einem einzigen: Der Prozess der Trennung der Christen von den Juden und der Übergang der Evangeliums-Verkündigung zu den Heiden. Eigentlich gilt die Botschaft allen: Den Juden ebenso wie den Heiden. Doch die Juden haben die Botschaft Jesu verworfen – und die Heiden freuen sich, dass sie sie hören dürfen. In programmatischen Aussagen von Petrus, Stephanus und Paulus wird die Trennung In den Redentexten vorbereitet und dann vollzogen: In *Apg.3,23* spricht Petrus ein Schriftzitat als Drohung aus: *„Wer diesen Propheten (= Christus) nicht hören wird, der soll vertilgt werden aus dem Volk"*. – Etwas später folgt das Wort des Pharisäers Gamaliel: *__Lasst nicht zu, dass man euch als Gottesbekämpfer erkennt!"(Kap.5,39)__*, - will sagen: Mit Euren Angriffen gegen die Christen könntet ihr Juden am Ende Gott den Kampf ansagen! – Es folgen Anklagen und Drohungen von Stephanus und Paulus (s.die Zitate oben: Apg Kap..3 und 7, 13 und 28). Am Ende der Apostelgeschichte, wenn Paulus Jesaja 6,9-10 zitiert (s.o.), fällt das letzte Urteil. Die Juden haben ihre Herzen verstockt, und da sie sich nicht bekehren, sind sie ausgeschlossen. Paulus (- d.h. natürlich in diesem Zusammenhang: Sie, Herr Lukas! -) könnte(n) vom Scheitern der Zusammengehörigkeit freundlicher sprechen, z.B. so: ‚Wir haben es mit unserer Botschaft leider nicht vermocht, die Mehrheit der Juden zu überzeugen'. Stattdessen wählt Paulus bei Ihnen die Form der Verurteilung: Die Juden sind selbst schuld, dass wir uns trennen, denn sie haben Christus gekreuzigt, und außerdem sind sie innerlich verschlossen, können die Botschaft nicht hören! Herr Lukas, natürlich kann man sagen:

Das ist der göttliche Ratschluss, dass es so kommt. Aber im weltlichen und allgemein-menschlichen Sinn tut es trotzdem weh.

In der Apostelgeschichte kommt **79mal 'die Juden'** vor, meistens mit negativem Ton, und immer sind nicht einzelne Jerusalemer Personen gemeint, sondern es ist das Kollektiv des jüdischen Volks. Bei jeder Konfrontation mit jüdischen Personen oder Behörden ist das gesamte Judentum das Gegenüber. Aus bitterster Erfahrung mit dem Judenhass des Dritten Reiches sind wir an diesem Punkt heute besonders empfindlich geworden. Wie kann es zu dieser verbalen Schärfe kommen, die wir in unserer Zeit als 'antijudaistisch' bezeichnen?

Zwar mussten die Christen unter jüdischen Nachstellungen viel leiden, weil die Juden anfangs überall zahlreicher und mächtiger waren. Doch sollte man diesem Volk eigentlich das Recht zugestehen, die Einheit seiner Religion zu verteidigen. In der Apostelgeschichte stehen die Juden am Ende – religiös, menschlich und moralisch - als Verlierer da. Bald waren sie ja auch zahlenmäßig unterlegen und mussten sich neu zurechtfinden.

Die 'Über-Gewissheit' der ersten Christen war ein Merkmal der neu in die Welt tretenden Religion. Das enorme christliche Selbst- und Sendungsbewusstsein äußert sich in der neuen Auslegung der jüdischen Heiligen Schriften und in der belasteten Beziehung zum Judentum jener Zeit. In der Apostelgeschichte nimmt die Selbst-Verteidigung der Christen Formen von scharfer Anklage und moralischer Verurteilung an. Man kann das Selbstbewusstsein der Christen vergleichen mit der 'Über-Gewissheit' des Islam zu Zeiten des Mohammed und seiner ersten Eroberungen. Natürlich kam es bei den Christen zu keiner Gewalttätigkeit, im Gegenteil, die Anhänger des neuen Glaubens zeigten sich leidensbereit. Aber zu bitterer Anklage und harter Schuldzuweisung kam es doch.

Die Personen, die sich so scharf gegen 'die Juden' äußern, waren von Geburt selbst Juden, in ihrer Tradition verwurzelt. Sie selbst, Herr Lukas, hängen sehr an diesem religiösen Erbe! Deshalb kommt es in der Apostelgeschichte zu einer unauflösbaren Spannung in der Beziehung zwischen 'alten Judentum' und dem 'neuen Israel'. Als Anhänger der jüdischen Glaubens-Vergangenheit beschreiben Sie die Heilsgeschichte von Jesu Kommen bis zum Eintreffen des Paulus in Rom durchweg als ein

Stück der Geschichte Israels! In Verbindung damit geschieht es, dass Sie die christliche Religion als die wahre ‚Eigentümerin' der Religion des Volkes bezeichnen. Die Christen halten den Stamm fest, weil sich die Verheißungen des Alten Bundes bei ihnen erfüllten. Was geschieht mit den Juden, die auf ihrem ursprünglichen Glauben beharren? Weil sie sich nicht zum Evangelium von Christus bekennen, werden sie als die bezeichnet, die den Stamm verlassen, abtrünnig werden, Schuld auf sich laden. Von ihnen muss man sich für immer trennen. Warum dürfen sie am Ende nicht einmal ‚Israel' bleiben?

-Lukas: Die Apostel haben aus dem früheren rein jüdischen Gottesvolk das ‚wahre Gottesvolk der Christus-Zeit' gesammelt. Die Heidenkirche aus allen Völkern bedeutet keine ‚neue Religion', denn sie steht nicht außerhalb, sondern innerhalb der Heilsgeschichte Israels. Weil die Heiden in die große Gemeinschaft des Gottesvolkes gerufen werden, gibt es nicht zwei nebeneinanderstehende Völker Gottes, sondern nur ein Volk Gottes. Dieses neue Volk Gottes sind jetzt die Anhänger und Nachfolger Jesu Christi. Sie wollen zugleich die Menschheit umfassen, - in ihrer Mehrheit haben sich die Juden selbst aus dieser Gemeinschaft hinausgestellt.

Kap.7

Lukas als Ausleger das Alten Testaments auf Christus hin

Dreihundertdreizehn Bezüge aufs Alte Testament

-Herr Lukas, Sie sind ein griechisch sprechender ‚Proselyt', d.h. ein zum Judentum konvertierter Mensch. Mit den Texten und Geschichten des Alten Testaments sind Sie aufgewachsen, die Überlieferung, vorgelesen aus den Rollen der Heiligen Schrift, war der Mutterboden für Ihr religiöses Leben. Erinnerungen an schriftliche Zeugnisse des Glaubens in den Büchern Mose, Psalmen und Propheten durchziehen Ihr ganzes Werk.

-Lukas: Haben Sie die Stellen etwa gezählt, wo es einen Bezug zu den Heiligen Büchern gibt?

- Ja, in Ihrem Evangelium sind es 213 Stellen und in der Apostelgeschichte 100, die an die Schriften erinnern. Es handelt sich dabei um Namen, Illustrationen, Anklänge an alte Geschichten, Zitate. Sie erzählen Ereignisse der Mosebücher nach, nennen die Gebote und rituellen Vorschriften, Sie interpretieren die Abläufe der Geschichte Israels und lassen Propheten-Gestalten des AT aufleben. Besonders wichtig ist Ihnen die Vorankündigung des Schicksals Jesu und des Auftrags zur Heiden-Mission in den Schriften. Es war wohl so, dass die ersten Christen im AT hauptsächlich Texte mit Vorhersagungen des Leidens Christi fanden. Danach entdeckten sie Hinweise und Prophezeiungen auf Gottes Plan, Jesus zu senden, Aussagen über sein messianisches Werk und Ankündigungen seiner Auferstehung. Allmählich kam es zur engen

Zusammenführung von Ereignissen des Lebens Jesu mit bestimmten Schriftstellen. Man konnte nun aufweisen und ‚belegen', dass Jesus der Messias war, und dass sich in Jesu Weg erfüllte, was in den Schriften verheißen bzw. von Gott bestimmt war. Die Einbeziehung des Zeugnisses der Schriften spielte In der Predigt vor Juden und Heiden eine immer größere Rolle.

-Lukas: Der neue Glaube wächst aus dem Erbe Israels heraus. In den Urkunden unseres Volkes, das von Gott geführt wurde, ist niedergelegt, wie Gott selbst durch seine Propheten das Kommende vorgezeichnet hat. In Jesus Christus haben sich die Verheißungen unter uns erfüllt. Gottes Rettungshandeln spannt sich in einem großen Bogen von der Zeit Israels bis zur Zeit der Kirche und endlich bis zur Wiederkunft Jesu.

-Doch wir Heutige sind immer wieder darüber erstaunt, wie intensiv Sie damals das Alte Testament für den neuen Christus-Glauben in Anspruch genommen haben. Indem Sie lasen, konnten Sie zeigen, dass das Christentum eine aus den AT-Schriften klar erkennbare Weiterentwicklung der Heilsgeschichte Gottes mit seinem Volk ist. Indem Sie das Gelesene auf Christus hindeuteten, konnten Sie die Blütenkrone des neuen Glaubens von ihrem ‚Baum' her bestätigen. Man kann sagen: Die Erfüllungen der Verheißungen in der Sendung Jesu bestätigen und legitimieren umgekehrt auch die alten Schriften.

-Lukas: Die historisch gewachsene Verbindung zwischen den beiden Teilen der Bibel gehört bis heute zur christlichen Identität. Sie müssen aber auch wissen, dass es mit den Schriften des AT in unserer Zeit nicht so einfach war. Erst am Ende meines Lebens kam eine jüdische Synode zusammen, bei der die Schriften, die zum Alten Bund gehören sollten, offiziell beschlossen wurden. Der Schriftkanon aus 22 Büchern wurde dann bei den Juden Tanach genannt.

Beispiel: Schrift-Bezug in der Emmaus-Geschichte

-Ich wähle nun eine Geschichte aus, an der man sehen kann, von welcher Bedeutung die Glaubens-Erkenntnis aus den Hl.Schriften für die ersten Christen gewesen ist, ganz besonders in Ihren Augen, wie Ihre beiden Bücher zeigen, Herr Lukas:

-Lukas: Wenn ich es so sagen darf: Allen Evangelisten ist es wichtig gewesen, dass schon Jesus selbst das AT herangezogen und immer wieder zitiert hat. Und schon er selbst hat den Sinn der Schriftstellen entfaltet, die sich auf ihn beziehen. Ebenso entfaltet sich der Lauf der Heilsgeschichte, welcher in den Vorhersagen des AT sichtbar wird, durch das Geschick Jesu.

-Ich wähle zur Anschauung die berühmte **Emmaus-Geschichte**. In dieser schönen **Erzählung von den Jüngern ,** denen der auferstandene Christus am Oster-Nachmittag incognito begegnete, gibt es den berühmten Satz, von dem alle Forscher überzeugt sind, dass Sie selbst ihn formuliert haben: *„Brannte nicht unser Herz, da er mit uns redete auf dem Wege und uns die Schrift öffnete"* (Lk.24,32)?

-Lukas: Für die wandernden Jünger, die das sagten, war es entscheidend, dass ihnen im Gespräch mit dem fremden Weg-Begleiter die Bedeutung von Jesu Tod aufging, - durch die Erläuterung der prophetischen Bibelstellen.

- Genau als das Gespräch mit dem Auferstandenen stattfand, und als hier Rede auf die Schriftstellen kam, da begann ihr Herz sich zu bewegen, ihr Puls schlug schneller, es wurde ihnen heiß vor Freude! Vorher hatten sie sich gesagt: Gott hat unseren Herrn verlassen, er ist gestorben, wir haben ihn verloren, alles ist vorbei! Nun begriffen sie: Gemäß dem im Alten Testament beschriebenen Ratschluss Gottes musste Jesus leiden, er war aber nicht im Tode geblieben, - sondern lebt!

-Lukas: So ist es! Es kommt hier darauf an, dass das Herz der beiden Wanderer nicht durch die frische Nachricht anderer Jünger zu brennen begonnen hatte, die ihnen morgens erzählt hatten, dass das Grab leer war, - sondern eben erst **durch**

die Auslegung der Schrift, in der vorhergesagt und erklärt war, was mit Jesus geschehen ist.

- Ja, *dadurch* bereitete sich auf dem Weg die österliche Erkenntnis in den Jüngern vor, die dann am Abend beim Essen in der Herberge vollendet wurde: Unser Herr lebt! So erzählen Sie es.

- Lukas: Beim Mahl erkannten sie ihren Herrn selbst, und sie wussten: Es ist wirklich Christus! Er, der mit uns gegangen ist, hat nun das Brot mit uns geteilt! Das Grab konnte aus mehreren Gründen leer sein, doch dem Herrn auf dem Wanderweg persönlich zu begegnen, ihn von den prophetischen Verheißungen sprechen zu hören, das war etwas anderes! Durch Jesu Nähe und Hilfe wurden Herz und Geist der Jünger geöffnet. Sie glaubten dem Wort der Schrift und fassten neuen Mut. Voll Freude kehrten die Jünger um und erzählten den andern: ‚Er war bei uns, ist mit uns gewandert, hat mit uns gegessen! Durch die Prophezeiung in den Schriften verstehen wir jetzt den Sinn seines Leidens - als Hingabe und Beweis des Gehorsams gegenüber seinem Vater. Seid getrost, es musste alles so kommen, und Jesus lebt!'

Mose-Bücher, Psalmen und Propheten

Dürfen wir jetzt noch einmal einzelnen Phänomenen Ihrer Ingebrauchnahme der Schrift-Texte nachgehen? Sie sagten ja, dass Sie über eine schriftliche Sammlung wichtiger Zitate aus dem Alten Testament verfügten. Das waren vielleicht hauptsächlich solche Worte, die in den Urgemeinden eine besondere Rolle spielten, weil man sie als Prophezeiungen las. Sie schreiben an einigen Stellen, dass ‚alle Bücher' Christus bezeugen, angefangen von Mose über die Psalmen zu den Propheten. Tatsächlich bringen Sie auch Reminiszenzen aus den Texten des ersten Bibelteils. Bei genauer Prüfung Ihrer Zitate kann man feststellen, dass Sie die **fünf Bücher Mose** schriftlich nicht einsehen konnten, sondern aus dem Gedächtnis darauf zugriffen. Ein Beispiel ist die zweite Petrus-Rede in der Apostelgeschichte. Da zitiert er (Apg.3,22f.) Mose, bei dem geschrieben steht: *„So spricht der Herr: Ich will ihnen* *einen Propheten, wie du bist, erwecken und meine Worte in seinen Mund geben. Der soll zu ihnen reden alles, was ich ihm gebieten werde (5.Mose 18,18)".* Gemeint ist hier eigentlich: Ich will ihnen immer wieder einen Propheten erwecken... In der christlichen Lektüre wurde daraus: Den einen Propheten, Jesus Christus, den Messias, diesen wird Gott erwecken. Die Stelle wird im NT häufig benützt. Im 5.Mosebuch geht es nun so weiter: *„Doch wer meine Worte nicht hören will, die er in meinem Namen redet, von dem will ich Rechenschaft fordern, spricht der Herr"(5.Mose 18,19).* Bei Ihnen, Herr Lukas, wird daraus dann etwas anderes: *„Wer diesen Propheten nicht hören will, der soll vertilgt werden aus dem Volk" (Apg. 3,23).* Weil Sie sich nicht genau an den Wortlaut bei Mose erinnern konnten, haben Sie den Text etwas verändert, mit einer anderen Bibelstelle vermischt oder im Gedächtnis die Stellen verwechselt. Mit der Formulierung, die Sie dann benutzten, gewannen Sie Worte einer scharfen Drohung an die jüdischen Zuhörer: ‚Es gibt nur e i n Volk Israel! Nur e i n   w a h r e s Volk! Wenn Ihr nicht auf Christus hört, werdet Ihr aus dem Volk Israel vertilgt'.

Die Psalmen und Prophetentexte zitieren Sie genauer, nach Ihren Wort-Sammlungen oder durch Einblick in Buchrollen.

-Lukas: Es stimmt, dass ich eher Zugang hatte zu den Schriftrollen mit Prophetentexten als zu den Fünf Büchern Mose. Tatsächlich habe ich mich sehr um die Heilige Schrift bemüht und immer wieder zu erkennen versucht, wo sie von Jesus Christus spricht, ihn ankündigt. Vor allem las ich Jesaja! Zum Beispiel benützt Jesus bei der Antrittspredigt in Nazareth (Lk.4) die Stellen **Jesaja 61,1-2, außerdem 42,7 und 48,8.** Ich gehe davon aus, dass er selbst die Stellen kannte, und ich sage den Lesern (in Lk.4,17), wo das steht, was Jesus für seine Selbstvorstellung in Anspruch nahm.

Stellenangaben fehlen oft

- Andererseits sind Ihre Hinweise auch oft sehr pauschal, ohne Angabe der jeweiligen AT-Texte, auf die sich stützen. Vielleicht überwiegen die

Pauschal-Nennungen sogar die konkreten Schriftzitate. Ich zitiere nun Beispiele aus dem Lukas-Evangelium, wo

-Lk.1,70: *„Wie er vorzeiten geredet hat durch den Mund seiner heiligen Propheten"* (nämlich, dass er Israel befreien wird). --- --- Lk.18,31: *„Und es wird alles vollendet werden, was geschrieben ist durch die Propheten von dem Menschen Sohn"* (nämlich, dass er leiden und sterben und auferstehen wird). --- Lk.21,22: *„Das sind die Tage der Vergeltung, an denen alles erfüllt wird, was geschrieben ist"* (nämlich vom Ende Jerusalems). --- Lk.24,27 u.44: *„Und er fing an bei Mose und allen Propheten und legte ihnen aus, was in allen Schriften über ihn gesagt war."*- *„So steht's geschrieben, dass der Christus leiden wird und auferstehen von den Toten am dritten Tage"* (angesprochen waren hier die Jünger von Emmaus und danach die 12 vor der Himmelfahrt).

-Lukas: Viele Schriftorte sind in meinem Text wiedergegeben. Sie werden aber einsehen, dass man die Stellenangaben zu den Zitaten nicht immer wiederholen kann.

-Und trotzdem fällt es auf! In der Apostelgeschichte findet man folgende Sätze, die zeigen sollen, dass sich im Christus-Geschehen Verheißungen erfüllen. Auch wenn es sich um Pauschalzitate handelt, die mehrere Bibelstellen gleichzeitig zum Hintergrund haben, v e r m i s s t man eine Q u e l l e n a n g a b e.

Apg.3,18 u.24: *„Gott hat erfüllt, was er durch den Mund aller seiner Propheten zuvor verkündigt hat"* – *„Alle Propheten von Samuel an und danach,…,die haben diese Tage verkündet"* (Petrus-Rede an Pfingsten). - -- Apg.7,52: *„Die Propheten haben zuvor verkündet das Kommen des Gerechten, dessen Verräter und Mörder ihr nun geworden seid"* (Stephanusrede vor seiner Steinigung). --- Apg.10,43.: *„Von diesem (Jesus) bezeugen alle Propheten, dass durch seinen Namen alle, die an ihn glauben, Vergebung der Sünden empfangen sollen."* (Petrusrede im Haus des Kornelius). --- Apg.13,27.29.40; *„Ihre* (der Juden) *Oberen, weil sie Jesus nicht erkannten, haben die Worte der Propheten mit ihrem Urteil erfüllt…und hatten alles vollendet, was von ihm geschrieben* *steht"* (Paulus-Predigt in der Synagoge von Antiochia). --- Apg.:18,28: *„Er widerlegte die Juden kräftig und erwies öffentlich durch die Schriften, dass Jesus der Christus ist"* (Apollos in Ephesus). --- --- Apg.28,23: *„Und er predigte ihnen von Jesus aus dem Gesetz des Mose und aus den Propheten vom frühen Morgen bis zum Abend"* (Paulus in seiner Unterkunft in Rom).

-Besonders hervorzuheben sind in diesem Zusammenhang auch solche Stellen ohne Quellen-Angabe, wo das Leiden und Sterben und Auferstehen Christi als ein Geschehen dargestellt werden, das so kommen *musste*, weil es - gemäß den Schriften - in Gottes Plan so bestimmt war.

Lk.9,22: *„Der Menschensohn muss viel leiden und verworfen werden von den Ältesten und Hohepriestern und Schriftgelehrten und getötet werden und am dritten Tage auferstehen"* (Erste Leidensweissagung). --- Apg.17,2-3: *„Paulus redete zu ihnen an drei Sabbaten aus der Schrift, tat sie ihnen auf und legte ihnen dar: Christus musste leiden und auferstehen von den Toten"* (in der Synagoge von Thessalonich). --- Apg.26,22f.: *„Ich sage nichts, als was die Propheten und Mose gesagt haben, dass es geschehen soll: dass Christus müsse leiden und als erster auferstehen von den Toten"* (Paulus zu König Agrippa in Cäsarea).

-Im Geist kann man sich den alttestamentlichen Hintergrund manchmal vorstellen, - hier ist es wohl meist Jes.53. Aber Stellenangaben fehlen. Darf ich es hier noch einmal sagen? Bei so viel ‚Schicksalsbeweis aus der Schrift' kann man auch wieder die Gefahr der ‚Historisierung' erkennen. Menschen möchten gern ‚Gottes Plan' erkennen und identifizieren bestimmte Geschichtsereignisse mit seiner höheren Vorsehung. Für die Personen, die ein Ereignis erzählen, erhöht sich durch die erfüllten Weissagungen das Gewicht des Erzählten. Durch die Einfügung in die ‚biblische Vorsehung' sind die Ereignisse gleichsam ‚geheiligt', nicht mehr hinterfragbar. Personen, welche die Geschichten hören oder lesen, werden überzeugt und haben das Gefühl, dass sie jetzt ‚wissen'. Alles musste so kommen, weil es so bestimmt war, denn dort und dort war es vorhergesagt. Hier kann eine Selbstversicherung für den Glauben entstehen, die man aus biblizistischen Kreisen kennt. Plötzlich sind die biblischen ‚Beweise' ‚Fakten'. Von hier aus kann es bei gewissen Sekten gefährlich werden.

-Lukas: Aber wir erkannten Gottes Plan aus den Schriften! Nehmen Sie hier die Weissagung vom Gottesknecht in Jasaja 53! Man sieht da den unauflöslichen Zusammenhang zwischen Vorhersage und Verwirklichung in Christus.

- Zum Text **Jesaja 53** hat sich die Kirche immer ganz stark hingezogen gefühlt, um die Bedeutung des Kreuzestodes auf Grund des Prophetentexts zu verstehen. Allerdings weiß man im Grunde nicht, wer dieser ‚Gottesknecht' sein soll, von dem Jesaja spricht. Wir sagen: Es ist Jesus! Aber es könnte auch eine andere Einzel-Person gemeint sein, - oder das Volk.

Bibelzitate zu Leiden und Sterben Jesu Christi

-Hier denke ich manchmal, die Zitate und Stellenangaben könnten mehr sein.

- Lukas: Nein! Es sind viele! Für den Verrat des Judas beziehe ich mich durch Zitat auf **Ps.41,10**: *„Auch mein Freund, dem ich vertraute, der mein Brot aß, tritt mich mit Füßen"*(Apg.1,16). --- Für die Gefangennahme Jesu beziehe ich mich durch Zitat auf **Jes.53,12**: *„Dafür, dass er sein Leben in den Tod gegeben hat und den Übeltätern gleichgerechnet ist"* (Lk.22,37). --- Für Prozess und Leiden Jesu (Geschichte von Philippus und dem Kämmerer aus Äthiopien) auf **Jes.53,7**: *„Wie ein Schaf, das zur Schlachtbank geführt wird, und wie ein Lamm, das vor seinem Scherer verstummt, so tut er seinen Mund nicht auf"*(Apg.8, 32). --- Für die Deutung des Todes Jesu als stellvertretenden Tod eines Gerechten auf **Jes.53,12**: *„Durch seine Erkenntnis wird er, der Gerechte, den Vielen Gerechtigkeit schaffen"*(Lk.23,47).

- Ja, es ist wahr, es sind viele! Ich persönlich fände es aber schön, wenn a l l e Evangelisten n o c h   m e h r auf Jes.53 verwiesen hätten, um das Leiden Christi zu verstehen und zu erklären. Im Zusammenhang mit der

Aufnahme von Jes. 53 fehlt mir immer wieder etwas Entscheidendes: Im Anschluss an diesen Text wird das Leiden bei allen Christen seit 2000 Jahren als stellvertretendes Sühneleiden für unsere Sünden verstanden. Aber in den Evangelien kommt das nur schwach zum Ausdruck. Bei Mk.10,45 gibt es eine einzige Stelle, wo er sagt, dass Jesu Tod das Lösegeld für viele sei. Bei Matthäus mehrere und bei Johannes keine Stelle. Sie, Herr Lukas, beschreiben das entscheidende ‚für uns' des Leidens und Sterbens Christi am Kreuz auch nur an einer einzigen wichtigen Stelle. In seiner Abschiedsrede in Ephesus sagt **Paulus**: *„So habt nun acht auf euch selbst und auf die ganze Herde, ...zu weiden die Gemeinde Gottes, die er durch sein eigenes Blut erworben hat"* (Apg.20,28)." In Ihrem übrigen Werk ist das stellvertretende Sühneleiden Jesu nicht erwähnt, nicht betont, - eher weisen Sie darauf hin, dass Jesus ein Gerechter war, der unschuldig starb. Erst später, im 1. Petrus-Brief, findet man ausführliche Zitate aus Jes.53. Diese Propheten-Texte gehören zur immer benützten Karfreitagsliturgie der christlichen Kirche.

- Lukas: Ich glaube aber, dass ich mein Evangelium im Geist von Jes.53 geschrieben habe. Jesus ist durch seinen Tod unser Retter geworden. Dreimal zitiere ich Jes.53, wie oben gezeigt.

-Trotzdem habe ich das Gefühl: Im Prozess des Schreibens lag Ihnen die geschichtliche Entfaltung des Heilsplans Gottes mehr am Herzen, den Sie so verstehen: Durch den Tod als Durchgangsstation führt der Weg Jesu zur Auferstehung und zur Erhöhung in den Himmel. Vielleicht war die Ursache für Ihre Akzentsetzung die missionarische Situation Ihrer Zeit. Die ‚Heiden' verstanden die jüdische Vorstellung vom stellvertretenden Sühneleiden nicht so gut, und sie wussten nichts von den alttestamentlichen Texten. Die ‚Heiden' wurden vom Wunder der Auferweckung Jesu mehr beeindruckt als vom ‚leidenden Gottesknecht', der stellvertretend der Welt Sünde trägt.

-Lukas: Ich möchte aber daran erinnern, dass ich der einzige Evangelist bin, der Jesus als Heiland und Retter bezeichnet. Das Heil kommt durch das Kreuz, - auch für mich! Denken Sie daran, wie Jesus dem neben ihm Gekreuzigten Vergebung zuspricht. Durch Jesu eigenes Sterben hindurch wird der Verbrecher begnadigt.

- Aber warum haben Sie sich zum Thema Tod Jesu nicht noch häufiger um Belege aus den Schriften bemüht? Sie kennen so viele Bibeltexte und haben auch so viele zitiert. Doch am wichtigsten Punkt – der Deutung des Todes Jesu als stellvertretende Schuldübernahme - sind Ihre Schrift-Zeugnisse mager. Umso mehr beharren Sie in Ihren Geschichten und Predigten darauf, dass man *,aus den Schriften'* alles erkennen kann, was dann kam, und was man zu wissen braucht. Verstehen Sie meinen Gedanken? Die Ereignisse um Jesus Christus, - sagen Sie -, folgten der Vorherbestimmung Gottes, die ,von allen Propheten' in der ,ganzen' Schrift bezeugt ist. Aber bitte: wo genauer, in welchen Texten der Schrift sind diese Zusammenhänge zu finden, zu erkennen?

-Lukas: Sie müssen auch dieses bedenken und verstehen: Wir lebten damals in einem Fieber des Neuaufbruchs, denn wir machten die erregende Erfahrung, dass Christus, der Messias – mitten unter uns gewesen ist! In Christus handelte Gott, - Jesu Weg und Geschick war die entscheidende Handlung Gottes! Die größte von allen war die Auferweckung! Wir hatten beinah zu wenig Zeit, um den Prozess der Aneignung der Texte des Alten Bundes zu vertiefen und richtig zu vollenden.

- Ist das wirklich überzeugend? Mich irritiert, dass Sie in der Finde-Freude manchmal wohl etwas zu weit gegangen sind und Gottes-Worte und Verheißungs-Gedanken ,gefunden haben', die Sie dann nur durch wenige Schrifttexte belegen. Gelegentlich lasen Sie etwas in die Propheten-Äußerungen hinein, was nicht dasteht oder von den ursprünglichen Autoren anders gemeint war.

- Bitte sagen Sie nicht, dass wir falsche Bezüge herstellten! Damit würde Ihre moderne Literarkritik eine der wichtigsten Grundlagen des Christentums in Zweifel ziehen.

Beweisführung zur Auferstehung Jesu und zum leeren Grab

-Herr Lukas, leider muss ich sagen, die Verwendung und Deutung der von Ihnen zu diesem Thema angeführten Bibel-Stellen ist problematisch! Um zu begründen, dass Jesus nicht der Verwesung preisgegeben wurde, weil er nach drei Tagen leiblich auferweckt wurde, machen Sie sich große Mühe mit einem ausführlichen ‚Schriftbeweis': In einem sich über 10 Verse hinziehenden Argumentationsgang lassen Sie Petrus in der Pfingstpredigt **(Apg.2, 24-35)** erklären, wie aus den Schriftstellen Ps.16,10 und einigen anderen (die aber nur anklingen), klar hervorgeht, dass Gott Jesus vom Tod erweckt hat. Die Gedankenkette ist umso länger und komplizierter als die Basis für den ‚Beweis' schmal ist. Die Hauptstelle **Ps.16,10** lautet: *„Denn du wirst meine Seele nicht dem Reich des Todes überlassen und nicht zugeben, dass dein Heiliger die Verwesung sehe"*, - so spricht David im Gebet. Viele Psalmen wurden König David zugeschrieben, damit sie den Namen dieses berühmten Autors haben. Selbst wenn man annimmt, dass Psalm 16 wirklich von David ist, - warum sollte er hier von Christus sprechen? David spricht von sich selbst und drückt seine Zuversicht aus, dass Gott ihn im irdischen Leben erhält und vor dem Grab beschützt. (Im Original Ps.16,10 ist von ‚Grube' die Rede, nicht von ‚Totenreich' wie in der Übersetzung des Verses Apg. 2,27). Wirklich nbezweifelbar preist David Gott dafür, dass er nicht sterben und verwesen muss, sondern am Leben bleibt! Durch das Missverstehen des Textsinnes kommen Sie, - bzw. die Mitchristen um Sie herum -, hier auf den Gedanken, dass in Ps.16,10 ein Verstorbener gemeint ist, der kurz vor seiner Verwesung wieder zum Leben erweckt wird. Und Sie folgern: Das kann überhaupt nur Jesus sein! – Um aus der Lebens-Zuversicht des David die Prophezeiung einer Totenerweckung für Jesus werden zu lassen, wird dann noch eine andere Psalmstelle herangezogen: *Ps. 110, 1.* Dort heißt es: *„Der Herr sprach zu meinem Herrn: Setze dich zu meiner Rechten, bis ich deine Feinde zum Schemel unter deine Füße lege."* Der Original-Sinn der Stelle ist: ‚Gott Jahve sprach zu David: ‚Setze dich zu meiner Rechten…'! In der christlichen Lektüre des im Neuen Testament oft benützten Wortes Ps.110,1 entsteht daraus: ‚Gott bzw. David sprach zu Jesus Christus' (dem letzten Spross der Dynastie): ‚Setze dich zu meiner Rechten'. Gemäß der christlichen Lektüre dieses Textes spricht der König Israels in den Psalmstellen als Prophet, und so, wie er sich in Psalm 110 an Christus gewandt habe, müsse es auch für Ps.16 gelten: David macht Vorhersagen über einen anderen! Er selbst wurde nicht zur Rechten Gottes erhöht, denn er ist ja eines normalen Todes gestorben. Nur Christus kann es sein, der nicht im Totenreich geblieben ist, sondern zur Rechten Gottes erhöht wurde! Der Beweis ist erbracht: Die Verse von Ps.16 und Ps.110 sind auf Jesus zu beziehen! --- So ist hier eine lange Gedankenreihe der Pfingstpredigt des Petrus dem biblischen Nachweis der Auferstehung gewidmet. Der Redende muss sorgfältig argumentieren, aber offensichtlich wurden viele Hörer am Ende davon überzeugt. Wenn es ‚geschrieben steht', dann muss es wahr sein!

Auch Paulus benützt in seiner **Rede von Antiochia Apg.13,33-37** den Beweisgang mit derselben Bibelstelle **Ps.16,10**: ‚Du willst nicht, dass dein Heiliger sterben muss und im Grab endet', sagt das Psalmwort, - dem Paulus dann die neue Bedeutungt gibt: *‚Du gibst deinen treuen Diener nicht der Verwesung preis.'*, - In seiner Rede benützt Paulus noch zwei weitere Bibelstellen: **Psalm 2,7**: *„Du bist mein Sohn, heute habe ich dich gezeugt"*. Dieses Wort wird oft auf die Menschwerdung Jesu bezogen oder auf seine Berufung bei der Taufe oder auf die Erhöhung zur Rechten Gottes. Kann man die Aussage auch auf die Auferweckung hin lesen? Bei Ihnen ist es möglich! -- Paulus spricht weiter: *„Dass er ihn aber von den Toten erweckt hat und ihn nicht der Verwesung überlassen wollte, hat er so gesagt: Jesaja 55,3: Ich will euch die Gnade, die David verheißen ist, treu bewahren"* Warum beziehen sich die Gnaden, die David gegeben oder versprochen worden waren, hier auf die unverweste Leiblichkeit des gestorbenen und auferweckten Jesus? Der Gedanke ist, dass ein Bibelwort hilft, das andere zu deuten. Jedes Mal muss man sehr viel nachdenken, um dem Argumentationsgang irgendwie folgen zu können.

- Lukas: Was wollen Sie damit sagen? Christus, der Davidssohn ist wahrhaftig auferstanden! Was ist das Ziel solcher Untersuchungen? Jetzt stehen sie da, unsere Erkenntnisse, in allen Bibeln! Alle Christengemeinden auf Erden arbeiten mit unserer Auslegung der Schriften Israels. - Was manchen die Professoren des Neuen Testaments? Sie sitzen auf den Polstersesseln der Wissenschaft und können gemächlich überprüfen, was wir damals unter schwierigsten Umständen entdeckt, erklärt und geschrieben haben.

- Sie haben recht, die moderne Bibelwissenschaft in ihren bequemen Sesseln und dicken Bücherschränken zu kritisieren. Trotzdem möchte ich sagen: So, wie Sie, lieber Herr Lukas (zusammen mit vielen anderen frühen Christen, wie ich annehme) den AT-Text aufnehmen und deuten, war er hier an diesen Stellen nicht gemeint. Die Aussageabsicht der Verfasser ist durch eine andere Lesart überschrieben, - zugunsten des neuen Glaubens.

-Lukas: Darf ich dazu noch dieses erklären? Unsere Bibellektüre war nicht einfach auf wörtliches Zitieren ausgerichtet, sie war gleichzeitig Interpretation bzw. Kommentar! Christliche Interpretation und christlicher Kommentar! Das müssen Sie uns lassen! Ich glaube, der Geist hat uns geholfen, die Schriften zu verstehen! Das Alte Testament ist doch schwanger mit der Botschaft von Christus!

- Sie hatten keine Bibel auf dem Schreibtisch, so etwas gab es noch nicht, höchstens Zitatsammlungen. Und nicht oft hatten Sie Zugang zu den Schriftrollen in den Bibliotheken. Sie arbeiteten unter drangvollen Voraussetzungen. Immer wurden die Gemeinden angegriffen und verfolgt, vielleicht auch Sie selbst, - mitten in Ihrer Arbeit. Trotzdem bin ich mit Ihrem Bibel-Gebrauch manchmal nicht einverstanden. Sie scheinen den Lesern zu sagen: ‚Studiert, dann seht Ihr, da steht es! Es ist klar geschrieben. Genau das, was ich Euch sage!‘ In Wirklichkeit müsste man jedes Mal sorgfältig hinschauen, prüfen und abwägen, ob man eine Bibelstelle so in Anspruch nehmen kann, dass man folgern darf: Hier könnte eine Prophezeiung auf Jesus vorliegen oder eine Hindeutung auf das, was er erlebte.

-Lukas: An diesem Punkt gibt es große Differenzen zwischen uns beiden! Doch ich glaube und hoffe, dass wir uns trotz allem darin einig sind: Der Aufweis, dass der Messias in den Schriften des Volkes Israel verheißen ist, ist ein Stück vom Leben des Christentums – bis heute! Wir stammen aus dem Alten Bund und sind nun selbst zusammen mit den getauften Juden zum Volk Gottes geworden, zum neuen Israel. Vor allem Jesaja hat sehr viel geschrieben und verheißen, das man eindeutig auf Christus beziehen muss. Nehmen Sie außer Jes.53 auch Jes.7, Jes.9, Jes.11, Jes.40 und 42, vor allem Jes.49 dazu!

> Lieber Herr Lukas! Mir ist noch eine weitere Beobachtung wichtig: Man kann an den Evangeliums-Texten nachvollziehen, wie die Hinweise, dass alles schon in den Schriften steht, was sich dann in Jesus erfüllte, im Lauf der Entstehung des Neuen Testaments zunehmen.

Zunahme des Schriftbeweises nach dem Schema Verheißung-Erfüllung

Bei Paulus, der am frühesten schrieb, steht die **Formulierung** n i e: ,**Auf dass die Schrift erfüllet würde'**. Bei Markus kommt sie nur zweimal vor, bei Johannes dreimal, bei Matthäus dagegen neunmal und bei Ihnen *fünfzehnmal*. Natürlich ist die Gründung der Jesusgeschichte auf das Erbe der Geschichte Israels und auf die Verheißungen für alle Autoren von zentraler Bedeutung. Bei Ihnen aber wird die Häufung des Aufweises aus der Schrift so dicht, dass man als Bibelleser unsicher wird. Oft rufen Sie die Autorität der Schriften einfach auf, - dokumentieren aber kaum etwas aus den Texten. Und durch den starken Akzent auf dem göttlichen ,Muss' der Ereignisse erzeugen Sie einen Zusammenhang von Verheißung und Erfüllung, der auf den Leser manchmal beinahe ,automatisch' und auch etwas ideologisch wirkt. Immer wieder ist es mir ein Anliegen, zu betonen: Der Bezug zum Alten Testament ist wichtig, doch das AT liefert uns kein ,objektives Fundament'! Der Glaube muss eigentlich ohne feste Absicherungen auskommen! Er steht unter dem Vorbehalt: Es könnte alles auch anders sein! Die ,Entdeckungen' in der Schrift sind begleitet von Deutungen, die ganz verschieden ausfallen können. Auch die alttestamentliche Bibel ist ein religiöses Werk, keine faktengesicherte bzw. beweis-liefernde Goldgrube für christliche Verkündigung.

Es besteht ein wichtiger Unterschied zwischen Ihnen und Matthäus. Wenn Matthäus neunmal sagt: *„Auf dass erfüllt wird, was der Herr durch seine Propheten sagt"*, dann führt er jedes Mal ein kleines Schriftzitat an. Es wirkt so, dass er ausdrücken will: Hier unter uns, in der Geschichte Jesu, entfaltet und verwirklicht sich etwas, das geschrieben stand. Das ist eigentlich noch kein Schrift-Beweis, eher ein Schrift-Auffindung! Jesus-Ereignisse und Schriftstellen haben sich gegenseitig getroffen. Die Stellen des Matthäus haben den Charakter: ‚Geschrieben und nun bewahrheitet' oder: in den Schriften ‚entdeckt und nun auf die Gegenwart bezogen'. – Bei Ihnen aber, Herr Lukas, wird die Bibel oft großflächig benützt, um das Argumentations-Schema Verheißung-Erfüllung zu verstärken.

H ä u f i g k e i t   d e s   S c h e m a s   V e r h e i ß u n g   u n d   E r f ü l l u n g :

Lk.1,20: Zacharias hat „Gottes Vorhersage nicht geglaubt, die <u>erfüllt</u> werden sollte zu seiner Zeit", (nämlich, dass ihm der Sohn Johannes geboren werde), *darum musste er verstummen.*

Lk.4,21: ‚Heute ist dieses Wort der Schrift <u>erfüllt</u> vor euren Ohren', sagt Jesus in Nazareth.

Lk.9.31: „Mose und Elia redeten auf dem Berg der Verklärung von dem Ausgang, dem Fortgehen Jesu, das sich in Jerusalem <u>erfüllen</u> sollte".

Lk.9,51: „Es geschah aber, als die Tage bis zu seiner Hinaufnahme in den Himmel dabei waren, sich zu <u>erfüllen</u>, (=voll zu werden, auf ihre volle Zahl zu kommen), *da entschloss er sich, nach Jerusalem zu gehen."*

Lk.18,31: „Es wird alles <u>vollendet</u> werden, was geschrieben steht.

Lk.21,24: Es wird viel Zerstörung geben durch die Römer, bis auch „die Zeit der Heiden sich <u>erfüllt"</u> (denn dem Werk ihrer Zerstörung ist durch Gott eine Frist gesetzt)

Lk.24,44: „Es muss alles <u>erfüllt</u> werden, was im Gesetz des Mose, bei den Propheten und in den Psalmen über mich geschrieben steht."

Apg.1,16: „Ihr Männer, es musste das Wort der Schrift <u>erfüllt</u> werden, das der Hl. Geist durch den Mund des David vorausgesagt hat."

Apg.3,18: „Gott hat <u>erfüll</u>t alles, was er durch den Mund seiner Propheten vorher verkündet hat" (dass Christus leiden muss).

Apg.3,21: Gott wird den Gesalbten Jesus senden, den der Himmel aufnehmen muss bis zu den Zeiten der Erfüllung aller Einzelheiten, die Gott durch den Mund seiner heiligen Propheten von Anfang an genannt hat.

Apg.13,27: Die Einwohner Jerusalems, die Jesus kreuzigten, erfüllten die Worte der Propheten mit ihrem Todesurteil.

Apg.13,29: „Als sie (erg.: bei der Kreuzigung) alles erfüllt hatten, was von ihm geschrieben steht, nahmen sie ihn vom Holz und legten ihn ins Grab.“

Apg.13,38: „Und Gott hat die Verheißungen an die Väter erfüllt, indem er Jesus auferweckte.“

Apg.26,22f.: „Ich sage nichts, als was die Propheten und Mose gesagt haben, dass es geschehen soll: Dass Christus müsse leiden und als Erster auferstehen von den Toten…“

H ä u f i g e r   G e b r a u c h   v o n   ‚e s   m u s s‘,
vor allem in Bezug auf das Leiden Jesu:

Lk.2, 49: Jesus: „Warum habt ihr mich gesucht? Wusstet ihr nicht, dass ich sein muss in dem, was meines Vaters ist?“

Lk.4,43: Jesus: „Ich muss auch den anderen Städten das Evangelium predigen vom Reich Gottes, denn dazu bin ich gesandt.“

Lk.9,21: „Der Menschensohn muss viel leiden und verworfen werden… und getötet werden und am dritten Tage auferstehen.“

Lk.9,44: „Des Menschen Sohn muss überantwortet werden…“

Lk.13,33: „Ich muss heute und morgen und am Tag danach wandern…“

Lk.19,5: „Zachäus, heute muss ich in deinem Haus einkehren!“.

Lk.24,26: „Musste nicht der Christus dies erleiden und in seine Herrlichkeit eingehen?“

Apg.3,21: „Ihn (den Christus) muss der Himmel aufnehmen bis zu den Zeiten, in denen alles hergestellt wird, wovon Gott geredet …“

Apg.9,16: „Ich will ihm (Paulus) zeigen, wie viel er leiden muss um meines Namens willen“.

Apg. 13,46: „Euch musste das Wort zuerst gesagt werden, da ihr es aber von euch stoßt,… so wenden wir uns zu den Heiden.“

Apg.19,21: „Wenn ich dort (in Jerusalem) gewesen bin, muss ich auch Rom sehen.“

Apg.26,22f.: *„Ich sage nichts, als was die Propheten und Mose gesagt haben, dass es geschehen soll: Dass Christus _müsse_ leiden und als Erster auferstehen von den Toten..."*

Alle Texte des AT als Verheißung auf Christus

Bei Ihnen, Herr Lukas, ist der prophetische Charakter der Schrift als Ganzer mächtig betont, _alles_ in den alten Texten ist Verheißung, _alles_ im Leben Jesu Erfüllung. Zwischen den einzelnen Büchern des AT machen Sie keinen Unterschied, sondern nehmen Sie als Einheit in Anspruch. Immer wieder benützen Sie dabei die Worte _,alle', ,alles '._ So wird die ganze Schrift des AT zur Beweisfläche:

Lk.24,27: *„Und Jesus legte den beiden Jüngern aus, was in ALLEN Schriften von ihm gesagt war".*
Lk.24,44: *„ALLES, was in den Mosebüchern, den Schriften der Propheten und den Psalmen über mich geschrieben steht, muss in Erfüllung gehen".*
Apg.3,18: *„Durch den Mund ALLER seiner Propheten hat er zuvor verkündigt, dass Christus leiden muss".*
Apg.3,24: *„Und ALLE Propheten, von Samuel an und danach, wie viele auch geredet haben, die haben diese Tage verkündet...".*
Apg.10,43: *„Von diesem bezeugen ALLE Propheten, dass durch seinen Namen alle, die an ihn glauben, Vergebung der Sünden empfangen sollten."*

-Lukas: Die Ingebrauchnahme der Schriften des AT als Vorhersage auf Christus hin hat die Kirchengeschichte geprägt – bis heute. Auch für Martin Luther war die Auslegung des *ganzen* AT auf Christus hin eine feste, unumstrittene Grundlage.

-Das ist richtig. Dennoch wirkt Ihr Umgang mit den Schriften des Volkes Israel auf mich verunsichernd. Sie verzichten häufig auf Prüfung und Auslegung und machen Ihre Behauptung: ,Früher angekündigt – jetzt

179

eingetroffen!' schon zum ‚Beweis'. Dabei scheinen Sie zu sagen: Bei gutem Willen, wenn sie die Texte studieren, müssen die Leute verstehen, dass die Schriften auf Christus hin zu lesen sind, und wie sie von ihm sprechen. Leider haben manche Menschen – das waren damals vor allem die Juden - ihre Ohren verstopft oder ihre Gedanken verstockt. Da kann man ihnen nicht helfen. Das Problem mit der Schrift könnte doch so leicht sein, wie das Beispiel von Philippus und dem Kämmerer zeigt. Auf seiner Kutschbank sitzt der Minister aus Äthiopien und liest Jes.53. Er stellt eine Frage: Von wem ist die Rede in diesem Text? Philippus antwortet ihm: ‚Der Knecht in Jes.53, das ist Jesus!' Aha, antwortet der Kämmerer, der Text handelt von Jesus! Philippus erklärt ihm, wie sich die Jesaja-Stelle in Jesu Schicksal erfüllt hat, und kurz darauf lässt der königliche Beamte sich taufen.

- Lukas: Die Predigten der Apostel fanden anfänglich vor jüdischen Synagogen-Gemeinden statt. Dort mussten wir zeigen, dass unsere Glaubensverkündigung den Sinn der Schriften richtig trifft. Die Aufgabe der Selbstverteidigung durch Schriftbegründung war uns täglich gestellt. Es ist ja klar, dass es dabei um alles ging! Wir hatten und haben den Anspruch, Empfänger der Sendung des Messias zu sein sein. Aus diesem Grund mussten wir auch darauf bestehen, über die wahre Auslegung der Schrift zu verfügen. Die Juden konnten unsre Identifizierung des Jesus von Nazareth mit dem Messias-Davidssohn der Propheten-Weissagungen nicht akzeptieren. Es kam zu Auseinandersetzungen mit ihnen. Sie verhafteten uns und verfolgten uns auf Leben und Tod! Was taten wir? Eben dieses! Mit umso größerem Eifer legten wir viele Passagen des AT auf Christus hin aus, und freimütig kritisierten wir die, die sich dem so begründeten Glauben an Christus verschlossen. Die Bibel des AT wurde zum Streitfeld, wie Sie allen Predigten und Reden der Apostelgeschichte entnehmen können. Wir waren uns sicher, dass wir die Texte so lasen, wie sie als Gottes Wort gemeint waren. Ich möchte sagen: Letztlich wurde die Bibel des AT für uns Christen zum Siegesfeld! Warum formulieren Sie so viel Kritik daran? Was hat Ihre moderne literarische Forschung erreicht?

- Aus unserer heutigen Sicht gilt: Untersuchungen am Bibeltext sind nötig! Die alten Autoren brauchen einen Anwalt oder gewissen Schutz! Die früheren Texte der Bibel haben ein Recht darauf, dass sie in ihrem ursprünglichen Sinn wahrgenommen und bewahrt werden. Man kann dann immer wieder hinzufügen: So und so wurde diese oder jene Stelle von der christlichen Lektüre aufgenommen und neu gedeutet. Aber im Original hatte sie einen eigenen, oft anderen Sinn.

Zum Schluss muss ich Sie leider noch fragen: Warum blähen Sie den Rückbezug auf die Texte des Alten Bundes so auf? Ich habe den Eindruck, dass Sie den ‚Schriftbeweis' zu oft benützen und dadurch in gewisser Weise entwerten. Die von Ihnen angewandte Art des AT-Gebrauchs hat etwas ‚Einhämmerndes' und kann auch in Ihrer Zeit schon manche Leser etwas verunsichert haben.

- Lukas: Wenn ich darüber nachdenke…, vielleicht ist dies eine Antwort: Sie wissen, ich schrieb mein Werk in der Zeit des Aufbruchs der ‚Heidenmission'. Die Christen, die vorher Heiden waren, hatten keine jüdische Schrift zuhause, keine Kenntnis vom Bibelkorpus des Volkes Israel. Deshalb habe ich oft nur noch ‚schematisch', ‚pauschal' auf die Schriften hingewiesen, - die sie ja niemals in die Hand bekamen! Die Geschichte Israels war wichtig, und die Verheißungen der Propheten gaben die Fundamente, aber der ‚Schriftbeweis' *im Einzelnen* war für die Heidenmission nicht so gewinnbringend. Griechen und Römer kannten die Bibel nicht! Man musste in der Predigt andere Wege suchen. Nur dies sollte für alle erkennbar bleiben: Wir sind als Volk des Neuen Bundes nicht nur ein Ölzweig am Baum des Alten, wie Paulus sagt, ich würde sagen: Wir sind selbst der Stamm und die Blüte!

Bedeutung der Auslegung des Alten Testaments für die Entstehung des Christentums

-Von hier aus kann man wohl noch etwas zur ‚Überschreibung mit einem neuen Sinn' sagen'? Ist es nicht so? Die neue Religion des Christentums brach aus wie eine Art ‚Vulkan', der seine Lava über die Erde ergoss. Die Hitze des Feuers floss auch über die Heiligen Schriften. Flächenmäßig wurden die Bücher des Alten Testaments als Verheißung neu ‚entdeckt', ‚erkannt', ‚verstanden', - man kann dann auch sagen: Sie wurden in einem zweiten Schritt ‚erobert', ‚besetzt', ‚mit neuem Geist gefüllt' und ‚umgedeutet': Ein völlig frischer Klang ertönte aus den heiligen Texten, ein neuer Sinn leuchtete aus zahlreichen Schriftstellen heraus: Plötzlich wies alles auf Christus hin. Es vollzog sich eine Transformation vieler Text-Bedeutungen und es kam im Namen des Glaubens an Jesus Christus immer wieder auch zu einer Neuschöpfung ihres Aussage-Inhalts! Da passierte wirklich etwas Großes, Religion-Stiftendes!

Lukas: Vielleicht ist es so, wie Sie sagen: Wenn eine neue Religion entsteht, - findet sie ihre Grundlage in der Neulesung, Neuerkenntnis, Neuschreibung, Neuerklärung von früheren heiligen Texten. Haben wir bei unserer Ingebrauchnahme des AT damals manches missverstanden und zu schnell gehandelt? Mag sein! So war es im 1. Jahrhundert: Das AT war das Tiefengestein, das Christentum die heiße Lava aus dem Innern des Berges. Der Vulkan brach aus, - und die Menschen erwachten in einer veränderten Landschaft. Sie sammelten die schwarzen Steine mit den herausgeschleuderten Texten am Fuß des Berges und lasen darauf lauter neue Botschaften.

- Heute ist die Verbindung zum Alten Testament lockerer geworden. Dennoch gilt: Die Christenheit darf diese Verbindung nicht vernachlässigen oder aufgeben. Jesus selbst hat in all seinen Predigten und durch sein Werk vorgelebt, was es für ihn bedeutet, zur Geschichte des jüdischen Volks zu gehören. Unsre neuzeitliche Text-Erforschung hindert die Gemeinden auf keinen Fall, mit dem AT auch weiterhin eng zusammenzuleben. Gott hat zu Zeiten Davids gehandelt, und sein Handeln an Christus leuchtet voraus in den prophetischen Worten des Alten Testaments. - Doch zum Schluss noch einmal: ‚Beweise' aus der Schrift kann und darf es nicht geben. ‚Beweise' sind nichts, was der Glaube nötig hat und brauchen kann. Begnügen wir uns mit ‚Hinweis', oder ‚Zeugnis' und fügen wir immer, wenn wir einen AT-Text so betrachten, hinzu: *Im Glauben* verstehen wir den Text so und so, *im Glauben* deuten wir ihn so, dass er uns hilft, Christus zu verstehen, als den, der dem Volk Israel verheißen war. Eine andere Ingebrauchnahme der Schriften als die, dass wir sagen: sie sind eine Ur-Kunde *des Glaubens*, - tut uns und auch ihnen nicht gut.

Kap.8
Lukas-Evangelium – Buch der Liebe

„Das Kriterium, ob wir Jesus wirklich
verstehen, ist, wenn wir seine
Liebe als das Geheimnis
seiner Person verstehen"
Ernst Fuchs

E i n l e i t u n g :

Man kann die Person Jesu Christi nur erfassen und verstehen, wenn man von ihrer Liebe erfasst wird. Die freundliche Ausstrahlung, die von Jesus ausging, ist der bewegende Grund für die Menschen, dem Christentum zu vertrauen. Matthäus: ‚Was ihr getan habt einem unter diesen meinen geringsten Brüdern, das habt Ihr mir getan'. Markus: ‚Liebe deinen Nächsten wie dich selbst'. Johannes: ‚Also hat Gott die Welt geliebt, dass er seinen eingeborenen Sohn gab'. Paulus: ‚Nichts kann uns scheiden von der Liebe Gottes, die erschienen ist in Jesus Christus.'. Lukas: ‚Dieser Frau wird viel vergeben, denn sie hat viel Liebe erwiesen'. Auf den ersten Blick sind Paulus und Johannes die viel größeren Theologen der Liebe im Neuen Testament, - Lukas bleibt hinter ihnen zurück. Auf den zweiten Blick erkennt man mehr!

L u k a s – E v a n g e l i u m :

Gottes Liebe in seiner Erniedrigung und in Jesu Geburt:
Vorgeschichte und Weihnachtsgeschichte zeigen: Jetzt kommt der liebende Gott zu seinem Volk und besucht es! Wir erkennen in den ersten beiden Kapiteln einen wohlwollenden Gott, der sich herabneigt und den Menschen zuwendet, indem er seinen Sohn sendet. Fast quellen die ersten beiden Kapitel über von Ausdrücken der Dankbarkeit über das Heil, welches Gott jetzt schenkt. Die alten Eltern von Johannes dem Täufer, die doch noch Nachwuchs bekommen, bezeugen die Liebe Gottes zum Menschengeschlecht, das fast schon keine Hoffnung mehr hatte. Im ‚Magnificat' preist Maria Gott für seine Barmherzigkeit ihr gegenüber, einer

unbekannten armen Frau, und allen Menschen gegenüber, die sonst nichts zu erwarten haben. Im Benedictus preist Zacharias, der Vater von Johannes dem Täufer, den freundlichen Besuch Gottes bei seinem Volk. Von der jungen Familie aus Nazareth, die nach langer Suche in einem Stall unterkommt, strahlt etwas aus, das liebevolles Mitgefühl hervorruft. Weil die Umstände so erniedrigend sind, macht das kleine Kind in der Futterkrippe Gottes Liebe umso fühlbarer. Auf dem Felde rufen die Engel den Hirten Gottes Wohlgefallen zu, sie verkünden den harrenden Menschen Gnade, Liebe, Friede und Erbarmen in der Geburt des Erlösers. Simeon und Hanna sind wieder sehr alte Menschen, die sich am neuen Leben des kleinen Jesus erfreuen, des ersehnten Messias. Ihr frommes Herz antwortet auf die Gabe Gottes mit Demut, Dankbarkeit und Hingabe. Es gibt Frauenliebe in der Legende von der Begegnung der schwangeren Frauen Maria mit Elisabeth. Wie jede Kindsgeburt einer Gotteserscheinung gleicht, so erst recht die Geburt des Heilands in Bethlehem. Weihnachten wird zum Fest der Liebe.

Jesu Liebe zu den Armen und Hilfsbedürftigen. Jesu Reich-Gottes-Predigt kündigt von einem anbrechenden Reich der Liebe. Die Zeit des Heils ist schon da, und Jesus lädt zu einer erneuerten Gotteskindschaft ein, deren Pfeiler Buße und Demut, Glaube und Liebe sind. Er preist die Armen selig und wendet sich den Lahmen, Blinden und Behinderten zu. So sagt seine Antrittspredigt, die messianischen Selbstvorstellung, den Bürgern von Nazareth: Ich bin gesandt zu den Armen, den Blinden, den Gefangenen und Zerschlagenen (ähnlich in Jesu Antwort auf die Frage der Jünger des Johannes, ob Jesus der erhoffte Messias sei). Die Seligpreisungen der Feldpredigt sprechen den Armen, Hungernden, Traurigen, Verstoßenen, Verfolgten Gottes Liebe zu. Nicht ihre Armut wird idealisiert, sondern sie selbst werden Gott anbefohlen; im besonderen Zustand des Leidens an der äußeren Existenz sind sie von Gott besonders Geliebte. Die Jünger, die vom See Genezareth aus aufgebrochen sind, um sich Jesus anzuschließen, sind arm in ökonomischer Hinsicht, aber reich durch den Eintritt in die Sphäre von Jesu Liebe. Haus, Beruf und Einkommensmöglichkeit gaben sie auf, um sich einem besitzlosen Wanderprediger anzuschließen. Dabei verlassen sie sich nun ganz auf Gott und seine Nähe. Das Gleichnis vom reichen Mann und armen Lazarus konkretisiert Verheißungen der Seligpreisungen: Am Ende - vielleicht erst in Gottes Reich - werden die Hungernden satt und die Reichen gehen leer aus. Beim großen Gastmahl, dem eschatologischen Festmahl, lädt der Hausherr die Armen,

Verkrüppelten, Blinden und Lahmen ein. Liebe fühlt man auch in Jesu Umgang mit den Frauen: 8,1-3, viele Jüngerinnen sind mit unterwegs, so viele wie in keinem anderen Evangelium. Jesus denkt an Witwen, beschützt psychisch kranke Frauen, nimmt eine Sünderin liebevoll auf. Viele Wunder gelten Kranken, Besessenen, Aussätzigen, Gelähmten, Blinden. Den jüngst verstorbenen Sohn einer Witwe erweckt Jesus zum Leben, ebenso wie die jüngst verstorbenen Tochter des Jairus. Sie dürfen zu ihren Familien zurückkehren.

Jesu Liebe gegenüber Zöllnern, Sündern und Verlorenen: Die selbstgerechte Frömmigkeit der Pharisäer, die nur sich selbst vervollkommnen will, lehnt Jesus ab. Immer neu kritisiert Jesus die religiöse Eitelkeit der Pharisäer und sucht demonstrativ Kontakt mit den ‚Sündern'. Das Hauptthema des Lukas-Evangeliums ist die sündenvergebende Liebe Jesu und die Freude im Himmel, wenn Verlorenes gefunden wird. Keiner erzählt so liebevoll wie Lukas, wie Jesus als Überbringer der Hoffnung für die Sünder auftritt. Der Zöllner Zachäus ist froh, dass Jesus ihn besuchen will, er folgt der Selbsteinladung Jesu, steigt vom Baum und kocht ein Mahl. Jesus lobt die Liebe der Sünderin, die ihn ja nur deshalb aufsuchen kann und salben will, weil sie Jesu annehmende Liebe vorher gespürt hat. In der freundlichen Hinwendung zum Schächer am Kreuz zeigt sich der ‚Erlöser': er legt Fürbitte für den Mörder ein und nimmt ihn mit sich ins Paradies. Viele Sünder kehren um in die offenen Arme der Liebe Gottes. Das Wiederfinden bzw. die Aufnahme der Heimgekehrten von einem Fest im Himmel begleitet. Die Geschichte vom verlorenen Sohn kann auch „Gleichnis vom liebenden Vater" genannt werden. Es macht Jesu Umgang mit Zöllnern und Sündern verständlich: „Das Gleichnis bildet sowohl Jesu Verhalten als auch die Gottesherrschaft selbst ab."[27] Jesus möchte den Pharisäern sagen: „Ich nehme durch mein Verhalten Gott für den verlorenen Sohn in Anspruch"[28]. Das bedeutet: Jesus ‚wagt Gott', indem er in seinem Namen Sündern, die umkehren, die Vergebung schenkt. Ähnlich formuliert Pokorný: „Jesus tritt auf als derjenige, der den barmherzigen und den verlorenen Sünder rettenden Gott verkündigt und durch seine Liebe in der sündigen Welt repräsentiert."[29]

---

[27] E.Fuchs, Glaube und Erfahrung, S.406.
[28] ebda. 407.
[29] P. Pokorný, Theologie der lukanischen Schriften, Göttingen 1998, S.176.

<u>Jesu Liebe über die Grenzen hinaus:</u> Die Samariter, seit den gewaltsamen Umsiedlungen durch die Assyrer ein jüdisch-assyrisches Mischvolk im ehem. ‚Nordreich', hatten es bei den Juden Judäas nicht leicht. Der Gang in die nördlich angrenzenden Gebiete war schwierig. Dort hatte man eine eigene Kultstätte und legte die Tora anders aus. Als Jesus mit seinen Jüngern durch die samaritanische Landschaft zieht, werden sie in einem Dorf abgelehnt. Jesus verhindert eine schroffe Reaktion der Jünger gegenüber den Dorfbewohnern (Lk.9,52). Immer wieder treten Samaritaner in einem positiven Licht auf. Einer von zehn geheilten Aussätzigen kommt zu Jesus zurück und bedankt sich: er war ein Samaritaner (Lk.17,11). Der Mann, welcher in der Beispielgeschichte dem unter die Räuber gefallenen Juden beisteht, war ein Samaritaner. Als Vorbild stellt Jesus ihn seinen Mitbürgern vor Augen. Auch die christliche Gemeinde soll sich den Randsiedlern zuwenden. Jeder, der die Grundgebote der Gottes- und Nächstenliebe befolgt, ist willkommen. Bei Lukas haben es die Juden lernen können, - und mit ihnen sollen alle übrigen Menschen es wissen und beachten.

<u>Jesu Liebe in der Selbsthingabe am Kreuz:</u> Lukas sagt nicht viel darüber, was das Kreuz Jesu für ihn bedeutet, - man kann es aber aus dem Gang seiner Erzählung herauslesen. Golgata zeigt die Gewaltlosigkeit und Hingabe Jesu, seinen Gehorsam und sein Gottvertrauen. Der innerste Grund dafür, dass die jüdischen Behörden Jesus ablehnten, war vielleicht sein Verhalten gegenüber den Sündern, den ‚Unreinen', den religiös Ausgeschlossenen. Die Obrigkeiten konnten nicht zulassen, dass Jesus Gut und Böse nicht mehr sauber unterschied und Sünden vergab, die doch nur Gott vergeben kann. Die letzte Szene am Kreuz, wo Jesus den Mörder neben ihm freundlich anredet und ihm die Barmherzigkeit Gottes verspricht, soll deutlich machen: Jesus will, dass wir sein Todesschicksal so verstehen, dass es eine Einheit bildet mit seiner Botschaft und seinem Verhalten. „Dieser Mensch, der Gott für den Sünder wagte, hatte sich entschlossen, für seine Verkündigung zu leiden und, wenn es sein sollte, zu sterben."[30] „Der Leser des Evangeliums weiß, dass Jesus als der Erzähler des Gleichnisses mit der Botschaft vom barmherzigen Vater sein ganzes Geschick verband, dass er sie als wirklicher

---

[30] E.Fuchs, a.a.O.S.451.

Zeuge durch seinen Tod versiegelte."[31] In diesem Sinne betet Jesus am Kreuz zu Gott: *„Vater vergib ihnen, denn sie wissen nicht, was sie tun! (Lk.23,34.)*

Liebes-Ethik für die Gemeinde: In der Bergpredigt (Matth.5-8) betont Jesus bekanntlich die ‚radikale' Liebe – in der Form von Gebebereitschaft, Vergebung, Gewalt- und Racheverzicht. Entsprechend heißt es in der ‚Feldpredigt' bei Lukas: *„Gib jedem, der dich bittet, … richtet nicht …, Erlasst einander die Schuld" (Lk.6,30f. 37f.)* Liebt alle Menschen, auch die, von denen Ihr nichts zurückerwarten könnt, und die eventuell sogar mit Undankbarkeit reagieren. *„Denn auch die Sünder lieben die, die sie wieder lieben"(Lk.6,32). „Wenn ihr nur denen Gutes tut, die euch ebenfalls Gutes tun, welche Gnade ist dann für euch zu erwarten?" (6,33). „Liebt eure Feinde! Tut wohl denen, die euch hassen!" (6,27)*, seien es die persönlichen oder die Verfolger der Christengemeinde, sei es ein Samaritaner oder selbst Pilatus: *„Segnet, die euch verfluchen!" (6,29).* „Das bedeutet Verzicht darauf, sich mit dem Gegner auf die gleiche Ebene zu stellen. Nimmt er, lass ihn nehmen, schlägt er, lass ihn schlagen, borgt er und gibt nicht zurück, lass ihn gewähren. Liebe konkretisiert sich im Annehmen einer leidvollen Situation. Dabei wird nicht erwartet, dass man aus ihr als Held hervorgeht, der stärker war."[32] Immer soll man lieber die Randsiedler der Gesellschaft an seinem Tisch versammeln als die reichen Freunde. Das will sagen: „Gott ist keinem Menschen fern, und so ist es mit der christlichen ethischen Verantwortung… Das Gebot der Liebe, die das Gesetz zusammenfasst, kennt keine Grenzen."[33] Also habt Erbarmen mit den Notleidenden! Lukas betont die Einstellung gegenüber Schwächeren noch einmal, wenn er Paulus in seinem ‚Testament' sagen lässt: *„In allem habe ich euch gezeigt, dass man so arbeiten und sich der Schwachen annehmen muss"(Apg.20,35).* Die Aufforderung zur Barmherzigkeit fließt aus dem Glauben an die göttliche Freundlichkeit. -- Wie soll man mit seinem Besitz umgehen? Jesus fordert Distanz zum Eigentum: *„Wo euer Schatz ist, da wird auch euer Herz sein! "(12,34); „Kein Mensch kann zwei Herren dienen, Gott und dem Mammon"(16,13)*, Gewinnsucht und Geldgier sind Haltungen gegen Willen Gottes. Deshalb sollen Jesu Nachfolger versuchen, ihre Besitztümer loslassen. *„Es ist leichter für ein Kamel, durch ein Nadelör zu gehen, als für einen Reichen, in*

---

[31] P.Pokorny, a.a.O.166.
[32] H.Klein, Lukasstudien, Göttingen 2005, S.134.
[33] P.Pokorny, a.a.O. S.194.

das Reich Gottes hineinzugehen"(18,25). Manchmal wird aber auch ein realistischer und kluger Umgang mit dem Geld angeraten, das man im Leben eben doch braucht. So unterstützt Jesus Wohltätigkeit und gerechte Verhältnisse. Wer es kann, soll mit den Armen teilen (s. das Beispiel des reichen Zöllners Zachäus). Vielleicht gab es ‚obere Klassen' schon in den ersten Gemeinden. Wohlhabende Frauen teilten im Lukas-Evangelium ihre Habe mit den Jüngern. In der Apostelgeschichte werden alle Stände und Schichten angesprochen, und es gibt das Ideal der Liebes- und Besitzgemeinschaft.

Predigt des Evangeliums, der Frohen Botschaft: Einige Male benützt Lukas das Verb ‚evangelisieren' in der Bedeutung von ‚frohbotschaften' (z.B. Lk 4,18.43; 9,6; 16,16; 20,1). Und häufig kommt als Antwort, dass die Menschen sich freuen (z.B. Lk.1,14; 1,44; 2,10; 10,17; 15,5; 15,7; 19,6; 19,37). Das bedeutet, dass in Jesus Gottes Liebe zu den Menschen kommt. Lukas kann das, was ihn bewegt, nicht in abstrakten theologischen Begriffen ausdrücken, sondern er erzählt es. Im 1. Johannesbrief wird es ‚begrifflich' bzw. ‚lehrhaft' formuliert: „Weil das Liebesgebot und der Glaube an Jesus Christus untrennbar zusammengehören, kann der nicht glauben, der nicht liebt, und der nicht lieben, der den Gottessohn verkennt."[34] Der 1.Johannesbrief und das Johannes-Evangelium entstanden wenig später als das Lukas-Evangelium. Das Lukas-Evangelium möchte auch ‚ein Buch der Liebe sein'.

---

[34] U.Schnelle, Die ersten 100 Jahre des Christentums, Göttingen 2015, S.356.

Kap.9
Lukas' Apostelgeschichte –
Buch der christlichen Macht

Jesus Christus
spricht: ‚Mir ist
gegeben alle Macht
im Himmel und
auf Erden'
(Matth.28,18)

Einleitung

Schon sehr früh in der Geschichte des Urchristentums hatte der schwache, wehrlose irdische Jesus einen Gegenpol im Himmel: den zur Rechten Gottes sitzenden Christus, den Weltenherrn. Lukas ist nicht allein (vgl. das frühe Bekenntnis Phil.2 oder den Lobpreis des Weltenherrschers, Epheser 1,), wenn er sich zu diesem Himmelskönig bekennt und sein zweites Buch auf Herrn ausrichtet, vor dem sich alle Knie beugen. Für den Leser freilich ist es nicht ganz einfach, den geistlichen Fortschritt zwischen den beiden Werken des Lukas mitzuvollziehen. Der sozial-politisch engagierte Prediger des Evangeliums, der Menschen zu sich rufende, die anbrechende Gottesherrschaft verkündigende Jesus weicht in der Apostelgeschichte dem auferstandenen und aufgefahrenen Gottessohn, der die Mission machtvoll von oben lenkt. Weil die Zeit des überirdischen Herrn begonnen hat, kommt die Predigt des historischen Jesus im zweiten Werk des Lukas praktisch nicht mehr vor. Warum ist Jesus im Evangelium schwach und wehrlos, in der Apostelgeschichte plötzlich so mächtig? Warum schweigt Jesus im Prozess der Leidensgeschichte auf die Frage des Herodes, ob er ihm nicht Wunder vorführen könnte, - und in der Apostelgeschichte wird er als Wundertäter gerühmt?

Der zentrale Kraftquell in Bezug auf Jesus ist jetzt, da sich das Interesse auf die Ausbreitung des Christentums richtet, die Verkündigung seiner Auferstehung.

189

„Die Apostelgeschichte führt den Entwurf Gottes weiter, den das Evangelium aufzuzeigen begonnen hat. Im Evangelium wirkt Gott das Gute durch *das Leben* Jesu. In der Apostelgeschichte konzentriert sich Gottes Handeln auf die *Auferstehung* Jesu. "[35] Die ersten Christen sind tief überzeugt: Gott hat sich zu seinem Sohn bekannt, hat ihn vom Tod erweckt, zu seiner Rechten erhöht, und er lebt! Lukas fügt gleichsam hinzu: der leidende Jesus wurde von Gott jetzt bestätigt und beglaubigt und hat *die Macht* übernommen!

Die Auferstehung Jesu war gleichsam das Tor, - auch zur Ausweitung der Predigt der Guten Botschaft von dem einen Volk auf alle Völker. Weil Jesus, der Herr, nun bis an die Enden der Erde regiert, ist er natürlich auch das Heil der Heiden! Lukas war wohl selber ein ‚Heide' gewesen und berichtet von der wunderbaren neuen Seite Gottes, der sich nun allen Völkern zuwendet: *„Ausgerechnet mir hat Gott mitgeteilt, dass ich keinen Menschen befleckt oder unrein nennen darf, sondern das in jedem Volk derjenige ihm willkommen ist, der ihn fürchtet und Gerechtigkeit übt"* (Petrus in Apg. 10,35). In dem uralten Bekenntnis aus dem Philipper-Brief heißt es: *„Darum hat ihn auch Gott erhöht und hat ihm einen Namen gegeben, der über aller Namen ist, dass in dem Namen Christi sich beugen sollen aller derer Knie, die im Himmel und auf Erden und unter der Erde sind, und alle Zungen bekennen sollen, dass Jesus Christus der Herr ist, zur Ehre Gottes des Vaters"* (zitiert von Paulus in *Phil.2,9-11*).

Man kann die Apostelgeschichte als Vieles bezeichnen, aber vielleicht auch als Buch der christlichen Macht. In diesem zweiten Buch des Lukas tobt der Kampf mit dem Judentum, und mit großer Energie ringen die Protagonisten in ihren Predigten um die Stellung des christlichen Glaubens in der Welt. So müht sich der Autor auch um eine günstige Position der Christen im damaligen Imperium. Der römische Staat darf ‚mitlesen', was dieser Autor schreibt: im ersten Buch zeigt sich Lukas ihm gegenüber wohlverhaltend, im zweiten umwirbt er ihn regelrecht.

Um die Botschaft des Christentums zu verstärken und den Erfolg der Mission ‚groß zu machen', bedient sich Lukas in der Apostelgeschichte gewisser ‚Mittel' der Argumentation und der Gestaltung. Dabei steht ihm das Ziel vor Augen, der Welt zu verkündigen, dass Christus der Sieger ist!

---

[35] F.Bovon, Lukas in neuer Sicht, Neukirchen 1985, 115.

Machttaten und Wunder

‚Wunder und Machttaten' machen viele Texte der Apostelgeschichte spannend, ihre Dominanz und Drastik kann aber auch befremden.

Auch im Evangelium sind Wunder wichtige Begleitzeugen der Predigt Jesu: **„Wenn ich mit dem Finger Gottes die Dämonen austreibe, dann ist ja die Gottesherrschaft schon über euch gekommen"(Lk11,20)**. In der Apostelgeschichte betont Lukas fast ausschließlich Jesu Machttaten und Wunder, - wenn er vom irdischen Jesus überhaupt noch spricht. Dass der Geist Gottes auf Jesus lag, bedeutet – gemäß der Apostelgeschichte – in erster Linie, dass er als ‚göttlicher Krafttäter' durch Judäa und Galiläa wanderte und dann auch seine Jünger und Nachfolger mit der Gabe ausstattete, Zeichen und Wunder zu tun. Zu Zeiten von Lukas gab es ‚Heiler ' und ‚Magier' verschiedenster Herkunft, von denen sich die Missionare absetzen mussten. Welcher Wundertäter hat die größere Macht hinter sich, jene Magier oder die Jünger? Die Apostel schaffen es, die fremden Heiler dadurch zu überwinden, dass sie sie ‚an geistlicher Kraft' übertreffen. Man kann Verständnis dafür aufbringen, dass es in der primitiven Umwelt von damals vielleicht unumgänglich war, das Evangelium mit solchen ‚Kraftmitteln' zu verkündigen. Doch kann man annehmen, dass Lukas als gebildeter Mensch der wundergläubigen volkstümlichen Religiosität gegenüber skeptisch gestimmt war. Trotzdem erzählt er viele entsprechende Geschichten mit schriftstellerischer Freude und predigender Ernsthaftigkeit, - er macht sie sich zu eigen.

Göttliche ‚Machttaten', die zur Zeit des Lukas ‚handgreiflich' erlebt und bereitwillig geglaubt wurden, bewirken in unserer Zeit eher Skepsis und Unsicherheit. Auch wenn weinende Marienfiguren oder zauberheilende Reliquien und Ikonen in der christlichen Welt immer noch attraktiv und populär sind, müssen sie vom Glauben eigentlich durchschaut werden als das, was sie sind: Abergläubische Hilfsmittel. Lukas' ‚populistischer' Griff zu den 'Krafttaten' irritiert. Muss sich christliche Missionspredigt von solchen Hilfen heute nicht distanzieren? Der Glaube braucht übernatürliche Ereignisse, aber eigentlich beruht er auf dem verkündigten Wort: **‚Wird der Menschensohn auf Erden Glauben finden, wenn er kommt?'** , fragt Jesus bei Lukas (Kap.18.8).

Jesus als Wundertäter in der Apostelgeschichte:

Lukas sagt: Apg.2, 22: „Jesus von Nazareth, von Gott unter euch ausgewiesen durch mächtige Taten und Wunder und Zeichen, die Gott durch ihn in eurer Mitte getan hat.

Apg. 10,38: „Gott hat Jesus gesalbt mit Heiligem Geist und Kraft, dass er umherzog und Gutes getan hat; und er hat alle gesund gemacht, die in der Gewalt des Teufels waren."

Apg.4,30: „Lass Zeichen und Wunder geschehen durch den Namen deines heiligen Knechtes Jesus".

Die Apostel als Wundertäter:

In der Apostelgeschichte heben sich die Jünger durch Wunder und Zeichen hervor, die ihnen der Geist Gottes ermöglicht. Im Vergleich zu den Aposteln der Evangelien sind dieselben Männer im zweiten Buch des Lukas ,veränderte Wesen': Sie erscheinen manchmal vom Fluidum heilender übernatürlicher Kräfte durchdrungen und von der Geistkraft als Gottesmänner durchstrahlt. So, wie Jesus durch die Auferstehung ,beglaubigt' wurde, werden seine Apostel durch Machttaten als Gottes-Beauftragte bestätigt. Wenn sie vor den Menschen so herausgehoben werden, kann ihnen niemand mehr widersprechen. Häufig setzt Lukas die Heilungswunder so ein, dass sie Staunen und Ehrfurcht hervorrufen und den Boden für die nachfolgende Predigt bereiten. Nach ihren Macht-Erweisen können die Apostel von den noch größeren Taten Gottes zu sprechen beginnen, die er in seinem Sohn Jesus Christus vollbrachte. Durch ein Erdbeben wurde Paulus aus dem Gefängnis der Stadt Philippi errettet, - nun kann er vor dem ehrfürchtigen Gefängniswärter die viel größere Rettungstat der Erlösung durch Christus verkündigen.

Petrus:

Apg.5,1-11: Vor Petrus fällt ein Ehepaar tot um, weil es nicht alles Geld abgab, das der Verkauf des Ackers einbrachte.

Apg.5,15: Petrus war als Krankenheiler so erfolgreich, „...dass sie die Kranken sogar auf die Straßen hinaustrugen und sie auf Betten und Bahren legten, damit, wenn Petrus käme, wenigstens sein Schatten auf einige von ihnen fiele."

Apg.3: Petrus heilt einen Gelähmten am Tempeltor und einen anderen Gelähmten in Lydda (Apg.9).

Apg.9,36ff.: In Jaffa weckt Petrus eine Frau vom Tod auf.

Wunder um Petrus:

Apg.12, 1-23: Durch einen Engel wird er aus dem Kerker befreit. Herodes Agrippa, der ihn vermutlich hinrichten lassen wollte, wird für seine Christenverfolgung bestraft, innerlich von Würmern zerfressen und stirbt.

Immer wieder kommt heilige Scheu und große Furcht über die Menschen, die das miterleben.

Paulus:

Apg.15, 12: „Da schwieg die ganze Menge still und hörte Paulus und Barnabas zu, die erzählten, wie große Zeichen und Wunder Gott durch sie getan hatte unter den Heiden."

Apg.13,11: Paulus kommt in Konkurrenz mit einem ‚Magier' oder ‚Falschpropheten', den er blind werden lässt.

Apg.14: Paulus heilt einen gelähmten Mann und wird von den ‚Heiden' als Gott verehrt. Nachher wird er von Juden gesteinigt, fällt wie tot um, steht aber auf und kehrt unversehrt in die Stadt zurück.

Apg.16: Paulus wird durch ein Erdbeben aus dem Gefängnis befreit.

„Apg.19,11f.: „Gott wirkte nicht geringe Taten durch die Hände des Paulus. So hielten sie auch die Schweißtücher und andere Tücher, die er auf der Haut getragen hatte, über die Kranken, und die Krankheiten wichen von ihnen, und die bösen Geister fuhren aus."

Apg.20: Paulus weckt einen jungen Mann vom Tod auf.

Apg.28: Paulus überlebt Seesturm und Schiffbruch, ebenso einen Schlangenbiss und heilt einen Mann in Malta.

Drastische Beispielgeschichte: **Der Dämon von Ephesus:** *„Ungewöhnliche Machttaten wirkte Gott durch die Hände des Paulus… Da versuchten aber auch einige der herumziehenden jüdischen Exorzisten, die von den bösen Geistern Besessenen mit dem Namen des Herrn Jesus zu besprechen, indem sie sprachen: ‚Ich beschwöre euch bei Jesus, den Paulus verkündigt!" Es waren besonders die Söhne eines jüdischen Hohepriesters, die dies taten. Der böse Geist aber antwortete ihnen: „Jesus kenne ich, und von Paulus weiß ich, - aber wer seid ihr?" Und der Mensch, in dem der böse Geist war, stürzte sich auf sie, zwang sie nieder und überwältigte sie allesamt, so dass sie nackt und wundgeschlagen aus jenem Hause fliehen mussten."(Apg. 19,11-16).*

Wenn Lukas das Evangelium abgeschlossen hat und die Apostelgeschichte zu schreiben beginnt, scheint sich in seiner Verkündigung etwas zu verändern. Plötzlich helfen viele übernatürliche Geschehnisse dem Schriftsteller zu einem effektvollen und erfolgreichen Bericht. Warum fällt es Lukas nicht auf, dass er immer wieder in einen heidnisch-abergläubischen Zauberkasten greift? Warum fällt es ihm auch nicht schwer, so zu handeln? Volksfrömmigkeit hat ihr Recht, und gewisse Effekte dürfen für das christliche Überzeugungswerk wirken. Doch warum steigert Lukas die Größe seiner ‚Helden' mit Hilfe von ‚Verehrungslegenden'? Machtaten und Wunder sind immer eine begleitende Dimension der Offenbarung Gottes bzw. des in Jesus Christus anbrechenden Gottesreichs, - aber sind sie evtl. auch ein Machtmittel in Schriftsteller-Hand? Hat Jesus wirklich ‚alle' gesund gemacht, die in der Gewalt des Teufels waren? Kam er durch ‚alle' Ortschaften, um Kranken zu helfen? Löste die Nennung seines Namens auf magische Weise Heilungen aus? Hat Petrus ein Ehepaar tot umfallen lassen und Paulus Schlangen von seinen Händen geschüttelt? Beide, Judentum und Christentum, haben sich immer wieder von Wundergläubigkeit und Wundertäter-Verehrung distanziert, die ja Verwandte der Götzenbilder-Anbetung sind.

Streit um den Tempel – seine christliche Bewohnung

Ausführlich wurde in Kap. 5 dargestellt, wie Lukas in seinen beiden Büchern das jüdische Heiligtum in Jerusalem zu einem Mittelpunkt der Handlung macht. Besonders am Beginn und am Ende von Jesu Leben fungiert der Tempel als ‚Hauptquartier' des Geschehens. Wichtige fromme Personen, die auf den Messias warten, werden im Tempel angetroffen, wie Lukas erzählt. Dazu gehört auch Zacharias, der Vater von Johannes dem Täufer, welcher ein Räucheropfer darbringt, als der Engel ihn besucht. Jesu Tempelreinigung ist kein Akt für die Wiederherstellung einer gottgefälligen Tempelreligion, sondern eher die Zubereitung des Tempels für seinen eigenen messianischen Auftritt darin bzw. die Vorbereitung für die Einwohnung der Gemeinde. Nach Jesu Tod beginnen die Zusammenkünfte der Jünger im Tempel, und die ersten Christen benützen das Gotteshaus als Gebäude des täglichen Gemeindelebens. Dort beten sie, feiern

Gottesdienst, lehren, heilen, verkündigen und treffen und auf die Juden, um sie zu missionieren oder mit ihnen zu streiten. Petrus wählt den Tempel als Platz für Predigt, Heilungswunder und täglichen Aufenthalt. Auch Paulus kommt immerhin zweimal als Christ hierher, einmal wird ihm im Tempel – nach Lukas - eine Erscheinung Jesu zuteil. Beide Apostel erleiden hier ihre Verhaftung und müssen vor jüdische Gerichte treten. In der Apostelgeschichte spielt der Tempel vor allem in Kap.1-7 die entscheidende Rolle.

Bei allem, was der Autor Lukas vom Tempel berichtet, erinnert er sich kaum an tatsächlich Gewesenes, sondern gestaltet ein Bild nach den Grundgedanken seiner Theologie. Gemäß diesem geistlichen Bild ‚muss' der Tempel den Rahmen ums Lukas-Evangelium bilden und wesentliche Teile des Christusgeschehens ‚müssen' ins zentrale Heiligtum Israels eingeräumt werden. Seinen Lesern verkündet er: So wie das jüdische Heiligtum der Platz war, an welchem Jahves Bundeslade stand, so wurde sie nun auch Stätte der messianischen Offenbarung! Und so, wie die Juden hier zusammenkamen, um an den Hochfesten Opfer zu bringen, so muss der Tempel jetzt auch Haupt-Ort für die Gottesdienste der Urgemeinde sein. Auf Grund ihres Anspruchs, die Mitte des jüdischen Glaubens zu bilden, ist der Tempel für die ersten Jahre der Ort, wo die Gemeinde ‚sein muss'.

Beschäftigt man sich länger mit der christlichen ‚Einwohnung' im Tempel nach Lukas, spürt man, dass es sich bei den vielen diesbezüglichen Berichten und Szenen um ein Muster handelt *(s.o.S.118ff.)*: Das Heiligtum wird christlich ‚gebraucht' und ‚besetzt', damit umso deutlicher wird, dass die ersten Christen hier von allem Anfang an in ‚ihrem Eigentum' sind.
Möglicherweise waren die Christen in der ersten Zeit – wie Lukas erzählt – im Tempel gern gelitten, weil man die Jesusanhänger noch nicht als eigene Gruppe von den Juden unterschied. Das änderte sich schnell, als den Oberen der Juden bewusst wurde, dass sich diese Menschen mit ihren Lebensformen und ihrem Glauben außerhalb der Gemeinschaft des Judentums begeben hatten. Von da an begann die Verfolgung durch die jüdischen Behörden. Aus Gründen der Fundamentierung des Glaubens an Jesus bemüht sich Lukas in seinem Doppelwerk erst recht, noch einmal zu zeigen, dass die Christen die ureigensten Glieder, Söhne und Töchter des Judentums sind. Auf keinen Fall sehen sich die Christen als Abspaltung von der jüdischen Religionsgemeinde. Die Überzeugung

der Gemeinde, das wahre und immer gesetzestreue Israel zu sein, soll den damaligen Juden mitgeteilt werden, aber auch allen späteren Lesern.

Die Tempel-Bewohnung macht sinnenfällig, dass der neue Glaube auf den zentralen Pfeilern des alten erbaut ist, und dass die Christen – im religiösen Sinn - das Heiligtum nie verlassen haben. Der Tempel als Ursprungs-Wohnort Gottes und als Haupt-Gebäude der jüdischen Religion muss unbedingt auch Ursprungs-Wohnort Christi und erstes Begegnungshaus der Gemeinde sein!

Als sich die Mission von Jerusalem wegbewegt, ins gesamte römische Reich, und als die Stadt Jerusalem zerstört ist, ist das Gotteshaus nicht mehr wichtig. So stark wie Lukas den Tempel in den meisten Teilen seines Werkes religiös vereinnahmt, so schnell wird dieser dann zurückgelassen und gleichsam ‚vergessen'. Denn Gott - so lässt Lukas den Stephanus sagen - *‚wohnt nicht in Häusern mit Händen gemacht'(Apg.7,48)*. Nach dem Verlust des Tempels durch den großen Krieg konnte sich keine christliche Gemeinde mehr in Jerusalem halten. Aus der Perspektive der Abfassungszeit der Apostelgeschichte (etwa 90 n.Chr.) bekommt die christliche ‚Bewohnung' des Tempels auch einen etwas ‚romantischen' Zug: Als wolle Lukas mit der Fülle seiner Tempelereignisse an die beste Anfangszeit des jüdischen Glaubens erinnern. Er beschwört die frühen Jahre Israels als eine Idealzeit der Frömmigkeit vor den ‚Altären des Herrn Zebaoth', nach denen sich die Seele sehnt: *„Der Vogel hat ein Haus gefunden, und die Schwalbe ein Nest für ihre Jungen… Wohl denen, die in deinem Hause wohnen, die loben dich immerdar (Ps.84,4f.).*

Für die Geschichte der Entstehung des Christentums aus dem Mutterschoß des Judentums ist es geistlich wertvoll, wenn der Tempel als heiliger Wohnort Gottes und Glaubenszentrum des Volkes hervorgehoben wird. Zum Zwecke der Anbindung der Christen an die Tradition macht Lukas aber so stark vom Tempel Gebrauch, dass man skeptisch wird. In der zwanghaften Dauer-Einordnung des heilsgeschichtlichen Geschehens in das Jerusalemer Heiligtum erkennt man eine Konstruktion. Es entsteht der Eindruck: Bei Lukas wird der Griff nach dem Tempel zu einem Mittel der Legitimierung des neuen Glaubens und zu einem Machtinstrument in der Auseinandersetzung mit dem Judentum. Am Ende fragt sich der zunächst beeindruckte Leser: Darf ein Evangelist seinen Stoff so frei gestalten? Verspielt er nicht ein Stück Vertrauen bei Menschen, die sein literarisches Vorgehen durchschauen? War der Anfang des Christentums in Wirklichkeit nicht viel seltener mit dem Tempel verbunden?

Inbesitznahme der Texte des Alten Bundes

Im Bereich der Naturwissenschaft gibt es Beweise, - auf religiöser Ebene eigentlich nicht. Und doch ereignet sich immer wieder so etwas wie ,Beweisfindung' im Umgang mit der Heiligen Schrift. Christen entdecken in der Bibel ,in alter Zeit Geschriebenes' und ,Vorhergesagtes', was sich jetzt, in der Gegenwart, ereignet' und ,erfüllt'. Bis heute berechnen Kirchengruppen oder Sekten den Weltuntergang nach Prophezeiungen, die sie in der Bibel zu finden meinen. Zur Zeit der Entstehung des Christentums spielte das Aufgreifen der als prophetisch verstandenen Texte eine ganz besonders große Rolle. Ohne den Rückhalt durch die biblischen Weissagungen und Ankündigungen hätten die Anhänger Jesu nicht gewagt, Jesus als den Messias zu verkündigen, auf den die Juden warteten. Alles begann wohl mit dem Verstehen des Sinns des Leidens Jesu, dessen religiöse Bedeutung man aus dem 53. Kap. des Jesaja hervorleuchten sah. Es wurde zur zentralen Heilsbotschaft, dass Jesus der Gottesknecht von Jes.53 war, der stellvertretend für die sündigen Menschen das Strafleiden auf sich nahm. (Siehe z.B.: *Apg. 26,22f.: „Ich sage nichts, als was die Propheten und Mose gesagt haben, dass es geschehen soll, dass Christus müsse leiden…"*). Der suchende Blick auf die Bibeltexte nahm zu, immer mehr Bibelstellen wurden gefunden, die in irgendeiner Form auf Jesus hinwiesen (oder hinzuweisen schienen), vor allem in den Psalmen, aber auch bei Mose. Hatte man eine Stelle ,entdeckt', wurde sie in ihrer prophetischen Aussageabsicht ,erkannt', und ,verstanden' und propagiert. Den Höhepunkt der Ingebrauchnahme des Alten Testaments als Quelle der Weissagungen auf Christus hin bildet das Werk des Lukas. Dieser wendet das Verheißungs-Erfüllungs-Schema breitgestreut an und kombiniert das Reden über die verwirklichten Vorhersagen mit einer Theologie des ,Planes Gottes'. Die Sendung Jesu wird unter den lange vorbereiteten Ratschluss Gottes gestellt und Christi Leiden unter ein himmlisches ,Muss'.

Wie große Tore stehen die Anfangs- und Schlussworte des Lukas-Evangeliums vor uns:

Lk.1,1: (Vorwort): Das Thema der Evangelien-Schreibung sind *„...die Ereignisse, die unter uns zur Erfüllung gekommen sind"*.

Lk.24,44-47 (letztes Wort Jesu): *„Dies sind meine Worte, die ich zu euch gesagt habe, als ich noch mit euch zusammen war: Alles muss erfüllt werden, was im Gesetz des Mose und bei den Propheten und in den Psalmen über mich geschrieben steht"*.

„Gottes geschichtliches Handeln ist ... ein zielgerichtetes Geschehen, das in all seinen Epochen von seinem Heilswillen getragen ist. Das göttliche ‚dei' (= ‚muss') bestimmt den Lauf der Geschichte Jesu: Jesus ‚muss' im Tempel sein, (Lk.2,49), er ‚muss' verkündigen (Lk.4,43) und er ‚muss' den Weg nach Jerusalem und zur Passion gehen (Lk.9,31). Ebenso steht die planmäßige Ausbreitung des Evangeliums in der Welt unter dem göttlichen Plan." [36]

Es ist religionspsychologisch erklärlich, dass ein Gott, der über den Zeiten steht und die Geschichte lenkt, und der gleichzeitig einem Volk besonders zugewandt ist, als ein Gott empfunden wird, der Pläne ankündigt und ausführt, über die Epochen hinweg, wie Jesaja sagt: *„Der ich zuvor verkündige, was hernach kommen soll, und vorzeiten ansage, was noch nicht geschehen ist; und der ich sage: Was ich beschlossen habe, geschieht, und alles, was ich mir vorgenommen habe, das tue ich" (Jes. 47,10)*. Bei Lukas aber werden Schriftstellen, die sich gemäß dem Plan Gottes erfüllen, so häufig herangezogen und in ihrer Bedeutung unterstrichen, dass es Fragen auslöst. Angesichts der Fülle der Zitate können etwaige Gesprächspartner oder Gegner keinen Einspruch mehr wagen. Denn ‚es steht geschrieben', also waltet Gott darin! Die Autorität des ‚Wortes' der Schriften muss damals so hoch gewesen sein wie später bei Luther: ‚Das Wort sie sollen lassen stan'. Die Texte waren Gottes Stimme, gesprochen durch seine auserwählten Boten. In ihnen fand man Gottes Willen, Gottes Verordnungen und Verheißungen, Gottes Warnungen und Tröstungen. Wenn man ‚auf die Worte der Schriften' hört, wie die Christen sie lesen und verstehen, dann hört man den allmächtigen Gott.

---

[36] U.Schnelle, Die ersten hundert Jahre des Christentums, Göttingen 2015, S.334.

Während wir bei Paulus oder Matthäus eine behutsame Schriftbeweis-Praxis vorfinden, wird der Rückbezug auf die Schrift bei Lukas ein umfassend angewandtes Mittel, mit dem auch – so muss man folgern – eine gewisse geistliche ‚Macht' ausgeübt wird. Ein Zeichen dafür ist das Wort ‚ALLE', wenn Lukas von den Autoren des AT redet: ‚Alle', d.h. sämtliche Schreiber von Anfang bis Ende der Heiligen Schriften, weisen auf den kommenden Christus hin! In ihrer ganzen Fläche wird die Bibel des Alten Testaments als Beweisgrundlage empfunden und propagiert! Wie beim Tempel findet in Bezug auf die Texte eine Art ‚Besitznahme' statt! Das Bedenkliche dabei ist, dass Lukas es vielleicht wusste, dass er literarisch ‚nachhalf', wenn er seine Aussagen wiederholt in derselben Weise biblisch unterstrich. Natürlich wollte er mit den Zitaten bei den Juden Glauben wecken und den Erfolg der Mission unterstützen. Es ist ihm sichergelungen, mit seiner großen Bibelstellenkenntnis Menschen zu beeindrucken und zu gewinnen. Aber ist er dabei nicht zu weit gegangen? Das Lesen der biblischen Weissagungen hört gar nie auf: Apg.28,23: *„Und Paulus predigte ihnen von Jesus aus dem Gesetz des Mose und den Propheten vom frühen Morgen bis zum Abend."*

Gott offenbart sich in der Geschichte

„Nicht in einem Winkel ist das geschehen", wovon wir reden und verkündigen! - ruft der lukanische Paulus vor einem hohen Politiker (Apg.26,26). Der Autor möchte, dass die religiösen Ereignisse um Jesus Christus als etwas betrachtet werden, das ‚in der Mitte der Welt' passiert ist, für die Welt Bedeutung hat und mit weltlichen Augen wahrgenommen und geprüft werden konnte. In Jesus Christus wurde Gott in der Weise Mensch, dass man ihn erleben, berühren mit ihm sprechen und ihm nachfolgen konnte. Durch himmlische Ermächtigung vollbrachte Jesus Zeichen und Wunder vor aller Augen, und Gott hat ihn vom Tod erweckt und zum Platz an seiner Rechten erhöht. Die Jünger sind Zeugen der Auferstehung, sie begegneten dem lebendigen Jesus nach Ostern und haben mit ihm gegessen! Ihre Zeichen und Wunder begleiten sichtbar und fühlbar die Erfolge der Mission.

Kann man das Göttliche so ‚irdisch' werden lassen, erkennen, beschreiben, wie Lukas es tut? Drängt Gott so auf die Erde, dass es auch die Politik zu spüren bekommt? Erwähnt Lukas an Weihnachten den Kaiser, in dessen Machtbereich die Geburt geschah, um das römische Reich auch als ‚Gebiet Christi' in Spiel zu bringen (Lk.2)? Nennt Lukas, wenn Johannes der Täufer die Szene betritt, zur Bestimmung des Jahres gleich 5 Politikernamen (Lk.3), - weil Gott mit dem Vorläufer Jesu eine ‚Zäsur' in die jüdische Geschichte setzt? Haben Johannes und Jesus - als unpolitische religiöse Figuren - wirklich die politische Macht des Herodes gefährdet? Konnte Jesus den Untergang Jerusalems vorhersagen? Mit großer Hoffnung, Offenheit und Entschlossenheit fügte Lukas die christliche Botschaft in die Welt des damaligen römischen Imperiums ein. Die Christen sagen: Der in Armut geborene Jesus wird zu dem von Gott bestätigten Herrn über den Völkern. Paulus erscheint vor Statthaltern und Königen dieses Reichs und pocht auf die Bedeutung Jesu Christi für die Welt. Nach der Überzeugung des Lukas wirkt sich der neue Glaube geschichtlich und geschichtsmächtig aus. Hinter den sichtbaren Entwicklungen um Jesus herum steht Gottes allmächtige Vorsehung!

Als eng an die Chronologie von Ereignissen angelehnte Religionen sind Judentum und Christentum linear-geschichtlich ausgerichtet. Die Vorstellung einer ‚Heilsgeschichte' unterlegt den Zeitabläufen einen göttlichen roten Faden, der ihnen Sinn und Ziel gibt. Gott begleitet die Geschichte von Anfang an, führt sie nach seinem Rat und bringt sie zu ihrer Vollendung. Die alttestamentlichen Propheten beeinflussten die Politik der Könige und das Verhalten des Volkes durch Erinnerungen an die Werke Gottes in der Vergangenheit, denen noch größere in der Zukunft folgen. Zuletzt fanden sich immer mehr Stimmen mit messianischen Hoffnungen im AT: Gott wird den Erlöser senden, und er wird bald kommen, mitten in der Geschichte. Lukas nahm einen Stammbaum von Adam bis Jesus in sein Evangelium auf, mit dem er zeigen wollte, dass der Weg des Volkes Israel von Gott herkam, vom Sündenfall bis zur Erlösung in Christus. In der Tat beruht das Christentum auf dem Grundvertrauen, dass mit dem Kommen Christi zu einem von Gott gesetzten Zeitpunkt alte Verheißungen in Erfüllung gehen.

Für die frühen Anhänger Jesu war die heilsgeschichtliche Deutung der in der jüdischen Schrifttradition aufbewahrten Erlebnisse und Prophetentexte lebenswichtig. Und bis heute können wir wohl nicht anders, als das Kommen Jesu vor 2000 Jahren als ein Ereignis der Heilsgeschichte zu empfinden und zu würdigen. Ebenso geschieht es, wenn wir uns über den weiteren Gang der Geschichte bis zu ihrem letzten Ende Gedanken machen und das vermutete Weltende mit Gottes Geschichtsleiten in Verbindung bringen. In religiösen Bildern spricht das Glaubensbekenntnis von den Endereignissen der Geschichte, es benennt *das Gericht über alle Menschen, die Auferstehung der Toten und den Beginn des ewigen Lebens*. Wir bitten um die Wiederkunft Christi am Ende der Tage: *,Amen - ja komm Herr Jesu!'*. Immer wieder ist zu erkennen: Wir Menschen suchen und brauchen Gottes Hand und Plan in der Geschichte. Wir identifizieren Geschichtsereignisse mit dem Ratschluss Gottes, und wollen, dass die zufälligen bzw. willkürlichen Entwicklungen, die wir erleben, irgendwie ,aufgehoben' sein mögen in einer höheren Führung.

Geschichtsdenken gehört zum Wesen der abrahamitischen Religionen und kann wohl nicht ,vermieden' werden. Trotzdem begleiten uns Zweifel: Ob man das Göttliche mit Geschichtsverläufen, Biografien und bestimmten Ereignissen in Zusammenhang bringen darf? Ob denn mit Gott und Geschichte alles ,real' so sein kann, wie Bibel und Bekenntnis es da und dort ausdrücken? Ob sich Heilsgeschichte wirklich in Spuren äußert, die in der äußeren Geschichte ablesbar sind? Ob man die politische Geschichte Israels vor Christus nach dem Muster von göttlicher ,Verheißung und Erfüllung' kurzerhand in die christliche Geschichte nach der Zeitenwende einmünden lassen kann? Wir sagen: Das ,Religiöse' spielt sich auf einer anderen Ebene statt, nämlich der religiösen! Und wir meinen: Bei ,Heilsgeschichte' handelt es sich eher um *Glaubensvorstellungen* über Geschichte, die von den Tatsachen der äußeren Geschichte unterschieden und getrennt werden müssen. Hat Lukas seinen Heilsgeschichts-Glauben nicht ,übertrieben', wollte er nicht als jemand erscheinen, der Gottes Ratschluss ,verstand' und deshalb ,wusste', wie bestimmte Bibelstellen und Geschichtsereignisse in seiner Zeit zu deuten sind? Wird in der Vorstellungswelt der Heilsgeschichte nicht göttliche Führung weltlich ,objektiviert', ,irdisch vergegenständlicht'? Dürfen weltliche Ereignisse direkt als ,von Gott geplant' bezeichnet werden?

Heilsgeschichte und Unheilsgeschichte. Wenn man es sorgfältig studiert und prüft, wird man einräumen: Die grundmenschliche Neigung, in Geschichtsverläufen göttliche Vorsehung und himmlische Führung zu erkennen, hat in der Geschichte wohl mehr Unglück als Glück hervorgerufen. Israel bekämpfte die göttliche Verehrung der römischen Kaiser, war aber selbst nicht frei von der göttlichen Verehrung der eigenen Geschichte, deren Sinn die Propheten deuteten, nicht frei von der Vermengung des erkannten göttlichen Geschichts-‚Plans' mit der eigenen Welt-Sicht. Bis heute gibt es jüdische Politiker, welche die Grenzen des Staates Israel, die dieser vor 2500 Jahren in alttestamentlicher Zeit hatte, für gott-gegeben und sakrosankt bezeichnen und ihre Verletzung mit dem Tod bedrohen, - obwohl die Juden eigentlich 2000 Jahre lang in Palästina so gut wie gar nicht anwesend waren.

Am Beispiel des lukanischen Denkens und Argumentierens kann man etwas von der ‚dunklen Seite' der Heilsgeschichts-Theologie kennenlernen. Die Rückseite des heilsgeschichtlichen Denkens, das uns bei Lukas begegnet, ist die bis heute wirksame Unheils-Geschichte, unter welcher das Volk der Juden leidet. Sicherlich waren Juden am Prozess und an der Verurteilung Jesu beteiligt. Was aber macht die ‚Heils-Geschichte' der Christen daraus, wenn sie die Verwicklung der Juden in die Passion Jesu erklärt? Sie argumentiert so: Die Juden ‚mussten' den Messias töten, denn so ‚steht es geschrieben', und nur dadurch, dass sie es taten, kann die Menschheit nach Gottes Vorsehung erlöst werden. Obwohl sie die Kreuzigung Jesu eigentlich nicht von sich aus, sondern unter Gottes Führung verursachten und gemäß seinem Willen ausführten, sind die Juden schuld daran und werden dafür angeklagt. Auch die ‚Verstockung' ihrer Herzen, mit der sie später das von den Aposteln verkündete Evangelium von Christus ablehnten, ist Gottes Werk. Trotzdem liegt das Sich-Verschließen gegenüber der Heilsbotschaft auch in eigener Verantwortung der Juden. Ihre Ablehnung bestätigt die in der Kreuzigung geschehene Selbst-Ausstoßung aus dem Gottesvolk. Laut lukanischer Unheils-Geschichte werden die Juden am Ende von Gott verworfen und zum Untergang verurteilt. Diese Gedankenkonstruktion hat furchtbare geschichtliche Folgen hervorgebracht. Argumentationsmaterial dazu findet man schon in den Reden der Apostelgeschichte.

„Die Hörer (nämlich der Paulusrede in Antiochia, Apg.13) *werden vor die Alternative gestellt: Entweder sie erkennen an, dass Gottes Handeln in Jesus die Erfüllung der Heilsgeschichte Israels ist, und dass das Werk der Heidenmission dieser Heilsgeschichte als deren endzeitliche Erfüllung zugehört. Oder aber sie verschließen sich diesem Handeln Gottes, indem sie Jesus verwerfen und die Möglichkeit der Einholung der Heiden in das Gottesvolk allein auf Grund des Glaubens an Christus – bestreiten. Die*

Folge wäre dann, dass die Heilsgeschichte in ihrem weiteren Verlauf die Juden übergeht, um sich ganz den Heiden zuzuwenden."[37]

Kurz ausgedrückt: Die Juden sind die von Gott ausersehenen und dann ‚verworfenen' und bestraften Exekutoren der Ereignisse, die Gott veranstaltete, auf dass sie den Christen zum Heil dienten.

Heilsgeschichte und Unheils-Folgen

Wenn die ‚Schrift' gegen die Juden verwendet wird, sind es nicht nur einzelne aus dem Zusammenhang genommene Prophetenworte, sondern es ist auch die in der christlichen Deutung des AT erkannte Geschichtsplanung Gottes im Ganzen, die den Hörern in den Reden der Apostelgeschichte als Argument vermittelt wird. So gut wie alle Menschen sahen damals die himmlischen Mächte in die Völkergeschichte eingreifen. So erhebt auch Lukas die Geschichte des Volkes Israel, die Geschichte Christi und die Geschichte der Völkerwelt in eine überirdische Sinn-Sphäre. Im Umgang mit den biblischen Berichten von Mose bis zu den Propheten lernen wir die Denkweise am Beispiel des Volkes Israel kennen. Die Propheten sahen in den politischen Katastrophen, die den winzigen Staat Israel laufend ereilten, immer neu Gottes Strafen für den ‚Abfall' des Volkes von Jahve. Dieser Grundsatz aus der Geschichtsdeutung der alttestamentlichen Propheten scheint sich bei Lukas zu steigern. Überall erkennt er ‚Gottes Willen', ‚Gottes Plan' in den Abläufen der christlichen Geschichte. Denn Gott ist ja der ‚Herr der Geschichte überhaupt', - und wird er Israel nicht erneut ‚bestrafen'?

Wir kennen Religionshass und -Krieg aus der Geschichte Europas oder aus den Auseinandersetzungen in der arabisch-muslimischen Welt. Die Apostelgeschichte stellt die Juden hauptsächlich so dar, dass sie unablässig die Christen verfolgen. Vor allem Paulus wird zum ständigen Objekt ihrer Nachstellungen. Wir wissen nicht, was die Juden damals wirklich bewegte, was sie schrieben, in den Synagogen lehrten, wie sie vor Gericht argumentierten. Die einzig verfügbare Quelle für die jüdische Rede- und Handlungsweise sind frühchristliche Texte, die voreingenommen sind. Aus den Reden der Apostelgeschichte spricht ein fühlbar

---

[37] J.Roloff, Die Apostelgeschichte, Göttingen 1988, S.208f.

negatives Gefühl gegen die Juden als religiöse Gemeinschaft, das für uns heute schwer zu ertragen ist. Stand ihm auch ein ähnlicher Christenhass von jüdischer Seite gegenüber? Wir können es vielleicht vermuten. Auf jeden Fall ereignete sich die Trennung der beiden Religionen damals nicht ohne Kampf. Die Christen, die sich physisch nicht wehren konnten bzw. wollten, benützten das Streitmittel des scharfen Wortes. Man kann vielleicht sagen, dass die Berichte der Apostelgeschichte eine Urkunde für den religiösen Wortkampf sind, welcher von christlicher Seite geführt wurde. Der feingebildete Theologe Paulus kannte eigentlich keinen Judenhass, auch keine endgültige ‚Verwerfung' der Juden (s.Röm.9 – 11). Lukas hingegen gebraucht (in den von ihm den Aposteln in den Mund gelegten Reden) in der Auseinandersetzung Worte mit stark verurteilendem Charakter. Im Zentrum des religiösen Gefechts steht bei ihm die heilsgeschichtliche Argumentation mit der Drohung: In ALLEN Büchern des AT steht geschrieben, was sich unter uns jetzt ereignet hat. *„Und es wird geschehen, wer diesen Propheten (d.i. Jesus) nicht hören wird, soll vertilgt werden aus dem Volk" (Apg.3,23).*

Der römische Staat als Beistand
für die Christen

Auf Grund der grausamen Auslöschung des jüdisch-nationalen Widerstands mussten sich die überlebenden Juden dem mächtigen Imperium als Besiegte unterwerfen. Wenn man berücksichtigt, dass Lukas seine Werke kurz nach dieser Katastrophe schrieb, versteht man sein Bemühen um die Herstellung eines harmonischen Verhältnisses mit Rom besser. Als jüdische ‚Sekte' brauchen die Christen, wenn sie der Bedrohung entgehen wollen, jetzt unbedingt Duldung und Unterstützung durch den römischen Staat. Deshalb lässt Lukas, wenn er die Ausbreitung der neuen Christen-Bewegung m römischen Reich beschreibt, die Römer durchweg in gutem Licht erscheinen. Er bringt ihren Repräsentanten Hochachtung entgegen und ‚schont' ihre Beamten, wo er nur kann. Immer wieder möchte er darlegen, dass von den Christen keine Gefahr für den Staat ausgeht. Ihre Loyalität betont er in dem Wunsch, dass auch von den Römern keine Gefahr für die Christen ausgehen möge.

Jesus kommt als unpolitischer Messias in die Stadt Jerusalem: Die Menschen jubeln ihm als himmlischem König zu (Lk.19,14; irdisch-politischer rufen sie im Mk-Ev.: „Gelobt sei das Reich unseres Vaters David, das da kommt", Mk.11,10). In der Steuerfrage zeigt sich Jesus - wie bei den andern Evangelisten - als staatsloyal (Lk.20,25). Anders als Johannes der Täufer oder die alttestamentlichen Propheten kritisiert Jesus König und Staatsmacht nicht. Der Hauptmann von Kapernaum ist der Religion der Juden wohlgesonnen (Lk.7,3-5). Lukas lässt die Episode von der Verspottung und Lästerung Jesu durch die römischen Soldaten weg (Mk.15,16-20). So intensiv wie in keinem anderen Evangelium beteuert Pilatus, dass er keine Schuld an Jesus findet, dreimal betont er, dass er den unschuldigen Jesus eigentlich freilassen möchte (Lk.23,13-24). Am Schluss verurteilt er Jesus nicht, sondern es heißt: Er gab ihn dem Willen der Juden preis (Lk.23,25). Auch der Hauptmann unter dem Kreuz erklärt Jesus postum für unschuldig („er ist ein Gerechter gewesen", Lk,23,47). Dadurch sind die Juden allein für Jesu Tod verantwortlich. In der Zeit der Urgemeinde bekommen es die Christen allmählich auch mit römischen Gerichten zu tun, aber immer nur auf Betreiben der Juden. Dabei werden die Richter, Präfekten und Gefängnisvorsteher des Staates als korrekt dargestellt. Einige Male schützen sie christliche Angeklagte vor einem drohenden jüdischen Mob. So wird auch Paulus den hasserfüllten Juden von römischen Soldaten entrissen. Er wird festgenommen, kann dann aber vor Statthalter, König und Königin starke Reden halten. Sein römisches Bürgerrecht schützt ihn in der Apostelgeschichte des Lukas mehr als es ihm im römischen Staat damals tatsächlich genützt hätte. Beinahe überzeugt Paulus den König Agrippa, sich zum Christentum zu bekehren (Apg.26,28). Durch sein Amt als Apostel Christi und seine Begabung durch den Heiligen Geist erscheint Paulus während der Reise nach Rom als Freund, Berater und Seelsorger der ihn bewachenden Soldaten und Matrosen. In Rom wird er zuerst durch ein Ehrengeleit der Christengemeinde vom Hafen in die Stadt geführt und kann dann frei und ungehindert zwei Jahre in der Stadt predigen.

Noch ist das Christentum so schwach und klein, dass es sich keinen Unfrieden mit Rom leisten kann. Doch der Konflikt mit dem mächtigen Staat wird nach dem Tod des Lukas unweigerlich ausbrechen. Bald beginnen Christen, die Opferdarbringung vor den Gott-Kaiser-Denkmälern zu verweigern. Lukas versucht alles, um den vielleicht 5.000 Christen, die in seiner Lebenszeit um das Mittelmeer herum wohnten, ein unbedrohtes Leben zu ermöglichen. „Eine Religion, die Gefängniswärter, Offiziere und Prokonsuln in ihren Bann zu ziehen vermochte, war begreiflicherweise auch dazu geeignet, die politische Führung Roms für sich zu gewinnen."[38] So jedenfalls wünschte es sich Lukas, und darum stellte er es so dar. Man kann in seinem Versuch, das Imperium freundlich zu stimmen, einen Ausdruck von Sorge oder Ängstlichkeit sehen oder die planvolle Anwendung von politischer Diplomatie. Auf jeden Fall strebte Lukas mit seiner Rom umwerbenden Linie danach, den Weg der Mission im Raum des Reiches zu ebnen. Zum Selbstgefühl der gläubigen Christen gehörte die Zuversicht, dass das Christentum sich ‚bis ans Ende der Welt' verbreiten und eine mächtige Bewegung werden sollte.

---

[38] M.Tolbert, Die Hauptinteressen des Evangelisten Lukas, in: Das Lukas-Evangelium, Darmstadt 1974, S.348.

Kap.10
Lukas – Facetten seines Werks
(Zusammenfassung)

Obwohl Lukas als Schriftsteller von allen vier Evangelisten am ‚griffigsten‘ wird, bleibt seine Person im Dunkeln, und seine Wesenseigenschaften sind schwer zu fassen. - Woher kam er? Wo lebte er? War er von Geburt Jude oder Heide? Wie wurde er Christ? Was hat ihn zum Schriftsteller werden lassen? Welche Frömmigkeit leitete ihn? Wo entdeckt man seine Haupt-Motive? Aus was für einer äußeren Situation sprach er heraus, in welche wollte er hineinwirken? Als Schriftsteller hat Lukas viele Gaben und Merkmale. Nur schwer lassen sich die Facetten seines Werkes zusammenbündeln. Auch neutestamentliche Forscher, die versuchen, Lukas gut zu verstehen und zu deuten, - finden sich nicht leicht zurecht. Was sticht besonders hervor? Sind die herrlichen Geschichten das große Vermächtnis? Ist die lukanische ‚Tempelbesetzung‘ die aufregendste Entdeckung? Kann man das religiöse ‚Ordnungschaffen‘ als Haupt-Verdienst bezeichnen? Soll man die ‚Mechanisierung‘ der Wirkungen des Hl. Geists in der Apostelgeschichte kritisch hervorheben? Oder ist Geschichtsschreibung als Zeugnis und Bekenntnis besonders zu würdigen? Wie bewältigt man die Differenz zwischen den Büchern Evangelium und Apostelgeschichte in ihrem so unterschiedlichen Charakter?

Erster Geschichtsschreiber der Christenheit

Herr Lukas, - wir wollen noch einmal aufs Ganze schauen. Ihr Anliegen war es, über Jesus Christus zu schreiben und die Geschichte von ihm und der frühen Ausbreitung des Christentums als Heilsgeschichte darzustellen. Oder anders gesagt: Sie wollen die äußere, profane Geschichte tiefer verstehen und deuten, und zwar unter dem Blickwinkel des Glaubens an Jesus Christus, in dem Gott sich offenbarte und durch den er in die Geschichte einwirkte. Wie sind Sie vorgegangen? In Ihrer schriftstellerischen Arbeit vereinigten Sie zuerst Jesus-Erinnerungen, die Sie aus verschiedenen Traditionen schöpfen konnten, und die als Bausteine der Ursprungsgeschichte des Christentums unverzichtbar sind. Als gläubiger Christ und begabter Dichter-Maler nahmen Sie sich dann das Recht, die von anderen überlieferten Geschichte, die Sie nach bestem Wissen und Gewissen wiedergeben, auch mit eigenen Akzenten zu versehen. Sie empfanden es als wichtig, hier und dort auch zu ‚ergänzen' und religiöse Glaubensinhalte zu ‚erschaffen', in der Meinung, dass Sie sie ‚gefunden' haben, weil sie schon ‚da waren'. Obwohl Ihre ‚Ergänzungen' dann häufig auch ‚Neuschöpfungen' sind, kann man feststellen: Nicht nur das, was Sie erzählen oder lehren, weil es überliefert wurde, sondern auch das, was Sie als künstlerisch und religiös inspirierter Erzähler ergänzten, ist ‚geschichtlich'. Es entwickelte sich aus dem Glauben von ‚geschichtlichen Personen', die mit Jesus oder seinen Jüngern zu tun hatten, und es kam danach ‚in der Geschichte' zur Auswirkung. Vielleicht darf man den schöpferischen Prozess auch so ausdrücken: Dies und das, was Sie von Jesu Herkunft und Heimkehr oder vom Werk des Geistes Gottes erzählen , ist ‚historisch', obwohl es als gott-gewirkt nicht nachprüfbar, nicht beweisbar ist, - denn das Erzählte wird fester Bestandteil der Religion, und diese selbst ist ‚historisch'. Die Religion des Christentums entstand welt-jenseitig, sie wohnt aber dennoch in der Welt, äußert sich in der Kultur der Welt, tritt mit ihren Anschauungen in den Kampf der Welt. Also gehört sie zur Geschichte der Welt.

Im Glauben an die erlösenden und heilenden Taten Gottes in Leben und Wirken Jesu Christi bestanden Sie auf ‚Ereignistatsachen', - das gilt besonders in Bezug zur Auferstehung Jesu. Das von ‚Augenzeugen' bestätigte Offenbarungsereignis der Auferstehung und Erhöhung Jesu geschah für Sie leiblich, sichtbar, nachprüfbar. Außerdem nehmen Sie viele Bibelzitate, die erklären, warum und wie alles so kommen musste, wie es in Christus kam, als gültige Erweise für die Tatsächlichkeit des von

Ihnen Bezeugten. Es ist möglich, dass Sie die ‚Sicherheit', die Sie Theophilus in Ihrem kleinen Vorwort versprachen, so meinten: Zum einen als Fundierung dieser Botschaften durch vorausweisende Texte, die im Alten Testament ‚geschrieben stehen', zum andern als sorgfältige historische Aufreihung der äußeren Ereignisse, die die Basis des Glaubens bilden.

Ich, der Autor dieses Buches, möchte in diesem Zusammenhang so formulieren: Religion betrifft eine ‚andere Ebene' , eine Sphäre ‚über der Welt' oder eine Bildwelt im Unbewussten der Menschheit — jedenfalls eine Wirkschicht jenseits der ‚objektivierbaren' Wirklichkeit. Religion erlebt und erzählt Geschichten' aus der Sphäre einer geglaubten Meta- oder Übergeschichte. Die von der Religion erzählten Gottes-Ereignisse gehören nicht zur irdischen Weltgeschichte und können von der weltlichen Geschichtsschreibung nicht erfasst werden. Mit Hilfe der Symbolsprache des Religiösen veranschaulichen die Texte der Evangelien den Gläubigen die Inhalte des von ihnen verkündeten göttlichen Geschehens. Dadurch spielt sich ‚ein Stück Himmel' auf der Erde ab. Auf diese Weise geben die Evangelien den Menschen, die in der irdischen Geschichte leben, Orientierung und Halt ‚von oben'. An göttliche ‚Geschichtstatsachen' glaube ich nicht, - aber an Gott als ein Geheimnis der Wirklichkeit und an die Wirkung der Religionen in der Geschichte.

-Lukas: Ich erwidere: Gott kam herab in die Geschichte und offenbarte sich in Jesus Christus. Übernatürliche Ereignisse, Engel-Erscheinungen, Wortverkündigungen aus dem Himmel, Interventionen Gottes, die man in mythischen Szenen beschreiben kann, veranschaulichen das wunderbare Geschehen. In Jesus Christus besuchte Gottes rettende Barmherzigkeit die Menschen. Er war in der Welt ohnmächtig, wurde aber von Gott, dem Allmächtigen, am Ende bestätigt. - In den 50 Jahren seit Jesu Tod haben wir immer klarer verstanden, wer er war. Er ist Gottes Sohn, der Messias, gesandt von Gott, der die Welt durch ihn mit sich selbst versöhnen wollte. Im ersten Kapitel dieses Buches stritten wir uns über die Beziehung des Heilsgeschehens von Christus zur äußeren Geschichte. Ich wiederhole: Die Offenbarung Gottes in Christus ist ein Ereignis der Heilsgeschichte, - mitten in der äußeren Geschichte. Oder in anderen Worten: Der Glaube weiß es: die Offenbarung Gottes in Christus ist eine Heils-

Dimension in der Tiefe der äußeren Geschichte. Als Christ kommt man um das Phänomen ‚Geschichte' nicht herum. Meine Erzählungen sind ein Lob der Taten Gottes, der seinen Sohn sandte, - mitten hinein in unsere Welt zu einem besonderen Zeitpunkt unserer Geschichte. Was der Unglaube verwerfen kann, dessen ist sich der Glaube gewiss.

Künstlerischer Erzähler von Jesusgeschichten

Herr Lukas, Sie sind ein Meister der Episoden-Erzählungen, und Ihre Theologie entfalten Sie am liebsten narrativ. Die poetische Erzählung ist für Sie die ernsthafteste Literaturform der Verkündigung. Ihre Geschichten weisen ein hohes sprachliches Niveau auf, kein Wort ist zu wenig oder zu viel. Oft denkt man: Das ist Erzählprosa, wie sie nicht schöner sein könnte: Um ein Beispiel zu nennen: Ihre Emmaus-Geschichte, eine symbolische Auferstehungs-Geschichte, erzählt in besonders schönen Bildern von einem Erscheinungs-Wunder, in welchem Jesus als der Lebendige und Erhöhte herabkommt in die Seelen der Jünger. - Lukas „ist ein Erzähler, der auf Anschaulichkeit drängt. Seine Art ist nicht das Referieren von Fakten oder das Explizieren theologischer Einsichten. Wo immer es ihm möglich ist, ersetzt er beides durch lebendige Szenen, die dem Leser die Fakten und Einsichten, die ihm vermittelt werden sollen, scheinbar unaufdringlich, aber umso plastischer vor Augen stellen."[39]

Ich möchte auch noch den durchdachten Aufbau Ihrer Erzählabschnitte würdigen, wo man so etwas spürt wie Architektur, Skulptur, Musik und Kunst. Wirklich, Kunst ist für Sie eine willkommene und edle Dienerin der religiös-historischen Darstellung. Ihr Talent und Ihren Fleiß kann man nur in höchsten Worten preisen.

---

[39] J.Roloff, Die Apostelgeschichte, Göttingen 1988, S.11.

-Lukas: Die Seele lechzt nach schönen Gottes-Erzählungen, und ich freue mich, dass ich in meinen beiden Büchern viele wertvolle Geschichten sammeln konnte. Sie haben mir sogar ein ‚Triptychon' gewidmet, einen ‚Flügelaltar mit fünf Bildern von Geschichten aus meinem ‚Sondergut'. Ich fühle mich durch die Werke der bildenden Kunst geehrt, die es so zahlreich gibt. Die von Ihnen gewählten Geschichten waren: Der Verlorene Sohn, die Jünger von Emmaus, der Barmherzige Samariter, Jesu Geburt in Bethlehem und die Jesus salbende Sünderin. Es ist am Ende nicht wichtig, von wem die Geschichten stammen, von Augenzeugen, aus der mündlichen Überlieferung, aus dem Gleichnisschatz einer Quelle oder von meiner eigenen Hand. Von allem ist ein bisschen dabei. Am Ende jedenfalls bekommen die ‚Augen des Herzens' die Jesus-Botschaft zu sehen!

Theologe der Ordnungen des Heilsplans Gottes

Was ist der Beweggrund für Sie gewesen, ein ‚Diener des Worts' zu werden? Sie waren bestimmt ein freudiger Anhänger Jesu, und eines Tages begannen Sie, Material zu sammeln und zu schreiben. Was wollten Sie festhalten und erzählen? Vielleicht dieses: Gott hat lange geschwiegen. Durch die Propheten kündigte er den Messias an. Endlich erfüllte er sein Versprechen. Das Wort wurde offenbart, Christus verkündete es, und der Geist sorgte für seine Annahme unter den Menschen. Sie erzählen, wie die Botschaft nach Jesu Auferstehung weiterlief und kundgetan wurde, von Palästina über Griechenland bis nach Italien.

Ihre theologischen Positionen sind klar: In Ihrem Werk ist die ‚Ordnung' des Ganzen auf dem Fundament des heilsgeschichtlichen göttlichen Plans klar dargestellt. Sie rühmen den in Jesus greifbaren, sichtbaren, heil-schaffenden Gott. Sie schildern einen Geschichts-Prozess, in welchem alles ein Ziel hat: die Heidenmission. – Nach Ihrer Überzeugung ist das

Christentum kein neuer Spross am alten Baum des Judentums, sondern es ist selbst der religiöse Kern des Judentums, welcher sich nun zum Baum der Christenheit entwickelte. Im Christentum sind Juden und Heiden unterschiedslos vereinigt und als neues Israel verbunden.

-Lukas: Ich bin ein Schriftsteller, kein Theologe! - Aber natürlich habe ich mir auch sehr viele Gedanken gemacht, wie ich vom Jesus-Geschehen verantwortlich berichten und es in die Geschichte Israels einordnen konnte. Jesus ist der Gesandte seines Vaters, der vom Himmel in die Welt herabkam und am Ende zu seinem himmlischen Vater zurückkehrt. Um das zu erzählen, rahmte ich mein Evangelium durch die gottmenschliche Geburt in Bethlehem und die Himmelfahrtsszene. Jesus ist der Befreier und Erlöser, den das jüdische Volk erwartete, und deshalb beschrieb ich ihn als Retter für alle, die umkehren und an ihn glauben. Ich bin sicher, dass die Geschichten vom Finden des Verlorenen und von der unverdienten Sündenvergebung ein Stück vom Herzen Jesu und vom Herzen des Christentums sind. Mein klares Bekenntnis zur Heidenmission, frei von jüdischen Ritualvorschriften, ist eine Grundlage für die Entwicklung des Christentums geworden. Ich wollte mit meinen Mitteln das Zeugnis von Christus unterstützen, dessen Wirken auf den Ordnungen Gottes beruht.

Mitbegründer der christlichen Religion und Schöpfer von kirchlichen Fundamenten

Es muss so etwas wie ein religions-schöpferischer ‚Vulkan-Ausbruch' stattgefunden haben, als der christliche Glaube in die Welt trat. Plötzlich hingen so viele Menschen dem Mann von Nazareth an. Wer war Jesus überhaupt? Wie ist er mit Gott verbunden? Was soll mit seinen Anhängern werden, wenn er nicht mehr da ist? Wie entwickelt sich alles, wenn sich immer mehr Menschen der neuen Glaubensrichtung anschließen? Die ersten Jahrzehnte waren aus vielen Gründen nicht einfach, denn es gab auseinanderstrebende Richtungen. Sie, Herr Lukas, wollten in den Ablauf der Dinge eine ‚gewisse Ordnung' bringen, dazu beitragen, dass die neue Religion ‚Hand und Fuß' hatte, und Sie wollten durch Ihre Berichte den Gemeinden Orientierung geben. Meisterhaft haben Sie Ihr Vorhaben ausgeführt! Religion lebt von mythischen Legenden, die zeigen, wer der ist, der sie gegründet hat. Sie bedienten sich Ihrer. Aber Sie taten noch mehr! Als Beispiele von religiöser ‚Ordnung' kann man folgende Abschnitte bezeichnen: In der Vorgeschichte (Lk.1+2) wird Christus in all seinen Hoheitstiteln vorgestellt. In der Geburtsgeschichte wird die gott-menschliche Herkunft des Gründers dargelegt. Es gibt eine Antrittspredigt und die Begabung mit dem Heiligen Geist. Wenn Jesus die Jünger beruft, nennt er sie gleich ‚die 12 Apostel'. Die Passion wird sorgfältig erzählt und als Erniedrigung Jesu auf dem Weg zu seiner Erhöhung gedeutet. Die Auferstehung bildet den göttlichen Wendepunkt nach den Leidenstagen und ist das zentrale Heilsereignis. Jesu Himmelfahrt markiert den Abschluss der irdischen Jahre. Die Urgemeinde erhält eine Gründungsgeschichte, die Geistausgießung in Jerusalem. Die Apostel werden zu Gemeindeleitern und ‚Säulen' des neuen Glaubens. Man bekommt die Daten für die späteren Feste des Kirchenjahres, Weihnachten, Ostern, Pfingsten und Himmelfahrt. Sie ‚räumten Jesu Leben auch örtlich ein', - am Anfang und am Ende hat es seine großen Schwerpunkte im Tempel. Sie ‚räumen die Geschichte Israels neu auf': Sie währt von Adam und Eva bis zum Einzug des Evangeliums in Rom. Theophilus soll sich darauf verlassen können, dass ihm alles genau und zuverlässig berichtet wurde. So verliehen Sie Ihrem gewaltigen Stoff gleichsam eine erste ‚abgeschlossene Gestalt'.

-Lukas: Ja, ich sah es als meine schriftstellerische und religiöse Aufgabe an, einen Beitrag zu leisten, so gut das ein Mensch kann, der neuen Religion von Jesus Christus ‚Form zu verleihen'. Ich wollte ihr gewisse Grundlagen geben, die die Bekenntnisbildung und Kirchenentstehung begünstigten. Jesu Leben, sein Geborenwerden, Auftreten, Auferstehen und Auffahren wollte ich so berichten, dass man später bei christlichen Festen daran denken konnte. Er ist ja der Stifter unserer Religion und der Heiland der Welt. Den kommenden Christen wollte ich auch ein Bild auf den Weg geben, wie sie sich untereinander verhalten könnten.

Ich kümmerte mich um ursprüngliche Beispiele von Gottesdienst und Gemeindeleben.

Missionsschriftsteller

Sie wissen, ich habe Ihre Arbeit am Buch 'Apostelgeschichte' nicht nur positiv gewürdigt. Als neuzeitlichen Menschen haben mich die vielen übertrieben anmutenden Wundergeschichten ein wenig irritiert. Außerdem fand ich die Erfolgsgeschichte des Paulus in seinen Gefangenenjahren zu dick aufgetragen. Auch die Sympathie der römischen Guvernatoren für diesen Apostel fand ich überzeichnet, - beinahe sind die Statthalter Paulus zu Füßen gelegen. Ein Teil Ihrer Geschichten wirkt heute so, wie wenn ein Erbauungsschriftsteller vor Kindern die Abenteuer der Missionare ausbreitet. Eine gewisse Heldenverehrung darf sein, aber von manchen populären Legenden vermute ich, dass Sie selbst auch nicht daran glauben. Im 7. Kapitel habe ich die Apostelgeschichte als 'Buch der Macht' bezeichnet, weil es mir so schien, als hätten Sie die Absicht gehabt, die Position des Christentums in diesem Buch auch literarisch kräftig zu unterstützen.

-Lukas: Sie tun mir Unrecht! In der Apostelgeschichte stehen keineswegs nur Missionarslegenden! Zwar habe ich am Schluss, bei der langen Romreise des Paulus, Quellen benützt, die auch Legenden enthalten. Aber im Übrigen beharre ich darauf: Sehr Vieles in meinem zweiten Buch ist historisch, es gibt hundert reale Personen, Ortsnamen, unzählige Einzelerinnerungen, Reiseangaben, Kulturnotizen. Ich erzähle von zahllosen konkreten Menschen, Mitarbeitern des Paulus, Gemeindegliedern, Aposteln, Hohepriestern, Politikern, Bürgern, und von allen weiß ich die Namen. Man kann den historischen Ablauf der Dinge in meinem Werk nachverfolgen. Die erste Missionsreise des Paulus wäre gar nicht bekannt, hätte ich sie nicht beschrieben, denn in seinen Briefen erwähnt Paulus sie fast nicht. Ohne die Apostelgeschichte wüsste man nichts über den Geburtsort des Paulus, seinen Handwerksberuf, seine theologische Ausbildung bei Gamaliel, seine

Formung als Pharisäer, sein römisches Bürgerrecht. Aus meinen Erlebnisgeschichten kann man auf die wirklichen Verhältnisse schließen, z.B. die Missionare Jesu Christi in Konkurrenz zu Missionaren anderer religiöser Bewegungen, - die Missionare im Kampf mit heidnischen Magiern, - die Missionare in der Begegnung mit der griechisch-römischen Religion oder im Dialog mit Philosophen in den Städten. Schauen Sie die moderne Literatur über die Geschichte des Urchristentums an, - überall wird die Apostelgeschichte als unverzichtbares Quellenwerk gewürdigt.

Pastor, Lehrer des Gebets, Helfer zum Gottesdienst

Sie legen größeres Gewicht auf das Gebet als die anderen Evangelisten. Es ist mit Ereignissen der Wirksamkeit Jesu verbunden, mit der Taufe (Lk.3,21), mit der Berufung der Zwölf (6,12), mit dem Petrusbekenntnis (9,18), mit der Verklärung (9,28), mit der Passion. An wichtigen Wendepunkten, vor Entscheidungen betet Jesus. Er betet in der Einsamkeit oder auf einem Berg, vor der Passion und am Kreuz, jeweils beginnend mit der Anrede ‚Vater'.

Maria und Zacharias beten ihre Lobpsalmen und preisen darin die großen Taten Gottes. Die Gemeinde ist beisammen zum Gottesdienst, zum Brotbrechen und betet. Sie ermuntern, ermahnen, lehren die Gemeinde und führen sie ins Gebet. Die Jünger sollen für sich selbst und für ihre Feinde beten, in Zeiten der Dankbarkeit und auch der Anfechtung. Im Warten und Beten, im Wachen und Geduldigsein vollzieht sich das Leben der Glaubenden bis zur Wiederkunft des Herrn. Nur wer ohne Unterlass betet, kann vor dem kommenden Menschensohn bestehen (18,1-8; 21,36). Immer wieder soll man um den Heiligen Geist bitten.

-Lukas: Ich möchte ein Gebet der Gemeinde aus der Apostelgeschichte zitieren: *„Herr, Du hast Himmel und Erde und Meer geschaffen und alles, was lebt. Durch* *den Heiligen Geist hast Du unseren Vater David, deinen Diener, sagen lassen: ‚Was soll das Toben der Völker, - wozu schmieden die Menschen im Land vergebliche Pläne? Die Könige der Erde haben sich aufgelehnt, die Machthaber haben sich verbündet gegen den Herrn und seinen Christus‘(Ps.2,1-2). – Tatsächlich haben sie sich hier in Jerusalem verbündet gegen Jesus, deinen heiligen Bevollmächtigten, den du zum Retter bestimmt hast, Herodes und Pilatus, Menschen aus den fremden Völkern und Menschen aus dem Volk Israel. Aber sie konnten nur vollziehen, was du in deiner Macht schon längst geplant und vorherbestimmt hattest. Höre nun, Herr, wie sie uns drohen! Gib uns, deinen Dienern und Dienerinnen, die Kraft, deine Botschaft mutig und offen zu verkünden. Hilf uns dabei! Strecke deine Hand aus und heile Kranke! Und lass staunenerregende Wunder geschehen durch den Namen deines Heiligen Bevollmächtigten Jesus!" (Apg.4, 24-30).*

Ethik-Lehrer, Anwalt der Armen

Das Thema ‚Umgang mit Geld und Gut‘, das in den obigen Kapiteln kaum berücksichtigt wurde, spielt eine mächtige Rolle bei Ihnen. Die ‚Sorge gegenüber den Reichen‘ drücken Sie in 7 Texten aus, der Aufruf zum Besitzverzicht erfolgt an 4 Stellen, die Mahnung zur Wohltätigkeit wird 6mal au gesprochen und die Seligpreisung der Armen 4mal. Nicht wenige Gleichnisse in Ihrem ‚Sondergut‘ widmen sich dem Themenkreis ‚irdische Güter‘: Das Gleichnis vom reichen Kornbauern, der nachts seine Seele verliert (Lk.12,13-21) oder die Geschichte vom begüterten Jüngling, der sein Anwesen nicht verlassen kann (Lk.18,18-23), das Gleichnis vom untreuen Verwalter, der sich mit dem ‚ungerechten Mammon‘ Freunde macht (Lk.16,1-4) oder die Geschichte vom reichen Mann und armen Lazarus, in welcher der erstere in der Hölle schmachtet und den andern um Wasser anfleht (16,19-31). Almosen kann nur verteilt werden, solange es Vermögende gibt. Deshalb werben Sie dafür, dass die Reichen mit den Armen teilen, und dass in Bezug auf Besitz vielleicht sogar eine Liebesgemeinschaft in der Gemeinde entsteht. Freilich weiß man letztlich nicht, wie radikal Ihre Forderungen sind. Nicht alle Christen können asketische Wanderprediger werden, wie Jesus es war. Vermögende Mitglieder waren wichtig in der Gemeinde. Was sollen die oberen Klassen am besten tun? Mit den Armen gütig umgehen. Sie vertreten keine ‚soziale Revolution‘, Herr Lukas, setzen aber einen eindeutigen Impuls: Die ‚Perspektive von unten‘, von den Armen her! Deshalb richten Sie Immer wieder mahnende Worte an die Wohlhabenden, den Mitchristen zu helfen, die in Not sind. Was Sie sagen, ist eigentlich eine Grundbotschaft aller Religionen, und ‚Gerechtigkeit‘ ist eine Grundsehnsucht der Menschen. Sie unterstützen das Anliegen, den Armen zu helfen, aber mit besonders klarer Stimme.

-Lukas: Ich glaube, dass mein Beharren auf dem Thema in der späteren Kirche eine große Wirkung ausgelöst hat. Es entstanden ja bald die Mönchsorden mit ihrem Armutsgelübde. Allerdings war der Besitzverzicht als solcher nicht mein wichtigstes Anliegen, sondern viel eher die Liebe und Fürsorge in der Gemeinde. Der Impuls dazu ergibt sich aus der Zuwendung des reichen Gottes zu uns, der unter uns so arm geworden ist. Hinter allem steht auch ein Hoffnungsbild, wie es unter den Menschen sein oder werden könnte, wenn Gottes Reich anbricht. Denken Sie an die Geschichte vom großen Abendmahl, zu dem am Ende die Armen eingeladen werden, die Bettler und die an den Rändern und Zäunen der Stadt.

Propagator christlicher Macht

Ihr Evangelium ist überaus liebenswürdig, - aber es gibt auch ein paar schwierige Seiten, die hier benannt wurden. Vor allem die Apostelgeschichte lässt den Leser mit Fragen zurück. Darf ich die Probleme noch einmal nennen? Sorgten Sie mit vielen Einfällen, Kraft und Kunst dafür, dass das Christentum als Religion ‚auf feste Beine kommt‘? Legten Sie planvoll gewisse Grundmauern der späteren Kirche? Waren Sie ein raffinierter ‚Diplomat‘ im Kontakt mit dem römischen Reich? Vertrieben Sie die Juden mit Ihren Erzählungen aus dem Tempel?

Haben Sie durch einen forcierten Gebrauch des Schemas ‚Verheißung – Erfüllung' das Alte Testament überstrapaziert? Gaben Sie den Christus-Ereignissen im Glauben einen zu starken heilsgeschichtlichen Rahmen, damit niemand mehr zweifeln konnte, dass alles so sein ‚musste', weil es von oben bestimmt war? Wollten Sie die Seelen der Leser gewinnen, indem Sie Dinge erzählen, die nicht immer geschichtlich belegbar bzw. nicht immer ganz glaubwürdig sind? Sind Sie also, wenn man es zusammenfasst, ein Autor, der manchmal mit ganz eigenen literarischen Mitteln für das Christentum eintritt, und der durch bewussten Einsatz solcher Formen eine gewisse ‚geistliche Macht' ausüben wollte? Warum ist das Evangelium ein ‚Buch der Liebe', - die Apostelgeschichte aber ein ‚Buch der Macht'? Warum nehmen Ihre AT-Zitate gegen die Juden einen so drohend-harten Ton an? Sollte man nicht vor manche Ihrer starken Sätze die Worte stellen: ‚Wir glauben das, -- wir ‚wissen' es aber nicht'?

-Lukas: Es ist unser Recht, für die Durchsetzung der Wahrheit zu kämpfen, an die wir glauben. Im religiösen Bereich kann man nicht damit argumentieren: dies und das ist geschichtlich / nicht geschichtlich bzw. dies und jenes ist historisch / nicht historisch. Ja, das Christentum brach damals aus wie ein Vulkan und verbreitete sich ganz rasch von selbst, ohne Druck, als Botschaft von der Liebe Gottes, der seinen Messias geschickt hatte. Meine Schriften sind ein Versuch, dem großen Ereignis der Offenbarung Gottes in Christus auf menschliche Weise gerecht zu werden. Es stimmt, dass ich mich mühte, religiöse Ordnung in das Bild und den Weg von Jesus zu bringen, damit die Christen noch deutlicher sehen, wer er ist. Dabei habe ich gelegentlich ‚ausgebaut' und ‚angebaut' oder ‚unterbaut', - ganz wie es dem Glauben der Gemeinde entsprach bzw. für die Herzen der Menschen förderlich war. Sie können sich schwer vorstellen, was für eine Kraft die Religion damals hatte, vor allem unter den Juden, von denen sich viele mit eiferndem Herzen für die Unabhängigkeit einsetzten, im Glauben an den kommenden Messias. Wir erlebten eine stürmische Zeit. Die Christen waren anfangs nur ein winziges Grüppchen,- der Heilige Geist hat uns geholfen! Ich bin ein antiker Schriftsteller, und mit der Mentalität und Denkweise der damaligen Zeit habe ich meine Werke geschrieben. Wollte ich dem Christentum einen Macht-Zuwachs verschaffen? Das mögen die Leser beurteilen! Ich glaube, dass ich der Kirche einen Dienst erwiesen habe.

Früher Vertreter des christlichen Antijudaismus

Die Spannung mit dem Judentum ist bei allen Evangelisten zu spüren. Bei Ihnen aber sind die Juden dauer-böse und werden am heftigsten angegriffen. Zuerst sind die Pharisäer Ziel scharfer Kritik, dann die jüdischen Obrigkeiten, schließlich das ganze Volk. Die Römer werden zu einer Art Schutzmacht, die Paulus den Juden entreißt, um ihn zu retten. Behutsam, aber konsequent ändern Sie schon im Evangelium viele Worte Jesu aus ihren Vorlagen, Sie lassen heidenkritische Sätze weg und verschärfen judenkritische Aussagen. Ausführlich wurde das Thema in diesem Buch betrachtet. Man muss befürchten, dass von manchen Texten des Neuen Testaments, besonders der Apostelgeschichte, das Phänomen des Antijudaimus ausgeht. Wir alle wissen, welche Folgen diese Einstellung in der Geschichte des Abendlandes gehabt hat.

-Lukas: Die Trennung vom Judentum gestaltete sich ungeheuer konfliktreich. Die Tora band die Juden an eine Menge von Gesetzen, die ihr praktisches Leben regelten. Als ‚auserwähltes Volk' waren die Juden eine geschlossene Gottes-Ethnie, die man nicht so leicht verlassen konnte. Die Urchristen hatten es dann immer mit zwei Gegnern zu tun: Mit den Juden, die nicht an einen gekreuzigten Messias glauben konnten, und mit den Judenchristen, die einerseits zur Gemeinde gehören, andererseits aber nicht vom Judentum abfallen wollten. Paulus musste einen sehr schweren Weg gehen, um seine gesetzesfreie Heidenmission gegen diese beiden Parteien durchzusetzen. Überkommene religiöse Bräuche und Riten sind überall langlebig und werden hartnäckig verteidigt. Doch für die Heidenchristen waren Beschneidung, Speisegebote und Reinheitsvorschriften nicht akzeptabel. Wie soll man zusammen Abendmahl feiern, wenn die ‚reinen' Judenchristen mit den ‚unreinen' Heidenchristen nicht an einem Tisch sitzen können? Auf die anfangs noch schwachen Christengemeinden wurde ein großer Druck ausgeübt, die jüdischen Rituale nicht preiszugeben. Besonders anstrengend waren die Auseinandersetzungen mit den konservativen Kräften in der Jerusalemer Urgemeinde. So kam es in den ersten Jahrzehnten zu den wechselseitigen religiösen Vorwürfen und aggressiven Verurteilungen, von denen ich in der Apostelgeschichte berichte. Am Ende hat sich die Linie des Paulus durchgesetzt. Es tut auch mir weh, dass meine Schriften vielleicht zu der tragischen späteren Entwicklung beigetragen haben, den schlimmen Verfolgungen und Pogromen in der europäischen Geschichte.

Lukas als Zeuge des Glaubens

„Weil wir nun eine solche Wolke von Zeugen
um uns haben" Hebr.12,1)

Mit seiner sachlich-weltlichen Sprache erweckt das 'Vorwort' des Lukas (Lk.1,1-4) den Eindruck, als wolle der Autor ein neutrales Geschichtswerk vorlegen. Nur ein einziger Ausdruck in dem berühmten kleinen Text hat religiösen Charakter: ‚Diener des Worts'. Wenn Lukas Menschen erwähnt, *„die Diener des Worts gewesen sind"*, meint er die verkündigenden Apostel, die als Augen- und Ohrenzeugen dem Urheber des göttlichen Worts am nächsten waren. Als Schriftsteller möchte der Evangelist, der ‚nicht dabei war' und schon zur dritten Generation gehört, die Frohe Botschaft als Glied in der Reihe der ‚Diener' weitergeben. Sein Werk soll Glaubenszeugnis sein, Bekenntnis mit Hilfe des geschriebenen Worts.

Das Wort ‚bezeugen', ‚Zeuge ', ‚Zeugnis' (griech.: martyrein, martys, martyria) kommt bei Lukas entsprechend oft vor, es ist vielleicht der Begriff, der ihn bei seiner Arbeit am meisten leitete. ‚Zeuge sein' hatte damals – wie noch heute in der deutschen Sprache – drei Bedeutungen: Augenzeuge vor Gericht, Wortzeuge in der Verkündigung, Blutzeuge in der Verfolgung.

Am Ende des Evangeliums und am Anfang der Apostelgeschichte stehen die beiden Haupt-Stellen:

Lk.24,48 – *Aus Jesu letzten Worten* - : *„und dass gepredigt wird in meinem Namen Buße zur Vergebung der Sünden unter allen Völkern. Ihr seid Zeugen geworden von allem, was geschehen ist, und sollt es überall bezeugen."*

Apg.1,8.: - Aus Jesu ersten Worten - : *„Ihr werdet meine Zeugen sein in Jerusalem und ganz Judäa und Samarien und bis an das Ende der Erde."* An den Auftrag Jesu gegenüber seinen Jünger schließt sich Lukas selbst an, wenn er daran geht, sein Werk zu verfassen: Auch er möchte Zeugnis geben.

Über 20 Mal kommt dann das Wort ‚zeugen' oder ‚Zeuge sein' in der Apostelgeschichte vor, meistens im Mund von Petrus und Paulus:

P e t r u s in *Apg.10,39-42*: *„Wir sind Zeugen für alles, was Jesus getan hat im jüdischen Land und in Jerusalem". – „Und Gott hat ihn vor uns erscheinen lassen, den von ihm vorher erwählten Zeugen, die wir mit ihm gegessen und getrunken haben, nachdem er auferstanden war von den Toten, und hat uns geboten, dem Volk zu predigen und zu bezeugen, dass er von Gott bestimmt war zum Richter der Lebenden und der Toten."*

P a u l u s schildert in *Apg.22,15* seine Bekehrung und Beauftragung durch Jesus, der sprach: *„Du sollst vor allen Menschen für mich eintreten und bezeugen, was du gesehen und gehört hast".* Noch einmal *Apg.26,16: „Ich bin dir erschienen, um dich zu wählen zum Dienst und zum Zeugen für das, was du heute gesehen hast, und was ich dir noch zeigen werde."*

- Der Zeugen-Auftrag verbindet sich mit dem, *„was Du gesehen und gehört hast".* Das heißt:
  Lukas möchte, dass die Jünger das, was sie mit dem Gottessohn Jesus erlebt haben, als etwas bezeugen, das objektiv real, sichtbar und hörbar war.

- Im religiösen Sinn ist Zeugnis ein aktives, werbendes Bekenntnis vor den Menschen. Die durch Jesus Beauftragen setzen seine Sache fort, verkündigen seine Botschaft, sprechen für seine Person, erklären ihre Bedeutung und führen so den Missionsbefehl aus ‚bis an die Enden der Erde'.

- Im gerichtlichen Sinn ist Zeugenschaft mit der Bemühung um Feststellung der Wahrheit eines Sachverhalts oder einer Behauptung verbunden. Mit diesem Verständnis vom Zeugen-Amt schließt sich Lukas der Gerichtsprache an. Jesu Jünger bürgen für die Tatsächlichkeit des Jesusgeschehens, weil sie Augen- und Ohren-Zeugen waren.

- Im Sinne des Autors ist Zeugnisgeben auch ein Amt, das die Generationen vereint. Lukas will, dass er in der Reihe der ersten christlichen Zeugen ein nächster oder übernächster ist, der durch sein Werk den Glauben an zukünftige Generationen weitergibt.

-.-.-.-.-.-.-.-.-

Am Schluss meines Buches will ich des Schweizer Professors für die Sprache des Neuen Testaments, Robert **Morgenthaler,** gedenken, der schon 1948 sein großes Werk überschrieb: **‚Die lukanische Geschichtsschreibung als Zeugnis'.**

Morgenthaler meint, dass sich Lukas als Schriftsteller vor der Leserschaft so verhalten wollte, wie sich Richter bei Prozessen verhielten: In den Verhandlungen beachteten sie die Vorschrift, dass als wahr nur anerkannt werden konnte, was a u f z w e i e r o d e r d r e i e r Z e u g e n M u n d b e r u h t (5.Mose 19,15).

Das Werk des Neutestamentlers Morgenthaler ist einer **wunderbaren K u n s t des L u k a s gewidmet,** welche der ‚normale Leser' meistens übersieht: **Lukas wollte sein Christuszeugnis grundsätzlich a u f z w e i e r o d e r d r e i e r Z e u g e n M u n d beruhen lassen.** So ernst nahm er all das, was er selbst bezeugen wollte, dass er es immer doppelt zum Ausdruck brachte. Es sollte dadurch vor Gott und den Menschen glaubwürdig bestehen können. Dieses Vorhaben hat Lukas mit literarischem Geschick und künstlerischer Hingabe ausgeführt.

Zeugnisse für Jesus Christus auf Basis der Aussagen von zwei Personen in den lukanischen Büchern:
-- Zacharias und Maria sprechen zwei ähnliche Loblieder vor der Geburt.
-- Simeon und Hanna begrüßen das Jesus-Kind im Tempel mit ihren Gebeten.
-- Im Evangelium gibt es zwei Antrittsreden – von Johannes und von Jesus, Lk.3 und Lk.4.
-- 70 Verkündiger werden zu zweit ausgesandt, danach noch einmal die 12 Jünger.
-- Es gibt 7 mal Doppelgleichnisse, z.B. Verlorenes Schaf und verlorener Groschen.
-- Beide, Pilatus und Herodes bezeugen die Unschuld Jesu.

-- Am österlichen Grab Jesu und bei der Himmelfahrt sprechen je zwei Gottesboten.

-- Bibelstellen des AT werden meistens zweimal zitiert, ihre Zahl ist sehr groß.

-- z.B. begründen beide, Petrus und Paulus mit der Interpretation derselben Bibelstellen die göttliche Verheißung der Auferstehung Jesu.

-- Zwei ähnliche Missionsbefehle, Lk.24 und Apg.1.

-- Die Apostel treten zu zweit auf und predigen: Petrus und Johannes / Paulus und Barnabas.

-- In der Apostelgeschichte: Zwei Reden zugunsten der Heidenmission vor dem Apostelkonvent

-- Und zwei große Verteidigungsreden des Paulus vor römischen Würdenträgern.[40]

-- **Das Gesamtwerk des Lukas ist ein Doppelzeugnis – Evangelium und Apostelgeschichte.**

Nach Morgenthaler soll Theophilus dem vertrauen können, worin er gelehrt wurde, dabei soll er auch dadurch die nötige Sicherheit gewinnen, dass die Botschaft immer auf dem Wort zweier Zeugen beruht.

Man könnte einwenden: Was macht Lukas da? Ist es nicht eine Spielerei, eine ästhetisch-literarische Nebensache? Für Lukas ist es nicht so. In der Konsequenz, mit der er sein 2-Zeugen-Prinzip durchführt, liegt verkündigende Gründlichkeit. Die Dopplungen sollen sein eigenes Zeugnis bekräftigen und dazu beitragen, dass so etwas wie ‚gerichtliche‘, göttliche Gewähr entsteht.

Auf beidem beruht nach Morgenthaler die Glaubwürdigkeit des Evangelisten: Auf seiner großen künstlerischen Mühe bei der Gestaltung der Zweigliedrigkeit, - und auf dem religiösen Ernst, der die Sorgfalt des weltlichen Gerichts beim Zweizeugenprinzip noch übertrifft. Ohne Zweifel ist es ein lauteres Bemühen, vom eigenen Glauben Zeugnis geben. Wenn jemand durch Sprache oder Schrift ein aktives, werbendes Bekenntnis gibt, verdient das immer Respekt. Lukas tut das, indem er sich als Autor der ‚Doppelzeugnisse‘ heiliger Sorgfalt befleißigt. Mit dem

---

[40] Der Autor zählt an die 100 Beispiele für das Doppelzeugnis auf, - siehe in:
R.Morgenthaler, Die lukanische Geschichtsschreibung als Zeugnis, Zürich 1948, Bd.1, S.97-99.

Titel seines Buches hat Morgenthaler den Charakter des lukanischen Werks wohl am besten erkannt und beschrieben: ,Die lukanische Geschichtsschreibung als Zeugnis'.

Vielleicht ist es darum richtig, wenn wir das lukanische ,Vorwort' so verstehen, dass der Autor hier die Absicht kundtut, mit den beiden Büchern nicht nur ,Bericht', sondern in erster Linie Z e u g n i s z u g e b e n.

-Lukas: Ohne Zeugnis kann der Glaube nicht bestehen und die Gemeinde nicht wachsen. Die späteren Menschen können die Heilswirklichkeit nicht einfach sehen, deshalb bedürfen sie des Zeugnisses jener, die damals Augenzeugen waren. Aus dem Wunsch, ihnen Stimme zu verleihen, entstanden meine beiden Bücher, und so soll man mein Werk verstehen.